RÉCRÉATIONS GRAMMATICALES.

RÉCRÉATIONS GRAMMATICALES,

PAR J. F. DANIEL, AVOCAT.

Grammatici certant et adhuc sub judice lis est.

HORACE.

A RENNES,

CHEZ M.lle JAUSIONS, IMPRIMEUR-LIBRAIRE.

1828.

PRÉFACE.

La Grammaire, prise dans toute l'étendue de son acception, est la partie la plus difficile et pourtant la plus nécessaire des connaissances humaines. Car quelle science est d'un plus grand usage que celle qui sert à faire connaître toutes les autres, celle qui sert à exprimer nos pensées ?

Cet art de tous les arts devient le fondement. THOMAS.

Parler, écrire, c'est tout dans le commerce de la vie. C'est par là qu'on juge du mérite d'une personne et du degré d'éducation qu'elle a reçu ; et ce n'est pas sans raison que la Grammaire a été appelée la clef des sciences. Que plusieurs orateurs traitent le même sujet, on n'écoute avec intérêt que celui qui se distingue par la pureté et l'élégance du style. D'une multitude d'ouvrages qui ont été produits dans tous les genres, on ne lit, on ne conserve que ceux qui sont bien écrits. « Ce qui me distingue » de Pradon, disait Racine, ce n'est point le choix des » sujets ni le mérite des pensées ; c'est que j'écris mieux » que lui. » Au jugement de ce grand poète, on ne peut avoir un bon style sans une connaissance parfaite de sa langue. Il avait étudié la sienne avec un soin particulier, et il recommandait sans cesse à ses enfants de la bien apprendre. Une des premières lois que le judicieux Boileau prescrit aux auteurs, c'est de savoir la

Grammaire, et ce qu'il dit de l'art d'écrire s'applique également à l'art de parler.

Surtout qu'en vos écrits la langue révérée
Dans vos plus grands excès vous soit toujours sacrée.
En vain vous me frappez d'un son mélodieux,
Si le terme est impropre ou le tour vicieux :
Mon esprit n'admet point un pompeux barbarisme,
Ni d'un vers ampoulé l'orgueilleux solécisme.
Sans la langue, en un mot, l'auteur le plus divin
Est toujours, quoi qu'il fasse, un méchant écrivain.

Art poétique, ch. 1.

C'est en considérant l'importance de ce mérite du style que Buffon prenait du sien tant de soin, qu'il passait quelquefois une matinée entière à composer une phrase. « Le style est l'homme, disait ce célèbre écrivain; et » quand on vante quelqu'un devant moi, je demande » toujours à voir ses papiers. »

C'est une erreur de croire que la Grammaire ne soit qu'une science de mots seulement, qu'un art purement mécanique d'écrire et de prononcer les mots d'une manière convenue, de les disposer dans le discours selon des règles établies, abstraction faite des idées dont ils sont les types. L'étude d'une langue que l'on parle et que l'on comprend devient nécessairement une science métaphysique, qui apprend à penser, et qui en analysant les pensées les étend, les rectifie et leur donne en quelque sorte une forme palpable. « C'est dans l'ob- » servation des langues surtout, dit l'Académie, que » l'esprit humain a pris sa naissance et ses lumières. » Il n'y avait pas de philosophe qui ne fût profond » Grammairien, ni de Grammairien qui ne fût grand » philosophe. Les Locke étaient des Dumarsais et les » Dumarsais étaient des Locke. » (Discours préliminaire de son dict. 5.e édition.)

Le premier pas dans la philosophie, c'est la Grammaire. Aussi, presque tous les philosophes se sont occupés du mécanisme du langage pour découvrir les écueils de la logique et les causes ordinaires de tous les différents, de toutes les erreurs. C'est l'étude de la grammaire qui nous apprend à examiner les opérations les plus subtiles de l'esprit. Elle nous apprend comment, pour peindre les choses abstraites, on s'est servi des noms des choses physiques qui y avaient le plus de rapport; comment on a passé insensiblement de la comparaison à la métaphore, à la personification et à l'allégorie. Elle nous dévoile l'origine de tout ce langage figuré et poétique, de ces emblêmes ingénieux pris dans le spectacle de la nature. Elle apprend à juger de la justesse des expressions par celle des similitudes, à donner à chaque passion, à chaque sentiment les attributs qui lui conviennent, à chercher dans chaque image la pensée qu'on a voulu y peindre. C'est l'étude du langage qui m'a fait connaître pourquoi l'on a figuré la constance et la fidélité par cette couleur céleste, toujours la même, l'espérance par cette verdure qui, au commencement du printemps, nous fait espérer des fleurs et des fruits, l'innocence et la candeur par cette couleur blanche, difficile à conserver long-temps sans tache. C'est elle qui me dit pourquoi l'on peint la douleur et la haine avec des poignards, la vérité avec un miroir, la nécessité avec des mains de bronze, le génie, la raison, l'expérience avec un flambeau, la justice avec un glaive et une balance, la vie humaine sous l'image d'une mer agitée, l'infortune par les débris d'un vaisseau.

L'esprit cherche et saisit d'ingénieux accords,
Et d'un regne dans l'autre en transporte l'image.
De là l'allégorie, ornement du langage :

Ce mont jusques au ciel s'élève avec orgueil;
Ces myrtes sont riants, ces cyprès sont en deuil;
Le lis peint la candeur, et l'agneau l'innocence;
Le lion du héros exprime la vaillance;
Une herbe est parasite, un zéphir indiscret;
Et si ce tour vieilli peut peindre un jeune objet,
Grace à ce teint brillant où la beauté repose,
Eglé sera long-temps comparée à la rose. DELILLE.

Colon, pour ton langage il est même des fleurs :
Tes guérets ont leur soif, et ta vigne ses pleurs;
Ta prairie est riante, et d'heureuses promesses
De tes jeunes épis t'assurent les largesses.
BARRAU, *trad. de la poët. de Vida.*

Peut-être, à l'aide de cette étude du langage figuré, ai-je le premier entendu d'une manière raisonnable plusieurs allégories ou traits mythologiques dont on ne nous a point expliqué le sens véritable. Qu'on me permette donc de dire, sauf une plus juste interprétation, que ce feu céleste que Prométhée communique à des hommes de terre, est l'image de l'effet que produit l'instruction dans des hommes auparavant grossiers et ignorants; et que c'est encore l'image d'une semblable pensée, que cette statue qui s'anime sous la main de l'artiste, enchanté de son ouvrage.

C'est ainsi que l'étude de la langue découvre à nos yeux tous les mystères de l'éloquence, avec l'histoire de son origine; je dirai donc avec l'orateur philosophe, le digne panégyriste de Marc-Aurèle :

L'art même de penser tient à l'art du langage.

Observons que les gens qui affectent de dédaigner l'étude de la Grammaire sont, en général, ceux qui n'aiment aucune étude, que tous les hommes qui se sont acquis quelque gloire par de grandes actions possédaient aussi le talent de bien s'exprimer, parce que l'esprit observateur étudie tout et saisit tout. Il est certain que celui qui a parlé trente et quarante ans sans avoir jamais étudié ses expressions, sans avoir songé à la plupart des observations que je donne dans ce livre et à beaucoup d'autres, il est certain, dans mon opinion, que celui-là a peu d'imagination, peu d'activité dans la pensée, et que son esprit, s'il en a, est purement machinal (1).

Mais la Grammaire exige une longue étude. Le défaut de principes clairs et la diversité des opinions sur un grand nombre de difficultés rebutent ordinairement les plus courageux. Il serait à désirer que quelque génie inventât l'heureux secret de réduire la grammaire à une méthode simple et certaine. Mais il semble au contraire que tous les hommes de génie soient d'accord pour laisser subsister ces épines qui embarrassent nos premiers pas dans les connaissances. Ce n'est pas sans étonnement que j'entends le plus éloquent des philo-

(1) J'appèle *esprit machinal* celui qui ne vient point de la pensée, dont on ne se rend aucun compte, et dont on ne s'aperçoit pas soi-même. Les gens les plus simples, les imbéciles, les enfants, disent souvent, sans le savoir, des choses fort justes, plaisantes et ingénieuses. Des écoliers rencontrant une femme qui conduisait un âne lui dirent : *Bonjour*, *la mère aux ânes*. Elle répondit : *Bonjour, mes enfants*. Cette réponse est un trait d'esprit véritable, en supposant à la femme l'intention de narguer les malins écoliers; et sans cette intention la finesse de sa réponse est un esprit machinal.

Un petit mendiant, qui n'avait que dix ou douze ans, demandant l'aumône à des officiers, leur disait : *Ayez pitié d'un pauvre père de famille*. Il est possible que cet enfant eût la pensée d'égayer ces officiers, pour obtenir quelque chose de leur bonne humeur; il est possible aussi qu'il ne fît que répéter machinalement des termes de doléance qu'il avait entendus.

Un oiseau qu'on a instruit à répéter des mots peut faire par hasard une bonne réponse, témoin ce corbeau que César refusa d'acheter, et qui dit alors fort à propos : *J'ai perdu ma peine*.

sophes modernes s'écrier contre les Grammairiens : « Que penserons-nous de cette foule d'auteurs élémen- » taires qui ont écarté du temple des Muses les diffi- » cultés qui défendaient son abord, et que la nature » y avait répandues comme une épreuve des forces de » ceux qui seraient tentés de savoir ? Que penserons-nous » de ces compilateurs d'ouvrages qui ont indiscrète- » ment brisé la porte des sciences, et introduit dans » leur sanctuaire une populace indigne d'en approcher ; » tandis qu'il serait à souhaiter que tous ceux qui ne » pouvaient avancer loin dans la carrière des lettres, » eussent été rebutés dès l'entrée, et se fussent jetés » dans des arts utiles à la société (1).

Est-ce bien là votre sentiment, illustre Genévois ? Non, non, la vue du temple des Muses n'inspirera jamais un désir général de se vouer à leur culte, non plus que la vue des tombeaux ne donne envie de mourir ; et la présence de ces objets sacrés dispose utilement le cœur humain à des sentiments philantropiques. Si tous les hommes possédaient un certain degré d'instruction, le titre d'enfant des Muses serait d'autant plus difficile à obtenir qu'il ne s'accorderait plus à des talents devenus vulgaires.

Rousseau s'amusa à faire une thèse contre les sciences, sans être lui-même persuadé de ce qu'il y a avancé. Le passage que je viens d'en citer est l'argument ordinaire des esprits bornés contre l'instruction ; et cet argument combattu par les ministres de Louis XVIII, à la chambre

(1) Discours de J. J. Rousseau à l'Académie de Dijon. Cet écrit de Jean Jacques, le morceau le plus éloquent que j'aie vu en français, est un mélange curieux de bonnes vérités et de paradoxes. Chaque phrase de ce discours offre le sujet d'une thèse intéressante. Il produisit quand il parut le seul effet d'étonner la France littéraire, qui n'avait pas encore entendu si bien parler.

des députés en 1819, y triompha néanmoins, à la honte de l'esprit humain, parce que cette chambre était composée d'un grand nombre de pauvres d'esprit. Je suppose que sur 30,000,000 de Français 15,000,000 seulement eussent le don de la parole, et que les autres fussent muets, serait-ce un malheur de rendre la parole à ces derniers? Eh bien! la moitié des Français se trouvent encore dans un pareil état d'infirmité; car ne savoir ni lire ni écrire, c'est être privé des facultés nécessaires pour participer aux bienfaits de la vie civile (1). Il viendra un temps, j'ose le prédire, où, pour avoir la qualité de Français, il faudra savoir au moins ce qu'on appèle simplement lire et écrire. Ce qui est au reste une faculté si facile à acquérir qu'elle n'exclut pas même les gens les plus ineptes. Quant à la Grammaire, on n'en fera jamais une science exacte, on ne la mettra jamais à la portée de tout le monde, et elle servira toujours à marquer une distinction d'éducation ou d'intelligence. Les mille et un ouvrages que nous avons sous le titre de *Grammaires* sont tellement imparfaits et erronés qu'on peut les brûler tous sans inconvénient pour l'éducation.

---

(1) J'ai été consulté dernièrement sur la validité d'un acte qu'un tuteur a jugé à propos de faire faire économiquement par un maître d'écriture, et de le faire signer par un subrogé tuteur à qui on a guidé la main pour tracer les lettres de son nom. Il est aussi à ma connaissance que plusieurs personnes, ne sachant pas écrire, ont recours, pour éviter les frais d'un testament notarié, à d'autres voies où la fraude trouve facilement à capturer.

On me dit que si tout le monde savait écrire, il y aurait un plus grand nombre de faussaires. La faculté d'écrire ne fait pas d'un honnête homme un voleur. Celui qui est capable de faire un faux peut aussi bien voler sur un grand chemin, et il choisira de préférence ce dernier moyen; car un faussaire, s'il espère se soustraire à une condamnation, a du moins la certitude d'être obligé de subir un jugement.

Depuis que j'habite la ville de Rennes, j'ai consacré quelques heures à donner des leçons de langue française dans les pensions de jeunes demoiselles, et j'ai compté dans l'espace des sept dernières années plus de 1800 auditeurs de l'élite du beau sexe. Jamais docteur n'eut un auditoire plus intéressant, plus digne de son attention; et j'ai trouvé dans la plupart de mes Elèves un amour de l'étude, un courage et une intelligence au-dessus de ce que j'en attendais.

Je me suis efforcé de leur offrir quelques principes plus sûrs que les routines ordinaires; et si je ne l'ai pas fait avec assez d'art, je l'ai du moins fait avec succès. Il est vrai que l'application courageuse de mes Elèves ne me permet de revendiquer aucune part à l'honneur de la réussite.

Comme je ne dois mes leçons qu'à mes Elèves, que d'autres ne s'en soucient peut-être pas, et que de mon côté je juge fort inutile d'aller jeter de la science aux yeux de gens qui n'en demandent pas, je ne publie point un recueil de préceptes; je ne donne ici sur la Grammaire que quelques explications fugitives sur lesquelles je n'insiste point dans mes cours.

Aimables Elèves, votre ardeur pour une étude si propre à rebuter les efforts de votre jeune âge, provoque en moi le vif désir de vous en aplanir, s'il se peut, les difficultés. C'est pour vous que j'y travaille et que j'y travaillerai long-temps, quoique je sache que le travail supplée rarement au défaut de génie. Pardonnez-moi les peines que je vous donne, et qu'un maître plus habile trouverait l'heureux secret de vous épargner; pardonnez-moi de ne vous offrir, au lieu du talent d'un grand maître, que le zèle et l'hommage d'un humble serviteur.

TABLE DES MATIÈRES.

CHAPITRE I.er

ORTHOGRAPHE.

CHAPITRE II.

ORTHOLOGIE.

CHAPITRE III.

FIGURES DE GRAMMAIRE PAR CONSONNANCE.

CHAPITRE IV.

FIGURES DE GRAMMAIRE PAR CONSTRUCTION.

CHAPITRE V.

FIGURES DE MOTS *OU* TROPES.

CHAPITRE VI.

JEUX GRAMMATICAUX.

ERRATA.

Page 6, *ligne* 27, *au lieu de* vermichelle, *lisez* vermicelle.

Ibidem, *ligne* 28, *au lieu de* catharre, *lisez* catarrhe.

Page 172, *ligne* 8, *au lieu de* idem, *lisez* LAMOTTE.

Page 199, *ligne* 19, *au lieu de* et qu'elle est, *lisez* et quelle est.

Page 202, *ligne* 7, *au lieu de* acheter chez lui sans acheter, *lisez* chez lui sans acheter.

L'Art même de penser tient à l'art du langage.

Thomas.

RÉCRÉATIONS GRAMMATICALES.

CHAPITRE I.er

L'ORTHOGRAPHE.

Homonymes.

On appèle *homonymes* des mots qui s'écrivent de la même manière et qui ont une signification différente, comme *souci* fleur, *souci* inquiétude, *dé* à coudre, *dé* à jouer. Ce sont là des homonymes homographes. Il y en a une autre espèce, qu'on peut appeler homonymes hétérographes, qui quoique écrits différemment ont la même ou à peu près la même prononciation, comme *amande*, *amende*; *autel*, *hôtel*; *cent*, *sang*, *sans*, *sens*; *ver*, *verre*, *vert*, *vers*.

Les fautes d'orthographe les plus ridicules sont celles que l'on fait en confondant ces homonymes hétérographes. J'ai vu la rédaction d'un arrêt terminé par ces mots : *Jugé à huit clos*, au lieu de *à huis clos*.

Un jeune homme écrivait à son cousin, qui venait de remporter des prix au collège : « Mon cher cousin, j'apprends que tu es le *vaincœur* parmi tes condisciples, et je t'en fais mon compliment.... » L'écolier lui répondit : « Je suis à la vérité bien aise d'être le vainqueur, mais sois assuré que je n'en ai pas le *cœur vain.* »

Les homonymes donnent fréquemment lieu à des calembours, à de plaisants quiproquos et à quelques bons mots. Un goguenard demandait quels sont les gens qui pensent le plus. « Ce sont les chirurgiens et les garçons d'écurie, lui répondit quelqu'un, feignant de prendre *penser* pour *panser.* »

Un militaire parlant d'un désordre qui avait tout mis sens dessus dessous dans le camp, disait qu'on n'avait pas même respecté la *tente* du général. Une personne de la société, croyant qu'il s'agissait d'une *tante* du général, dit assez plaisamment : « Mais aussi cette bonne femme avait-elle besoin d'aller à la guerre? »

Un homme, aussi ignorant dans la géographie que dans la grammaire, soutenait que la *Seine* passe à Constantinople, et crut confondre ceux qui riaient de sa bêtise, en leur montrant dans Racine, au commencement de la tragédie de Bajazet : *La scène est à Constantinople.*

M. De Châteaubriand se trouvait, peu de temps après la restauration, à un banquet où, dans quelques couplets et quelques toasts, on le qualifia de *héros du royalisme.* « Je ne puis, dit-il, consentir qu'on me donne ce titre à moi en particulier, puisque tous ceux qui sont ici le méritent aussi bien que moi. Je consens cependant à l'adopter, pourvu qu'on y fasse un changement d'orthographe, et qu'on dise que dans mes écrits j'ai été le *héraut du royalisme.* »

Faute d'orthographe justifiée.

Monsieur de Génicourt, riche propriétaire,
Recevant d'un sien locataire,
Après l'avoir sergenté vivement,
Pour des termes échus une somme d'argent,

Sur laquelle il ne comptait guère,
Au bas de sa quittance écrit : reçu *content.*
De cette orthographe bizarre,
Le locataire un peu surpris,
De la rigueur d'un créancier avare
Crut devoir se venger au moins par le mépris.
— Sachez, dit-il, Monsieur l'ignare,
Que l'on écrit ainsi : reçu *comptant*,
Parce qu'il faut compter en recevant.
— A cet épilogueur rigide
Monsieur de Génicourt répondit gravement :
Votre observation sans doute est très-solide ;
Mais moi, lorsque j'écris, je prends mon cœur pour guide,
Et si du mot *content* ici j'ai fait emploi,
C'est que je suis toujours *content* quand je reçoi.

Quiproquo occasionné par un homonyme.

Gros Jean un jour sortit de son village
Pour aller à la ville acquitter son fermage.
De son propriétaire ignorant la maison,
Maison fort grande, à triple étage,
Il cherche, cherche, enfin la trouve et sans façon
Entre au rez-de-chaussée, où restait un notaire
Fort occupé dans ce moment
Avec des héritiers à lire un testament.
— Pardon, mes bons Messieurs, c'est mon propriétaire,
Monsieur Denys que je cherche céans.
— *Plus haut*, répond l'homme d'affaire.
Gros Jean de ce *plus haut* comprenant mal le sens,
Rapproche, et, grossissant sa voix,
Répète bien plus fort une seconde fois :
Monsieur Denys ! — *Plus haut*, répond encore
Notre tabellion que le dépit colore.
Gros Jean, croyant toujours parler trop bas,
Auprès du garde-note alors vient à grands pas,
Et de tous ses poumons dans l'oreille lui crie :
Monsieur Denys !... Le notaire en furie
Se lève, et, repoussant loin de lui le nigaud,
D'une voix de stentor, lui dit *plus haut, plus haut*,
Entends-tu maudit sourd ? et le jète à la porte.
Gros Jean, confus, déconcerté,
Du notaire, en partant, disait de son côté :
Qu'on est donc malheureux d'être sourd de la sorte !

Difficultés orthographiques.

Avec des grammaires on peut apprendre la terminaison des verbes et quelques règles de syntaxe; mais on n'y trouve pas un moyen de connaître, d'une manière certaine, la partie radicale des mots et la terminaison des substantifs et des adjectifs. Ce n'est qu'à force de lire et de revoir sans cesse les mêmes mots qu'on finit par en connaître un grand nombre; mais il en reste toujours une multitude dont on ne peut s'assurer qu'à coups de dictionnaire. Les personnes moyennement instruites sont en général persuadées qu'elles ne font guère de fautes d'orthographe : c'est une erreur dont la lecture de cet article pourrait les détromper. Le manuscrit de l'écrivain le plus exercé fourmille de ces sortes de fautes. Plusieurs fois je me suis plu à soutenir contre des hommes un peu versés dans la littérature, que personne n'écrirait dix lignes sous ma dictée sans y faire au moins dix fautes d'orthographe. Tous se récriaient contre ma proposition, qui leur paraissait d'abord ridiculement outrée, et chacun se faisait fort de me démontrer le contraire, en me prenant au mot. Il est toujours arrivé que j'ai plus que suffisamment prouvé ce que j'avais avancé, en convenant de prendre pour juge un dictionnaire, par exemple, celui de l'Académie, de la cinquième édition, qui fait aujourd'hui autorité, jusqu'à ce que la nouvelle édition soit publiée. Cependant je m'engageais à ne dicter que des mots très-communs, connus de tout le monde. Il est à remarquer que les mots du langage vulgaire sont ceux dont l'orthographe embarrasse le plus, parce qu'ils se présentent rarement dans la lecture, et qu'ailleurs on les voit presque toujours mal écrits. Les enseignes, les inscriptions, les étiquettes même d'un mot ou deux, ne sont presque jamais correctement orthographiées. Je ne me doutais pas qu'on eût quelquefois des raisons d'y faire des fautes; voici comment je l'appris un jour. Je m'avisai d'avertir un ouvrier, qui peignait une enseigne, qu'il mettait une lettre de trop dans *bierre*, et qu'il devait écrire *bière* avec une seule *r*. Il me donna pour justifier son orthographe une raison dont je fus satisfait. « Je suis payé, dit-il, par lettre, et c'est assez mon intérêt d'en augmenter le nombre. » Après cela je ne m'étonnais plus de trouver dans les inscriptions quelques lettres de trop; mais souvent on y fait la faute contraire, et je fus curieux de savoir si c'est encore par quelque raison semblable. En effet, un autre ouvrier à qui je fis observer que le mot *carrosse* doit s'écrire avec *rr*, me répondit que le petit espace sur lequel il avait à écrire lui commandait de retrancher de ces doubles lettres.

Mon lecteur désire peut-être que je lui indique un certain nombre de ces mots communs avec lesquels je prétends embarrasser tout le monde, afin d'en juger par lui-même et de se donner, dans l'occasion, le plaisir de mettre en défaut quelque fier scribe. La vue des mots que je vais citer détruit à l'égard de celui qui les voit une grande partie des doutes qu'ils offriraient à celui qui ne les voit pas. Mais on est sûr de dérouter le plus ferré sur l'orthographe en lui dictant les mots suivants, dans lesquels les syllabes analogues présentent une différence orthographique, dont la raison est quelquefois inconnue aux plus savants. On les séparera à propos ou on les rapprochera, pour ne pas faire deviner la difficulté ou pour l'augmenter. *Grasseyer, planchéier, appui-main, essuie-main, suffocant* adj. *fabricant* subst. *trafiquant* subst. *apaiser, aplanir, apetisser, approvisionner, alarme, allouette, groseillier, tonnelier, barate, cravate, latte, noix de galle*, *gale* maladie, *enivrer*, *annuler*, *attrape*, *tape*, *trappe*, *nappe*, *redingote*, *gargote*, *marotte*, *ballotte*, *baronne*, *patrone*, *légionaire*, *munitionnaire*, *étau*, *sarrau*, *carreau* carte, *finaud*, *bagarre*, *tintamarre*, *tartufe*, *carafe*, *agrafe*, *safran*, *taffetas*, *levraut*, *lapereau*, *perdreau*, *cacis*, *rum*, *api*, *rainette*, *salsifis*, *empois*, *sarrasin*, *larron*, *carrosse*, *chariot*, *myrte*, *non-pair*, *dévouement*, *dénoûment*, *dénûment*, *maniement*, *éternument*, *thésauriser*, *étain*, *bracelet*, *fourmilière*, *gazetier*, *imbécile*, *imbécillité*, *sphinx*, *lynx*, *peuple more*. Donnez aux personnes qui ont beaucoup lu, les derniers mots que l'Académie a réformés, tels que *ermite*, *dissension*, *pate pied*, *calembour*, *faux* à faucher, *aune* arbre, *ognon*, *coin* fruit. Proposez à un logicien, à un grammairien, voire à un académicien, *j'achète*, *je cachette*, *je jette*, *il rejète*, *il projète*, *vantail d'une porte*, *le fond d'une affaire*, *il sait le fonds et très-fonds d'une affaire*, *pâte d'amande*, *gâteau d'amandes*; ajoutez pour un savant helléniste, *analise*, *asile*, *cristal*. C'est ainsi que l'Académie écrit toutes ces expressions.

Il est probable que celui à qui on les dicte ne les écrira pas toutes de cette manière là. Il criera contre l'orthographe de l'Académie, et avec raison; mais si en faisant un pari il est convenu de s'en rapporter à son autorité, il ne pourra plus la récuser, et il perdra son pari. Pour les gens médiocrement instruits ajoutez : *presbytère*, *dizaine*, *socque*, *térébenthine*, *cannelle*, *faïence*, *vermichelle*, *grattoir*, *anachorète*, *catharre*, *dyssenterie*, *diarrhée*, *érysipèle*, *Hippolyte*, *cherté*, *fierté*, *impureté*, *sens dessus dessous*, *faire faux bond*, *un bien-fonds*, *fonds perdu*, *un fonds d'esprit*, *connaître à fond*, *faire fond sur quelqu'un*, *couper cours au mal*, *couper court à quelqu'un*.

« Je me trouvais, dit Chapsal, dans une société où

l'on discourait sur les difficultés que présente la langue française dans son orthographe. Un jeune homme, qui avait pris peu de part à la conversation, l'interrompit, en disant qu'il parierait volontiers qu'aucune des personnes qui se trouvaient là ne saurait écrire, sans faire de faute, trois mots qu'il allait dicter. On se récrie, et alors il dicte les mots *perdreau*, *lapereau* et *levraut*. Qu'on juge de la surprise! Une seule les avait bien écrits; encore convint-elle que c'était parce qu'elle y avait été attrapée une fois. Ces mots semblent être de même famille, et quand on n'a pas eu l'occasion de s'en servir, on écrit volontiers *perdreau*, *lapereau*, *levreau*. Ceux qui écrivent correctement *lapereau* se trompent presque toujours sur l'orthographe de *levraut*. J'invite les jeunes gens à se créer des amusements de ce genre; le plaisir tourne alors au profit de l'instruction. »

Si l'on voulait descendre dans toutes les minuties de l'orthographe actuelle, on y trouverait une infinité de bizarreries, qu'on chercherait inutilement à soumettre à des principes généraux ou à des règles d'analogie. Par exemple, on peut hardiment défier tous les Académiciens, les uns après les autres, d'écrire conformément à leur dictionnaire tous les mots suivants : *tout-à-fait*, *tout à coup*, *peu à peu*, *sur-le-champ*, *au-dessus*, *au surplus*, *à peu près*, *par-dessus*, *surtout*, *de plain-pied*, *long-temps*, *tour à tour*, *contrebande*, *contre-danse*, *entresol*, *tournebroche*, *tournevis*, *tournesol*, *portecrayon*, *portemanteau*, *porte-mouchettes*, *portefeuille*, *tire-bourre*, *malpropre*, *bien-être*, *gentilhomme*, *chiendent*, *un à-compte*, *cure-dent*, *mappemonde*.

Je conclus que personne ne possède parfaitement l'orthographe française. Je ne dis pas qu'il soit impossible de l'apprendre; mais pour cela il faut en faire une étude particulière, et imaginer, à force d'observer et de comparer, des moyens d'aider sa mémoire. On pourrait distribuer en différentes classes, en établissant des règles d'analogie, tous les mots dont l'orthographe n'est pas suffisamment indiquée par la prononciation. Par exemple on remarquera 1.° qu'on écrit par un *i* simple, sans consonne finale, les substantifs masculins racines des verbes en *ier* ou *yer*. Ex.

Cri de *crier*.
Défi, *défier*.
Déni, *dénier*.
Mari, *marier*.
Oubli, *oublier*.
Pari, *parier*.
Pilori, *pilorier*.
Pli, *plier*
Souci, *soucier*.
Appui, *appuyer*.
Ennui, *ennuyer*.
Balai, *balayer*.
Déblai, *déblayer*.
Délai, *délayer*.
Défrai, *défrayer*.
Essai, *essayer*.
Etai de *étayer*.
Frai, *frayer*.
Gai, *égayer*.
Relai, *relayer*.
Charroi, *charroyer*.
Convoi, *convoyer*.
Corroi, *corroyer*.
Emploi, *employer*.
Envoi, *envoyer*.
Effroi, *effrayer* (autrefois *effroyer*).
Octroi, *octroyer*.
Renvoi, *renvoyer*.
Tournoi, *tournoyer*.
Excepté *coloris* et *crucifix*.

2.° Qu'on écrit par *an*, sans autre consonne finale, les noms asiatiques : *mahométan*, *musulman*, *ottoman*, *alcoran*, *soudan*, *sultan*, *iman*, *capitan-pacha*, *divan*, *turban*, *persan*, *turcoman*, *drogman*, *doliman*, *caftan*, *talisman*, *kan*, *élan*, *Soliman*, *Tamerlan*, *birman*, *Astracan*, *Ceylan*, *Liban*, *Andaman*, *Curdistan* et cent autres ; les noms d'oiseaux : *cormoran*, *faisan*, *goélan*, *goertan*, *hallebran*, *milan*, *ortolan*, *pélican*, *toucan*, excepté *bruant*.

3.° Qu'on écrit par *ph* la syllabe *graph*, comme dans *télégraphe*, *lithographie*, *biographe*, etc. excepté *agrafe*.

4.° Qu'on écrit par *f* tous les mots masculins terminés en *if*, *canif*, *if* arbre, *suif*, *tarif*, etc. excepté *calife* et *pontife*.

5.° Qu'on écrit par *z* tous les mots qui commencent par *gaz* : *gazon*, *gazette*, *gazouiller*, etc.

6.° Que dans la syllabe *vers* le son de l'*s* se rend toujours par cette lettre, et non par *c* ni *t*, ce qui se trouve dans plus de cent mots, comme *aversion*, *version*, *conversation*, *reversi*, *reversible*, *adversité*, etc.

7.° Qu'on écrit toujours par un *x* final les mots terminés en *eu* quand ils ont un féminin en *euse*, comme *ambitieux*, *curieux*, *creux*, *doucereux*, *gueux*, etc. et sans *x* final au singulier les mots de cette terminaison qui n'ont point de féminin en *euse* : *adieu*, *aveu*, *bleu*, *camaïeu*, *cheveu*, *dieu*, *enjeu*, *épieu*, *essieu*, *feu*, *hébreu*, *jeu*, *lieu*, *milieu*, *moyeu*, *neveu*, *un pieu*, *peu*, *vœu*, etc. excepté *deux*, *mieux*, *vieux*, *preux*.

8.° Qu'on écrit par *sse* tous les mots terminés en *esse* : *détresse*, *hardiesse*, *ivresse*, *souplesse*, *tigresse*, etc. excepté *nièce*, *pièce*, *espèce*, *Lucrece*, *Grèce* pays, *vesce* graine.

9.° Qu'on écrit par *ce* tous les mots terminés en *ance* ou *ence* : *bombance*, *lance*, *cadence*, *jactance*, etc. excepté *anse*, *danse*, *transe*, *immense*, *défense*, *offense*, et les mots en *panse* : *dépense*, *dispense*, *récompense*, *je pense*.

10.° Qu'on écrit par *ll* les 12 monosyllabes féminins *balle*, *dalle*, *halle*, *malle*, *noix de galle*, *salle*, *stalle*, *colle*, *folle*, *molle*, *bulle*, *nulle* ; et par une seule *l* toutes les autres terminaisons féminines de cette consonnance : *cale*, *cathédrale*, *console*, *casserole*, *renoncule*, etc.

11.° Qu'on écrit par *pp* les 12 monosyllabes féminins *grappe*, *nappe*, *trappe*, *crappe*, *frappe*, *happe*, *mappemonde*, *grippe*, *lippe*, *nippe*, *huppe*, *houppe* ; et par un seul *p* toutes les autres terminaisons féminines de cette consonnance : *attrape*, *tape*, *tulipe*, *tripe*, *pipe*, *dupe*, *troupe*, *soupe*, etc.

12.° Qu'on écrit par *tt* les 12 monosyllabes féminins *batte*, *chatte*, *datte* fruit, *jatte*, *latte*, *natte*, *gratte*, *butte*, *hutte*, *lutte*, *goutte*, *quitte*; et par un seul *t* toutes les autres terminaisons féminines de cette consonnance : *barate*, *cravate*, *rate*, *culbute*, *route*, *marmite*, etc.

13.° Qu'on écrit par *rr* les 12 monosyllabes féminins *arrhe*, *barre*, *carre*, *jarre*, *varre*; *guerre*, *pierre*, *serre*, *terre*, *erre* trace, *bourre*, *myrrhe*, et par une seule *r* les autres terminaisons féminines de même consonnance, *avare*, *rare*, *guitare*, *bière*, *chère*, *bravoure*, *cire*, *etc.* excepté *amarre*, *bagarre*, *simarre*, *bizarre*.

14.° Qu'on écrit par *ff* les 15 monosyllabes *affre*, *gaffe*, *naffe*, *chiffe*, *chiffre*, *griffe*, *greffe*, *coiffe*, *coffre*, *offre*, *buffle*, *truffe*, *gouffre*, *souffle*, *touffe*, et par une seule *f* les autres terminaisons de même consonnance, *agrafe*, *carafe*, *fifre*, *pantoufle*, *etc.*

15.° Qu'on écrit par *mm* les 7 monosyllabes *femme*, *flamme*, *gamme*, *gomme*, *pomme*, *somme*, *homme*, et par une seule *m* les autres substantifs de la même terminaison.

16.° Qu'on écrit par *nn* les 7 monosyllabes *banne*, *canne*, *manne*, *panne*, *tanne*, *vanne*, *Jeanne*, et par une seule *n* les autres terminaisons de même consonnance, *courtisane*, *chicane*, *gallicane*, *anglicane*, *caravane*, *etc.* excepté *paysanne*.

17.° Qu'on écrit par *lier* les substantifs *roulier*, *soulier*, *pilier*, *fusilier*, *sommelier*, excepté *conseiller*, et par *iller* les verbes *rouiller*, *souiller*, *piller*, *fusiller*, *sommeiller*.

18.° Que les consonnes *l* et *t* doublées entre deux *e* ne se doublent plus quand le dernier *e* est remplacé par un *i* dans les dérivés. Ex.

Atelle — *atelier.*
Boissellerie — *boisselier.*
Buvette — *buvetier.*
Chainette — *chaînetier.*
Chancellerie — *chancelier.*
Chandelle — *chandelier.*
Chapellerie — *chapelier.*
Charrette — *charretier.*
Chaussette — *chaussetier.*
Cordelle — *cordelier.*
Coutellerie — *coutelier.*
Gazette — *gazetier.*
Hôtellerie — *hôtelier.*
Layette — *layetier.*
Lunette — *lunetier.*
Mallette — *malletier.*
Noisette — *noisetier.*
Raquette — *raquetier.*
Tablette — *tabletier.*
Tonnelle — *tonnelier.*
Vergette — *vergetier.*

Excepté *aiguillettier*, *cannellier*, *ficellier*, *sellier.*

19.° Qu'on écrit sans *e* final tous les mots masculins en *eur* : *moteur*, *docteur*, *crieur*, *etc.* excepté les deux monosyllabes *beurre* et *leurre.*

De même tous les substantifs féminins : *couleur*, *fleur*, *ardeur*, *erreur*, *etc.* excepté *demeure*, *heure*, *chantepleure.*

20.° Qu'on écrit la syllabe *an* par *e* dans tous les verbes en *endre* et leurs dérivés : *vendre*, *vente*, *vendeur*, *fendre*, *fente*, *tendre*, *tente*, *tenture*, *suspendre*, *suspension*, *etc.* excepté *répandre*, et *épandre* qui n'est plus en usage.

21.° Qu'on termine par *ique* les substantifs et adjectifs masculins, aussi bien que les féminins : *domestique*, *politique*, *portique*, *catholique*, *unique*, *etc.* excepté *agaric*, *alambic*, *arsenic*, *aspic*, *basilic*, *cric*, *mastic*, *pic*, *pronostic*, *public*, *syndic*, *tic*, *trafic*, et les noms d'hommes *Frédéric*, *Copernic*, *Alaric*, *etc.*

22.° Que le *c* final se change en *que* dans les dérivés devant un *e* ou un *i*. Ex. *banc*, *banquette*, *choc*, *choquer*, *alambic*, *alambiquer*, *trafic*, *trafiquer*, *troc*, *troquer*, *pic*, *piquer*, *bivouac*, *bivouaquer*, *etc.*

23.° Que le *que* final se change en *c* dans les dérivés devant un *a*, un *o* ou un *u*. Ex. *Afrique*, *Africain*,

Amérique, *Américain*, *république*, *républicain*, *bibliothèque*, *bibliothécaire*, *hypothèque*, *hypothécaire*; *masque*, *mascarade*, *musique*, *musical*, *etc.* excepté *antiquaire*, *antiquaille* d'*antiquité*, *maroquin* de *Maroc*, *critiquable* de *critique*, et *reliquaire* de *relique*.

Je pourrais ajouter cent autres remarques semblables. Mais il ne s'agit pas de faire ici un traité d'orthographe. C'est un travail que je laisse, avec le plaisir de l'invention, à celui qui attache plus de prix que moi à cette connaissance matérielle des mots.

La partie de l'orthographe qui tient à la logique, et que les dictionnaires ne peuvent indiquer, mérite un peu plus d'attention. C'est sur cette partie que les écrivains vulgaires sont fréquemment en défaut, et les grands écrivains rarement. Par exemple, les bons auteurs mettent le verbe à la troisième personne après un *qui* relatif à un vocatif, c'est-à-dire au nom de la personne ou de la chose qu'on apostrophe. Ex.

> Dieu, qui *venges* l'église et *punis* les tyrans,
> Te verra-t-on sans cesse accabler tes enfants ? VOLTAIRE.

> Fleur mourante et solitaire,
> Qui *fus* l'orgueil du vallon,
> Tes débris jonchent la terre,
> Dispersés par l'aquilon. MILLEVOYE.

Dans quelques recueils de vers, où ceux-ci sont cités, on écrit *qui fut*. Cependant il est évident qu'il faudrait dire au pluriel,

> Fleurs mourantes et solitaires,
> Qui *fûtes* l'orgueil du vallon,

et non pas *qui furent*.

> Soleil, qui *fais* éclore
> Les trésors de l'été,
> Dois-tu me rendre encore
> La vie et la gaîté ? J. GENSOUL.

Quelquefois les poètes suppriment après un *e* muet l'*s* de la seconde personne; c'est une licence permise en faveur de la rime.

Ame! qui donc es-tu? flamme qui me *dévore*,
Dois-tu vivre après moi? dois-tu souffrir encore? LAMARTINE.

Célébrons l'honneur des champs:
Rose, c'est toi qui m'*inspire*;
Rose, fille du printemps,
Je te consacre ma lyre. POINSINET DE SIVRY.

On doit écrire en deux mots *plus tôt* adverbe de temps, opposé à *plus tard*, et en un seul mot, sans *s*, *plutôt* adverbe d'option, comme on le voit observé dans les vers suivants.

On regrette le temps passé sans vous connaître:
Combien l'on eût joui d'un commerce aussi doux!
Il semble que *plus tôt* on aurait voulu naître,
Pour avoir le bonheur de vieillir avec vous.
DUMOUSTIER, à M.me DU BOCAGE.

La mort vient tout guérir;
Mais ne bougeons d'où nous sommes.
Plutôt souffrir que mourir;
C'est la devise des hommes. LAFONTAINE.

On écrivait autrefois par *oi*, *foible*, *paroître*, *connoître*, quelques noms nationaux, comme *Anglois*, *Ecossois*, *François*, et les imparfaits et les conditionnels des verbes, *j'aimois*, *j'aimerois*, *j'avois*, *j'aurois*, etc. et on prononçait *foable*, *paroatre*, *connoatre*, *Angloa*, *Ecossoa*, *Françoa*, comme on prononce maintenant *fois*, *loi*, *croître*, *adroit*, *Suédois*. Sous le règne de François I, le mariage du Dauphin avec Catherine de Médicis amena à la cour un grand nombre d'Italiens, qui altérèrent la prononciation de la syllabe *oi*, et lui donnèrent le son d'*ai* ou de l'*è* ouvert. En 1675 on proposa à l'Académie de substituer *ai* à *oi* dans les terminaisons des verbes, et dans les autres mots où *ai* se prononçait *ai*. L'Académie ne crut pas devoir admettre encore le changement proposé, parce qu'à cette époque la nouvelle prononciation n'était pas généralement adoptée; l'ancienne s'était conservée dans quelques provinces et au palais. Aussi trouve-t-on dans les poètes du temps des rimes qui n'en sont plus aujourd'hui.

Ma colère revient et je me reconn*ois*;
Immolons, en partant, deux ingrats à la f*ois*. RACINE.

La discorde en ces lieux menace de s'accr*oître*.
Demain avant l'aurore un lutrin va par*oître*. BOILEAU.

Il faut que je lui parle à ce Monsieur Dub*ois*,
Et que je sache au moins s'il entend le franç*ois*.
CAMPISTRON.

Il y a cent ans que l'on prononce dans toutes les villes de France *faible*, *paraître*, *connaître*, *Anglais*, *Ecossais*, *Français*, *jamais*, *j'aimerais*, etc. et l'on doit les écrire de cette manière, afin que les signes soient l'image du son. Voltaire, qui a le premier adopté cette nouvelle orthographe, répondit à quelqu'un qui lui disait que l'Académie ne l'admettait pas : « L'on aura beau faire, je sais qu'il y aura toujours des *oi* (*oies*) ». Cette réponse de Voltaire n'est qu'un calembour; mais il y a bien des raisons d'adopter son orthographe. L'Académie a cependant conservé l'ancienne dans son dictionnaire de 1798; mais on m'a assuré que dans sa nouvelle édition, qui doit paraître prochainement, elle a enfin sanctionné ce changement d'*oi* en *ai*, comme c'est déjà généralement reconnu par l'usage.

CHAPITRE II.

ORTHOLOGIE.

Syntaxe.

C'est une règle de grammaire générale que deux noms ou pronoms singuliers valent un pluriel, et que le verbe qui s'y rapporte doit être mis au pluriel. On pèche contre cette règle dans la jolie ronde de *la Neige*, que tout le monde chante encore à Paris, et qui se termine par ce refrain.

Ma Suzon,
Ma Lison,
Pour danser,
Pour valser,
Ne *va* pas *te* presser.

Comme on parle à deux personnes il faudrait *n'allez pas vous presser*. Cette locution rappèle celle de Chapelle, du Vaudeville, qui, lorsqu'il apercevait ses deux nièces, ne manquait jamais de leur dire : « Bonjour, mes nièces, comment te portes-tu? » Un de ses camarades lui fit observer que les règles de la grammaire ne permettaient pas de s'exprimer ainsi. « Hé! que me fait la grammaire, répondit le bon Chapelle? Prétendrait-elle m'empêcher de tutoyer mes nièces, ces pauvres enfants, que j'ai élevées moi-même? *Viens*, mes nièces, que je *t*'embrasse! »

Un autre principe de grammaire, c'est qu'il faut dans un même discours continuer de tutoyer une personne, ou de lui parler par *vous*, comme on a commencé. Cependant il y a quelquefois des raisons de s'écarter de ce principe, comme on le voit dans l'épître suivante, que Voltaire adressa en 1778 à la marquise de G***, âgée comme lui de plus de 80 ans.

Philis, qu'est devenu ce temps
Où, dans un fiacre promenée,
Sans laquais, sans ajustements,
De *tes* grâces seules ornée,
Contente d'un mauvais soupé
Que *tu changeais* en ambroisie,
Tu souriais, dans *ta* folie
A l'amant heureux et trompé
Qui *t'*avait consacré sa vie?
Le ciel ne *te* donnait alors,
Pour tout rang et pour tous trésors,
Que les agréments de *ton* âge!
....

Ah! Madame, que *votre* vie,
D'honneur aujourd'hui si remplie,
Diffère de ces doux instants!
Ce large suisse à cheveux blancs,
Qui ment sans cesse à *votre* porte,
Philis, est l'image du temps:
On dirait qu'il chasse l'escorte
Des tendres amours et des ris;
Sous *vos* magnifiques lambris
Ces enfants tremblent de paraître:
Hélas! je les ai vus jadis
Entrer chez *toi* par la fenêtre,
Et se jouer dans *ton* taudis!
Etc.

Paronymes.

Les paronymes sont des mots entre lesquels il y a une affinité d'orthographe ou d'étymologie, et quelquefois de signification, comme *ambe*, *ambre*, *amble*, — *académicien*, *académiste*, — *affilé*, *effilé*, — *avènement*, *évènement*, — *éruption*, *irruption*, — *conjoncture*, *conjecture*, — *clouer*, *clouter*, — *éminent*, *imminent*, — *effraction*, *infraction*, *fraction*, *fracture*, — *cimeterre*, *cimetière*, — *habileté*, *habilité*, — *infecter*, *infester*, — *exporter*, *importer*, — *excursion*, *incursion*, — *cocon*, *coco*, — *épigramme*, *épigraphe*, — *recouvrer*, *recouvrir*, etc. On confond souvent les paronymes, par ignorance ou par inattention. Les cordonniers disent *acculer* des souliers pour *éculer*; les charpentiers, *coupeau* pour *copeau*; les jardiniers, *cercler* pour *sarcler*; les cuisiniers, *fard* pour *farce*. Les gens peu instruits dans la géographie ne distinguent pas *Bologne* ville d'Italie, de *Boulogne* ville de France; *Livourne* autre ville d'Italie, de *Libourne* ville de France; *Malaga* ville d'Espagne, de *Malaca* presqu'île de l'Inde; *Tibre* fleuve d'Italie, de *Tigre* fleuve d'Asie; la *Guiane* en Amérique, de la *Guienne* en France. Ceux qui ne savent pas la mythologie ni l'histoire disent une voix de *centaure* pour une voix de *Stentor*, et prennent *Pylade* ami d'Oreste, pour *Pilate* gouverneur de la Judée, et le poète *Malherbe* pour le ministre *Malesherbes*. Les langues épaisses disent *fisc* pour *fixe*, *risque* pour *rixe*. Ceux qui sont à la fois sots et ignorants confondent facilement *busc* et *buste*, *champignon* et *champion*; *cigale* et *cigare*, *anche* et *ange*, *évasion* et *invasion*, *cymbale* et *timbale*, *brigue* et *brique*, *inculquer* et *inculper*, *insu* et *issu*, *oncle* et *ongle*, *nef* et *nèfle*, *enduire* et *induire*, *mélisse* et *milice*, *opportun* et *importun*, *partial* et *partiel*, *portion* et *potion*, *parquer* et *parqueter*, *souci* et *sourcil*, *tempe* et *temple*, *tanche* et *tranche*, *truie* et *truite*, *métropole* et *monopole*, *poudre* et *poutre*, *tendreté* et *tendresse*. C'est ainsi que les auteurs comiques font dire à leurs Jocrisses et à leurs Janots : j'ai beau me mettre l'esprit à la *tortue* pour bien faire, j'ai toujours tort avec lui. — C'est un vilain état que le service, allez, et qu'est sujet à bien des *ingrédients*. — La sorcière avait bien raison, v'là mon *microscope* qu'est accompli. — Mameselle, votre mariage est *consumé*, il n'y a plus de remède pour moi. — C'est un homme qui *digère* bien sa fonction. — J'aurai toujours pour vous, Monsieur, la reconnaissance la plus *affectée* et la plus *dissimulée*. — Il y a dans cette maison une *estafilade* de portes d'*excommunication*.

Les personnes qui ne veulent pas parler tout-à-fait comme Jocrisse et Janot se donnent la peine d'ouvrir un dictionnaire pour s'assurer de la signification des mots. Il y a des paronymes synonymes, dont la distinction n'est pas suffisamment indiquée par les définitions laconiques des petits vocabulaires; tels sont les suivants, que je vais expliquer.

Matinal se dit de celui qui s'est levé matin, et *matineux* de celui qui est dans l'habitude de se lever matin.

Ennuyant signifie qui ennuie actuellement, et *ennuyeux* qui ennuie toujours ou long-temps, qui est toujours ennuyant.

Charrier et *charroyer* sont synonymes au sens propre; mais dans le sens figuré on ne se sert que du premier.

Devineur se dit de celui qui devine, et *devin* d'un charlatan qui se donne pour prédire les choses futures.

Chanteur se dit en général de celui qui chante, et *chantre* de celui dont la fonction est de chanter dans une église, et figurément d'un poete et d'un rossignol.

Venimeux et *vénéneux* signifient également qui a du

venin, avec cette différence que dans le sens propre le premier ne se dit que des animaux, et le second que des plantes; mais au sens figuré, dans le style poétique, on les prend l'un pour l'autre.

Vernir et *vernisser* signifient également enduire de vernis, avec cette différence que le second ne s'emploie qu'en parlant de la poterie, et que le premier a plus d'acceptions.

Curer, nettoyer quelque chose de creux, tel qu'un puits, une fosse, les dents; *écurer*, fourbir, nettoyer en frottant.

Stomacal et *stomachique* sont synonymes et se disent de ce qui est bon pour l'estomac : liqueur stomacale ou stomachique. Mais le premier se dit plutôt des choses naturelles, et le second des compositions artificielles. On dit substantivement, c'est un bon *stomachique*, et on ne dit jamais, c'est un bon *stomacal*.

Egaler signifie en général être ou mettre à l'égal d'un autre, *égaliser* signifie rendre égal ou uni par l'action de retrancher d'un côté et d'ajouter de l'autre. Les Latins rendent le premier par le verbe simple *æquare*, et le second par les verbes composés *exæquare*, *inæquare*, etc.

Fileuse signifie celle qui file, et *filandière* celle dont l'état est de filer.

Laveuse signifie celle qui lave, et *lavandière* celle dont l'état est de laver et de faire la lessive.

Funèbre et *funéraire* ont dans les dictionnaires la même définition, et dans le style poétique on les emploie indistinctement; mais dans la prose le mot *funéraire* n'est guère usité qu'avec les mots *frais* et *urne*.

Houppe est une touffe de fils de soie ou de duvet, *huppe*, une touffe de plumes sur la tête de quelques oiseaux, et le nom d'un oiseau.

Idem signifie le même, la même chose; *ibidem*, dans le même lieu; *item*, pareillement, secondement.

Oisif, qui est sans occupation; *oiseux*, fainéant, inutile. On est *oisif* quelquefois malgré soi; on est *oiseux* par paresse.

Patelle ou *lepas* coquillage, que le peuple en Bretagne appèle *brennic* ou *bénit*; *patène* petit plateau pour couvrir le calice; *patère*, s. f. ornement, en forme de coupe, appliqué au bout d'un rouleau, ou aux crochets des rideaux.

Défiance et *méfiance*, se *défier* et se *méfier* : il est difficile d'établir une distinction claire entre ces deux substantifs et entre ces deux verbes; car on les emploie tous les deux dans le même sens. On trouve dans le dictionnaire de l'Académie, au mot *défiance*, qu'on dit proverbialement *la défiance est mère de sûreté*, et on y trouve aussi, au mot *méfiance*, qu'on dit proverbialement *la méfiance est mère de sûreté*. Les Grammairiens prétendent qu'on naît *méfiant*, qu'on l'est par caractère, et qu'on devient *défiant* par expérience, quand on a connu la méchanceté des hommes. Raisonnant à part moi, je pense aussi que se *méfier* c'est ne pas accorder sa confiance, et que se *défier* c'est la retirer. Cependant Lafontaine dit du rat, vieux routier, qui savait plus d'un tour, et qui même avait perdu sa queue à la bataille :

> Il était expérimenté
> Et savait que la *méfiance*
> Est mère de la sûreté.

Voltaire a dit :

> Rarement un héros connaît la *défiance*.

Et Delille,

> Voyant partout un piège et partout un danger,
> Telle qu'un espion sur un sol étranger,
> Marche d'un pas craintif la sombre *défiance*.
> *L'Imagination*, ch. VI.

Condamnée aux chagrins et livrée au soupçon,
Voyant partout et l'injure et l'offense,
Survient, plus triste encor, la sombre *défiance*.
Conversation, ch. II.

Je voudrais mettre *défiance* dans la fable de Lafontaine, et placer au contraire le mot *méfiance* dans le vers de Voltaire et dans ceux de Delille. Au lieu de *méfiez-vous des méfiants*, De Livry, je dirais *défiez-vous des méfiants*. Mais je trouve ces mots bien placés dans les exemples suivants :

.... La *défiance*
Est toujours d'un grand cœur la dernière science.
Racine.

La *défiance* vient, conduite par le temps,
Monstre aux pas incertains, à l'œil fixe, au teint blême,
Qui mêle un noir poison aux plus doux sentiments,
Et verse dans nos cœurs, avec le froid des ans,
Le dégoût des humains et l'ennui de soi-même.
Saurin.

La *méfiance* enfante souvent la calomnie. La Bruyère. On est souvent trompé par la *confiance*; mais on se trompe soi-même par la *méfiance*. De Ligne. La *méfiance* mutuelle des fripons est un avis aux honnêtes gens. N. Le méfiant est souvent dupé par sa *méfiance*. N. Une *défiance* continuelle fait payer trop cher l'avantage de n'être pas trompé. De Bruix. Le silence est le parti le plus sûr pour celui qui se *défie* de soi-même. La Rochefoucauld. Plus j'ai avancé en âge, plus j'ai appris à me *défier* de mon propre sentiment et à respecter celui des autres. Franklin. La *défiance* est fille du malheur. Lafitte.

Quant aux paronymes qui n'ont aucun rapport d'étymologie ni de signification, comme *fort*, *bord*, *tort*, — *coffre*, *offre*, — *crotter*, *trotter*, — *babine*, *badine*, — *caverne*, *caserne*, — *dépaver*, *dépraver*, etc. il n'arrive point de les confondre, si ce n'est par ce qu'on appèle en latin *lapsus linguæ*, une méprise de la langue; par exemple, manger de la *tapisserie* pour de la *pâtisserie*. Cette commutation de mots produit quelquefois de plaisantes parodies. Une actrice, dans le rôle de Camille de la tragédie des Horaces, au lieu de dire,

> Que l'un de vous me tue, et que l'autre me venge,

dit,

> Que l'un de vous me tue, et que l'autre me mange.

Cette dernière espèce de paronymes occasionne souvent de singuliers quiproquos dans la conversation, soit d'une part faute de bien prononcer, soit de l'autre faute de bien entendre. En voici un exemple. M. De Nédouchel, anglomane déterminé, suivait un jour la voiture de Louis XV, qui allait à Choisi. Il avait plu, et M. De Nédouchel, trottant dans la boue, éclaboussait le roi, qui, mettant la tête à la portière, lui dit : « Monsieur De Nédouchel, vous me crottez. — Oui, » Sire, à l'anglaise, répondit-il, d'un air très-satisfait. » Au lieu de *crottez* il avait entendu *trottez*. Le roi, sans se douter de la méprise, se contenta de lever les glaces avec bonhomie, en disant : « Voilà un trait d'anglomanie; mais il est un peu fort. »

Antilogie.

J'APPÈLE *antilogie*, à défaut d'autre nom, un emploi de mots qui impliquent contradiction. Les antilogies sont des facéties, des naïvetés, des niaiseries, ou des fautes d'inadvertance. En voici différents exemples.

Le *beau* sexe de cette ville est en général *laid*.

Quand vous voudrez *parler* commencez par vous *taire*.

Des enfants du haut d'un escalier faisaient des grimaces à un passant : Petits marmots, leur dit-il, si je vous tenais *ici*, je vous ferais *descendre* les marches quatre à quatre.

Monsieur, disait un paysan, *approchez de loin*, s'il vous plaît, si votre *cheval est une jument.*

Quelqu'un disait d'un grand saint, qu'il avait converti *dix mille hommes dans une île déserte.*

Je me marie, dit Cadet Roussel, pour ne pas laisser *finir la perpétuité* de ma famille, pour me voir *renaître en moi-même* et pour avoir des *prédécesseurs.*

Ah! ça, Cadet Roussel, est-ce du *bois* que votre *cuir*?

Je me suis levé la nuit et j'ai mis la tête à la fenêtre, et comme *j'ai vu que je ne voyais rien*, je me suis recouché.

Je ne veux pas m'engager, disait un limousin, parce qu'il faudrait *se tuer* pour avoir de quoi *vivre.*

Samson avec une machoire d'âne passa mille Philistins au *fil de l'épée.*

Nous avons fait bien du chemin; je suis sûr que nous sommes à plus de deux lieues d'*ici.*

Quelqu'un disait d'un homme prodigue et généreux, qu'après avoir *mangé tout* son bien il donna le *reste* aux pauvres.

Le savant Pic de la Mirandole promettait de répondre sur toutes les choses possibles et *impossibles et quelques autres.*

Quelqu'un, à qui l'on parlait de l'insalubrité de son pays, répondit : Indiquez-moi un lieu où l'*on ne meure pas*, et j'irai y *finir* mes jours.

Un Anglais, qui faisait voir un salon de tableaux, avait foule à sa porte : Messieurs, s'écria-t-il, si *vous entrez tous* la salle ne *pourra vous contenir.*

Si je restais encore un *mois* avec mes amis, disait un jeune homme, je ferais tant d'excès que j'en mourrais *avant quinze jours.*

Voyez, disait un procureur à Foot, voyez comme je suis changé : *ce n'est plus moi*. Tant mieux, reprit Foot; qui que vous soyez maintenant, vous ne pouvez qu'y gagner.

Un pauvre procureur, avant de sortir, avait mis sur sa porte : Je suis allé me promener au parc Saint-James jusqu'à neuf heures. *Si vous ne voyez pas clair pour lire ceci, demandez de la lumière chez le voisin.*

Un pauvre prédicateur disait à son auditoire : N'est-il pas honteux de voir des enfants qui ne peuvent encore ni parler ni marcher, *courir les rues en blasphémant le saint nom de Dieu.*

Un député à la chambre des communes fit observer à la tribune que Tippo-Saïb était le potentat le plus turbulent de l'univers, et qu'il ne se tiendrait jamais en *paix* qu'il n'eût recommencé une nouvelle *guerre*.

Un autre député, après avoir entendu un rapport des plaintes adressées à la chambre sur le grand nombre des suicides, se leva aussitôt pour demander que le suicide fût puni de la *peine capitale*.

Un Ecossais, en voyant les chemins que le général Wade avait fait faire en Ecosse, devint poète dans un moment d'extase et fit le distique suivant :

> Si vous les *eussiez vus avant qu'ils fussent faits*,
> Ces chemins, vous loueriez de Wade les bienfaits.

« Je ne fais point de vers, disait le père Malebranche, à cause de la contrainte qu'il faut s'imposer. Je n'en ai fait que deux en ma vie, les voici :

> Il fait en ce beau jour le plus beau temps du monde
> Pour aller à cheval sur la terre et sur l'onde.

Mais, lui dit-on, on ne va point à cheval sur l'onde. J'en conviens, répondit-il, mais passez-le moi en faveur de la rime; vous passez tous les jours bien d'autres fautes à de meilleurs poètes que moi. »

L'imprimeur Thiboust s'est amusé à réunir des antilogies dans les vers suivants :

> Un jour qu'il faisait nuit je dormais éveillé,
> Tout debout dans mon lit sans avoir sommeillé ;
> Les yeux fermés, je vis le tonnerre en silence
> Par un éclair obscur annoncer sa présence.
> Tout s'enfuit, nul ne bouge ; et ce muet fracas
> Me fit voir en dormant que je ne dormais pas.
> Etc.

Une proposition placée avant une autre qui doit la précéder, selon l'ordre des idées, peut produire une antilogie, comme dans cette phrase : « Il reçut dans le combat une mort glorieuse, et tua trente ennemis de sa propre main. » Dites *après avoir tué trente ennemis*.

Quelques esprits pointilleux ont cru voir une antilogie dans ces vers de J. B. Rousseau :

> Qui pourra, grand Dieu, pénétrer
> Ce sanctuaire impénétrable....

parce que, disent-ils, les mots *pénétrer* et *impénétrable* ne peuvent raisonnablement être associés. Cette critique ne paraît ni juste, ni bien raisonnée; elle tend à condamner l'hyperbole. Le mot *impénétrable* signifie là difficile à pénétrer, et non pas réellement et proprement impénétrable. On en peut dire autant de ces vers de Racine :

> Mais elle avait encor cet éclat emprunté
> Dont elle eut soin de peindre et d'orner son visage,
> Pour *réparer* des ans l'*irréparable* outrage.

Pénétrer une chose *impénétrable*, *réparer* une chose *irréparable*, sont des expressions qui vont un peu au-delà de l'exacte vérité, à ne considérer que le sens propre des mots; mais ici elles sont dans un sens hyperbolique, que l'esprit sait bien réduire à sa juste valeur. Il en est de même de toute hyperbole ; par exemple, dans ces vers :

> Mais c'est *mourir deux fois* que souffrir tes atteintes.
>
> La Fontaine.

> Et des fleuves français les eaux ensanglantées
> Ne portent *que des morts* aux mers épouvantées.
>
> Voltaire.

On dit familièrement *faire l'impossible* pour quelqu'un, et par l'*impossible* on n'entend cependant que des choses réellement possibles. Boileau dit *hâtez-vous lentement* ; ce qui est une antilogie pour le sens propre et ne l'est pas dans le sens figuré.

Mais on fait une faute remarquable en disant qu'une personne *jouit* d'une *mauvaise* santé ou d'une *mauvaise* réputation. Le verbe *jouir* ne doit avoir pour complément qu'un nom de chose agréable ou avantageuse. C'est la même faute de dire je *risque de gagner*, *de réussir*. Le verbe *risquer* signifie courir le *péril*, *la chance défavorable*, et ne peut avoir pour complément qu'un verbe qui indique un avantage. Ces expressions me rappèlent celle d'un villageois, qui disait d'un prêtre qu'on le *menaçait* de le faire évêque.

L'habitude de dire aux personnes, *donnez-vous la peine d'aller chez lui*, *donnez-vous la peine de monter*, *de descendre*, etc., a fait dire quelquefois, *donnez-vous la peine de vous assoir* ; cependant, quand on invite quelqu'un à s'assoir, c'est pour qu'il soit plus commodément et non pour qu'il ait une peine de plus. En admettant cette locution, on pourrait dire aussi, *donnez-vous la peine de manger*, *de boire*, *d'accepter ce présent*, *cet argent*, enfin *donnez-vous la peine de vous amuser*, etc.

La Métathèse ou *Contrepetterie.*

La métathèse ou contrepetterie est une commutation dans l'ordre des mots, des syllabes ou des lettres. Quelquefois on la fait exprès, par badinage et dans les discours du genre comique; mais le plus souvent on la fait sans le vouloir, ce qui arrive fréquemment aux personnes qui parlent avec trop de volubilité. Pour que la metathèse soit exacte, il faut que la phrase ait encore un sens, quelque ridicule qu'il soit. Il y a deux sortes de métathèses, l'une verbale et l'autre littérale. La première consiste à transposer deux mots d'une phrase l'un à la place de l'autre. On la fait facilement dans une petite phrase de deux propositions, par exemple en changeant les vers suivants :

Le *crime* a ses héros, l'*erreur* a ses martyrs. Voltaire.

en celui-ci,

L'*erreur* a ses héros, le *crime* a ses martyrs.

ou en celui-ci,

Le crime a ses *martyrs*, l'erreur a ses *héros.*

C'est ainsi qu'un auteur comique fait dire à un de ses personnages,

Non, je reste à vos pieds, princesse *insupportable*,
J'avais sur l'estomac un poids *incomparable.* Aude.

Une actrice, chargée du rôle d'Agrippine dans Britannicus, manquant de mémoire ou de bon sens, au lieu de dire,

Le sénat fut séduit. Une loi moins sévère
Mit *Claude* dans mon lit, et *Rome* à mes genoux,

fit une contrepetterie et dit,

Mit *Rome* dans mon lit, et *Claude* à mes genoux.

On a fait dire à un acteur,

> Je vous quitte, Madame, et vous fais mes adieux,
> Les *larmes dans le cœur*, les *soupirs dans les yeux.*

Les métathèses littérales se divisent en deux espèces ; l'une complexe et l'autre simple. La première se fait en remplaçant une lettre ou une syllabe d'un mot par celle d'un autre mot. Elle donne quelquefois à la phrase un sens bien plaisant; par exemple: Un *sot pale* pour un *pot sale*; le *caire se mouche* pour le *maire se couche*, je suis *fort de main* pour *mort de faim*, un *feu* trop près du *port* pour un *peu* trop près du *fort*, *sonnettes trompettez* pour *trompettes sonnez*, il faut *fendre* ce *pou* pour il faut *pendre* ce *fou*.

Un avocat échauffé en plaidant disait aux juges : vous sentez, Messieurs, que j'ai *fris* le *pait*, pour j'ai *pris* le *fait*.

Le mot *galimathias* (que l'Académie écrit *galimatias*, comme s'il fallait prononcer *galimacias*) a été formé, par métathèse, des mots latins *gallus* coq, et *Mathias* nom d'homme. Dans le temps que les plaidoiries se faisaient encore en latin, un avocat plaidant une cause, où il s'agissait d'un coq appartenant à l'une des parties, qui s'appelait Mathias, à force de répéter *gallus Mathiæ* le coq de Mathias, se brouilla tellement qu'il fit une contrepetterie et prononça *galli Mathias* Mathias du coq; ce qui fit ainsi nommer les discours embrouillés.

La métathèse littérale simple est une transposition de lettres ou syllabes dans un seul mot; par exemple, *diciffile* pour difficile, *phisolophe* pour philosophe. C'est par métathèse que les gens du peuple disent *berlan*, *berloque*, *berdouille*, *bertelle*, *chamberlan*, *ferlaté*, *ferluquet*, *fertin*, *fersaie*, oiseau, *pimpernelle*, *vileberquin*, *pertintaille*, *pertentaine*, *porfil*, pour *brelan*, *breloque*, *bredouille*, *bretelle*, *chambrelan*, *frelaté*, *freluquet*, *fretin*, *fresaie*, *vilebrequin*, *pimprenelle*, *pretintaille*, *prétentaine*, *profil*. Par une méthatèse contraire, ils disent *breline*, *éprevier*, pour *berline*, *épervier*. C'est encore par méthatèse qu'ils font *bisouiller* de *bousiller*, *épicacuana* d'*ipécacuana*, *gabare* de *bagarre*, *meauchon* de *monceau*. C'est par métathèse que des vieux mots *tourbler*, *gigier*, *spécies* (en latin *turbare*, *gigegerium*, *species*) on a fait *troubler*, *gésier*, *espices* ensuite *épices*. Beaucoup d'autres mots ont une semblable étymologie.

Le Pléonasme.

Le pléonasme consiste à employer des mots surabondants ou à redire les mêmes mots, comme quand on dit : J'irai *moi-même*, j'ai vu *de mes yeux*, j'ai entendu *de mes oreilles*. Le pléonasme s'emploie pour donner au discours plus de force ou plus de clarté, comme dans ces vers :

> Eh ! que m'a fait *à moi* cette Troie où je cours ?
>
> Racine.

> Je l'ai vu, dis-je, *vu de mes propres yeux*, *vu*...
> Ce qui s'appèle *vu*. Molière.

Il y a dans le langage familier une infinité de pléonasmes que l'usage a autorisés, quoiqu'ils soient tout à fait oiseux; par exemple, *voler en l'air*, *unir ensemble*, *déchirer cruellement*, prenez-*moi* un bouillon chaud.

> Il *vous* prend sa cognée, il *vous* tranche la bête.
>
> La Fontaine.

On trouve même dans le dictionnaire de l'Académie, *monter en haut*, *descendre en bas*, quoique ce pléonasme soit communément condamné.

Un pléonasme est vicieux quand il n'est ni utile ni autorisé par l'usage, et alors on l'appèle *périssologie*, comme dans les phrases suivantes : On fit des plaintes réciproques *de part et d'autre.* Cette lettre est rempli de *beaucoup de* civilités. Ces raisons sont *assez* suffisantes. Les mots *de part et d'autre*, *beaucoup* et *assez* sont là de trop, puisqu'ils ne sont qu'une répétition inutile du sens exprimé par les mots *réciproque*, *rempli* et *suffisantes*.

C'est encore un pléonasme vicieux d'ajouter l'adjectif *petit* à un substantif qui est par lui un diminutif, comme quand on dit un *petit monticule*, un *petit opuscule*, un *petit animalcule*, un *petit jardinet*, une *petite maisonnette*, une *petite fillette*, une *petite flotille*, une *petite fleurette*, une *petite poulette*.

On entend souvent dire aux gens du peuple : *un petit peu*, *une lieue de chemin*, *une heure de temps*, *une heure d'horloge*, *allumer la lumière*, *dormir un somme*, *une hémorragie de sang*, *dépêchez-vous vîte.* Ce sont autant de pléonasmes vicieux et ridicules. *Peu* signifie *une petite quantité*, et si l'on veut ajouter à la signification de ce mot, il faut dire *très-peu*, ou *bien peu* ; et non pas *un petit peu*, qui signifie *une petite petite quantité*, et dont l'opposé serait *un grand peu.*

Quand on dit *une lieue*, *une heure*, il est évident que c'est une *lieue de chemin* et une *heure de temps*, puisque les autres choses ne sont pas divisées ni par *lieues* ni par *heures*. On dit bien une *grande lieue*, une *grande heure*, quoique les lieues et les heures soient toutes de même longueur, parce qu'on veut dire alors qu'il y a un peu plus d'une lieue, un peu plus d'une heure ; mais une *heure d'horloge* ne dit rien de plus qu'une heure de montre.

Une *lumière* signifie une *chandelle allumée* ou une *bougie allumée* ; or on ne peut pas dire allumer une chandelle allumée.

On peut dire *faire un somme*, mais *dormir un somme*

me paraît un pléonasme vicieux, quoique l'Académie l'ait admis dans son dictionnaire.

Le mot *hémorragie* signifiant par lui-même *perte de sang* ou *éruption de sang*, ne doit pas être accompagné d'un complément qui y est déjà compris; car *hémorragie* est composé de deux mots grecs *haima* sang, et *rhegnumi* rompre.

Le verbe *dépêcher* signifiant aller promptement, il est inutile d'y ajouter *vite*.

Monsieur S... connu par son érudition, par ses bons mots et par ses saillies, ou celles qu'on lui attribue, contemplant dernièrement l'image de Charlemagne sur la coupole de Sainte-Géneviève, s'écria : « Voyez » pourtant quelle injustice : on dit tous les jours le » Grand-Condé, Henri-le-Grand ; pourquoi ne dit- » on pas Charlemagne le Grand ? » Celui qui fit cette savante remarque est apparemment le même qui écrivit un jour *ex libris* dans son chapeau. Lecteur, qui sais le latin, permets-moi de dire à ceux qui ne le savent pas que *Charlemagne* signifie *Charles-le-Grand*; et puisque tu sais que *magne* ou *magnus* signifie *grand*, que *magnanime* signifie *qui a une grande ame*, que *magnificence* signifie *une grande façon*, dis-moi s'il y encore un pléonasme dans *grande magnanimité*, *grande magnificence*. Cette dernière expression est du moins bien usitée, et se trouve dans le dictionnaire de l'Académie.

Enfin, joint au verbe finir peut être regardé comme un pléonasme, quoique Boileau ait dit :

> Et pour *finir enfin* par un trait de satyre,
> Un sot trouve toujours un plus sot qui l'admire.

Delille a dit, dans la traduction de l'Enéide, ch. 6.

> Les Grecs épouvantés *reculent en arrière*.

Il est évident que, s'ils reculent, c'est en arrière ; car on ne recule pas en avant.

Mais je ne suis point de l'avis des grammairiens qui condamnent l'emploi de l'adverbe *peut-être* avec le verbe *pouvoir* et avec l'adjectif *possible*, et qui ne veulent pas qu'on dise *je pourrai peut-être*, la chose est *peut-être possible*.

Le verbe *pouvoir* signifie avoir la faculté ou le moyen ; or, si l'on dit bien *j'aurai peut-être le moyen de vous être utile*, s'il n'y a point là de mot superflu, il n'y en a pas non plus dans cette phrase équivalente, *je pourrai peut-être vous être utile*. L'adjectif *possible* signifie *faisable*, et si l'on dit sans pléonasme que, *la chose est peut-être faisable*, on peut dire aussi qu'*elle est peut-être possible*. La seule faute qu'il y ait dans l'emploi de l'adverbe *peut-être* avec le verbe *pouvoir*, c'est de présenter une paronomasie avec quelques temps du verbe, par exemple, *il peut peut-être*.

On fait un pléonasme vicieux en joignant l'adjecti[f] possessif à un nom, quand la propriété de cet adjecti[f] est suffisamment indiquée par les autres termes de la phrase. Par exemple, quand on dit : j'ai mal à *ma* tête Il tend *sa* main. On lui a coupé *ses* oreilles. Il reçu[t] une blessure à *sa* jambe. Dites : j'ai mal à la tête. I[l] tend la main. On lui a coupé les oreilles. Il reçut un[e] blessure à la jambe.

Une autre espèce de pléonasmes vicieux, qu'on a appelée battologie, du nom d'un Grec nommé Battus consiste à répéter inutilement la même chose en d'autre[s] termes, comme dans ces phrases : il a survécu à son fils *qui est mort avant lui*, un petit homme, *qui n'est pa[s] grand*. Dans chacune de ces phrases on dit deux foi[s] la même chose.

Corneille a dit dans Nicomède :

> Trois sceptres à son trône attachés par mon bras,
> Parleront au lieu d'elle et ne se tairont pas.

« Voltaire fait au sujet de ces vers cette remarque : Puisque les sceptres parleront, il est clair qu'ils ne se tairont pas. Ces sortes de pléonasmes sont les plus vicieux ; ils retombent quelquefois dans ce qu'on appèle le style niais : *hélas ! s'il n'était pas mort, il serait encore en vie.* » Cette critique de Voltaire est juste, si Corneille a voulu dire seulement que les *sceptres parleront*; mais si, en ajoutant *et ne se tairont pas*, il a voulu dire qu'ils ne cesseront de parler, qu'on ne pourra leur imposer silence, il n'y a point de pléonasme. On dirait fort bien : *le peuple crie et ne se taira point*, il continuera de crier. Toutefois les vers de Corneille auraient le défaut de laisser à deviner ce qu'il a voulu dire.

Il faut rapporter à cette espèce de pléonasme les propositions tout-à-fait oiseuses, et qu'on ne fait guère qu'en plaisantant.

> Regretté de ses soldats,
> Il mourut digne d'envie,
> *Et le jour de son trépas*
> *Fut le dernier de sa vie.*

On fait encore des pléonasmes vicieux en accumulant des synonymes inutiles, comme quand on dit : Je me réjouis beaucoup, je suis bien aise, je suis content, je suis satisfait de votre arrivée. Ce vice du style est appelé *datisme*, du nom d'un satrape persan nommé Datis, qui dans ses discours entassait ainsi synonymes sur synonymes.

Quoique les pléonasmes vicieux doivent être évités et condamnés, observons cependant qu'il ne faut pas être trop sévère sur ce défaut de langage, ou l'on finira par

3

le trouver partout. Dans les langues anciennes on tolérait les pléonasmes. Virgile a dit : *sic ore locutus est*, il parla ainsi par la bouche. On trouve dans les livres ascétiques *castigans me castigavit*, en me châtiant il m'a châtié ; *flentes flèbant*, en pleurant ils pleuraient; *euntes ibant*, en allant ils allaient.

Néologie.

La néologie augmente tous les jours la langue, en introduisant de nouveaux mots et en donnant aux anciens de nouvelles acceptions. De là il arrive qu'on ne peut avoir un dictionnaire complet; et il ne faut pas s'étonner de ne point trouver dans le dictionnaire de l'Académie, dont la dernière édition est de 1798, les mots *are*, *aéronaute*, *budget*, *cachemire*, *calicot*, *carrick*, *casimir*, *casquette*, *centime*, *chouan*, *cigare*, *cortès*, *cosmorama*, *dioroma*, *fumifuge*, *guérillas*, *guillotine*, *jokei*, *lithographie*, *mérinos*, *mnémonique*, *myriamètre*, *nankin*, *panorama*, *pantalon*, *patère*, *percale*, *polytechnique*, *rouennerie*, *schako*, *schal*, *spencer*, *stère*, *télégraphe*, *vélocifère*, *vélocipède*, et mille autres aujourd'hui fort communs. Il est possible que les mots *bol*, *cacographie*, *cacologie*, *facsimilé*, *gastronomie*, *orthologie*, *probe*, ne fussent pas bien connus en 1798 ; mais je pense que l'Acad. les donnera dans sa prochaine édition, avec une bonne partie des mots recueillis par les lexicographes modernes, auxquels elle pourra ajouter *bifteck*, *caléidoscope*, *caneçou*, *circassienne*, *découronner*, *désaffection*, *dominatrice*, *escaut*, *favori*, (partie de la barbe), *inassouvi*, *indigéré*, *inestimé*, *inoffensé*, *lucubrateur*, reliûre *à la Bradel*, *scolaire*, *spécimen*, *stricot*, qui n'ont encore paru dans aucun vocabulaire, quoiqu'ils soient depuis long-temps fort usités.

Je ne sais pourquoi l'Académie a négligé plusieurs noms de figures de rhétorique, telles que *l'euphémisme*, *l'allitération*, *l'antistrophe*, *l'annomination*, qui valent bien le *métaplasme*, la *métalepse*, *l'antanaclase*, *l'hyppallage* et la *catachrèse*, qu'elle n'a point oubliés. Je ne puis lui pardonner de n'avoir rien dit du beau coquillage la *porcelaine* (1), du beau papillon *vulcain*, tandis qu'elle accorde les honneurs de l'insertion aux intestins *jéjunum* et *duodénum*, à l'excrément *méconium*, au *cérumen*, aux maladies *hélose*, *phlogose*, *hémotysie*, *diapédèse*, *orthopnée*, *etc.* aux plantes peu intéressantes *hédypsarum*, *hedypnoïs*, *héméroeale*, *hélianthème*, *cyclamen*, *cérinthée*, *pyrethre*, et mille autres semblables, dont elle s'est plu à grossir son œuvre par un goût de prédilection.

Je ne sais pourquoi, en accordant une place aux dieux *Jehovah*, *Dalaï-Lama* et *Fétiches*, aux diables *Lucifer* et *Satan* et aux religieux *fakirs*, elle exclut *Jésus* avec *les jésuites ;* pourquoi elle ne fait aucune mention du puissant *Jupiter*, du joyeux *Bacchus*, de la sage *Minerve*, du bien aimé *Plutus*, et donne la préférence au fripon *Mercure*, aux vilains *satyres*, aux *parques* camuses, aux *gorgones*, aux *harpies*, à *cerbère*, à la *pythie*.

Je lui sais bon gré d'avoir parlé des *Muses*, de *Thémis*, de *Cérès*, de *Vénus*, d'*Iris* et d'*Hercule ;* mais pourquoi a-t-elle passé sous silence la fraîche *Hébé*, la charmante *Psyché*, l'enchanteresse *Circé*, la prophétesse *Cassandre*, la malheureuse *Thisbé*, la vertueuse *Antigone*, l'incom-

(1) Le peuple appèle ce coquillage un *pucelage* ; quelques-uns l'appèlent *guinée*, parce qu'on en trouve beaucoup sur la côte de Guinée ; d'autres l'appèlent coquille de Vénus ; mais son premier et vrai nom c'est *la porcelaine*, nom qu'on a donné aussi à une fine poterie, parce qu'elle est aussi lisse que ce coquillage.

parable *Hélène*, la fidèle *Pénélope*, la belle *Laïs*, son égale *Phryné*, toutes reines ou dignes de l'être, et qui méritent assurément mieux d'être citées que sa noire *Atropos*, son affreuse *Méduse*, sa puante *Céléno*, et leurs hideuses compagnes?

Pourquoi, par une injuste prévention contre le sexe, a-t-elle refusé une place à la brillante *Phébé* à côté de son frère *Phébus*, et à la guerrière *Bellone* la mention honorable qu'obtient son frère *Mars*?

Pourquoi, par une partialité évidente, affecte-t-elle d'oublier des noms historiques, devenus cependant des noms qualificatifs, tels qu'*Orphée*, *Homère*, *Nestor*, *Achille*, *Crésus*, *Pindare*, *Solon*, *Démosthène*, *Socrate*, *Aristide*, *Archimède*, *Timoléon*, *Apelle*, *César*, *Scipion*, *Cicéron*, *Fabius*, *Brutus*, *Lucullus*, *Virgile*, *Horace*, *Sémiramis*, *Lucrèce*, *Suzane*, *Salomon*, *Job*, *Newton*, *Copernic*, *Raphaël*, *etc.* pour faire place à ses bien aimés *Olibrius*, *Zoïle*, *Négus* ou *Prête-Jean*, le roi *Petaud*, *Polichinelle*, *Arlequin* et *Turlupin*?

De même, pour les noms propres nationaux, elle préfère un *Gascon* à un *Spartiate*, et un vagabond *Bohémien* à un riche et voluptueux *Sybarite*. Il faut espérer que dans les dictionnaire futurs on recueillera ces noms avec un peu plus de goût et de discernement.

On trouve les dictionnaires pareillement en défaut pour les nouvelles acceptions que la néologie donne aux anciens mots, et pour les nouvelles constructions qu'elle introduit. Je pense que mon lecteur sera bien aise que je réunisse ici plusieurs exemples de ces nouvelles locutions qui donnent quelque éclat aux écrivains de ce siècle.

L'adjectif *irréparable* ne s'ajoutait autrefois qu'à un nom de chose : perte irréparable, dommage irréparable, etc. Les poètes l'ajoutent aussi aux noms de personnes.

Le croirez-vous, races futures?
J'ai vu Zoïle, aux mains impures,
Zoïle outrager Montesquieu;
Mais quand la parque inexorable
Frappa cet homme *irréparable*,
Nos regrets en firent un dieu.

Le Brun, *à Buffon.*

La France, mère inconsolable,
Perdant un fils *irréparable*,
A pris les vêtements de deuil.

Chénier, *sur la mort de Mirabeau.*

Le mot *irréparable* est harmonieux, et rend heureusement une bonne idée.

L'adjectif *désert* s'employait toujours sans complément : un lieu désert, une campagne déserte, etc. Le poète Le Brun lui donne un complément avec *de*.

Moi sur cette rive *déserte*
Et de talents et de vertus,
Je dirai, soupirant ma perte,
Illustre ami, tu ne vis plus.

A Buffon.

J'aime cette construction, quoiqu'elle soit extraordinaire, parce qu'il me semble qu'on ne peut exprimer la même pensée en termes plus concis.

Le mot *transfuge* se construit avec des compléments qu'on ne lui donnait point autrefois.

De notre sainte loi transfuge détesté,
Il se souvient toujours du Dieu qu'il a quitté.

Baour-Lormian.

Rousseau, riche d'une ame indépendante et fière,
Transfuge des châteaux, revole à sa chaumière.

Millevoye.

Heureux qui, qui dans le sein de l'amitié fidèle,
Libre de tous ses fers, *transfuge des amours*,
Cache dans ses jardins l'automne de ses jours!

BÉRENGER.

Transfuge du Permesse aux rives du Pactole,
Aux tristes arbrisseaux qui naissent sur ces bords
Je suspendrai ma lyre.

GINGUENÉ.

Les mots *vide* et *veuf* se construisent aussi avec des compléments qu'on n'indique point dans les dictionnaires.

Allez, et dans ses murs *vides de citoyens*,
Faites pleurer ma mort aux veuves des Troyens.

RACINE.

Ver impur de la terre et roi de l'univers,
Riche et *vide de biens*, libre et chargé de fers.

LOUIS RACINE.

Rome sert à genoux des tyrans que tu braves;
Vides de citoyens, ses murs sont pleins d'esclaves.

ESMÉNARD.

Veuve de son génie, elle (la Grèce) voit ses enfants
Sur leur tombe muette oublier leurs ancêtres.

Idem.

Dans nos temples sans gloire et *veufs de nos images*,
Le silence succède aux hymnes triomphants.

BAOUR-LORMIAN.

Nos rades sont *veuves de leurs vaisseaux*. BONAPARTE.

Les adjectifs *beau*, *aimable*, *pur*, *incertain*, *indigent*, *riche* reçoivent un complément avec la préposition *de*. Exemple.

*Aimable d'*innocence et *belle de* candeur.

DELILLE.

Qu'ils reviennent dans nos murailles
Beaux de gloire et de liberté. CHÉNIER.

Sur ses épaules demi-nues,
Dormait un enfant renversé,
Beau de ses grâces ingénues. GUÉRIN.

Vous, *riches des* forfaits qu'enfantent les trésors,
Indigents de vertus, *de* mœurs et *d'*innocence.
LE BRUN.

Non loin sont ces mortels qui, *purs de* tous les crimes,
De leurs propres fureurs ont été les victimes. DELILLE.

Riche des dons de Flore et des fruits de Pomone. *Idem.*

Incertain d'un tombeau
Qui de leurs membres nus écarte la froidure. *Idem.*

Infortuné, proscrit, *incertain de* régner,
Dois-je irriter les cœurs, au lieu de les gagner?
RACINE.

Le vieux Saturne
Donna la terre *indigente d'*appui
A gouverner à des dieux comme lui.
J. B. ROUSSEAU.

L'adjectif *impuissant* reçoit un complément avec la préposition *à*.

Je crois qu'à mon exemple, *impuissant à* trahir,
Il hait à cœur ouvert ou cesse de haïr.
RACINE.

Mais faible et traversé d'une flèche cruelle,
Son bras est *impuissant à* venger sa querelle.
AIGNAN.

Si mon bras *impuissant à* remplir mes souhaits
Me refuse le sang du Chrétien que je hais,
Qu'un autre plus heureux à me servir s'apprête.
BAOUR-LORMIAN.

Contemporain, *éploré*, *discret*, qu'on ne disait autrefois que des personnes, s'ajoutent très-bien aux noms de choses. Duserre-Figon a dit dans son beau panégyrique de Sainte Thérèse : « Foulant aux pieds la gloire *contemporaine*, ainsi que les suffrages de la postérité. »

Beaux lieux, recevez-moi sous vos sacrés ombrages.
Vous, qui couvrez le seuil de rameaux *éplorés*,
Saules *contemporains*, courbez vos longs feuillages
Sur le frère que vous pleurez.

LAMARTINE.

Les dictionnaires définissent le mot *séculaire*, qui se fait de siècle en siècle. Les auteurs modernes ne bornent pas là l'emploi de ce mot, et s'en servent pour signifier qui dure des siècles, qui vit fort vieux.

La foudre en sa colère
Frappe des hauts rochers la cîme *séculaire*.

BAOUR-LORMIAN.

Combien de fois la terre a changé d'habitants,
Combien ont disparu d'empires florissants,
Depuis que ce géant du pied de la bruyère
A porté dans les cieux sa tête *séculaire*.

CASTEL, *parlant du Séiba, arbre de la zone torride.*

Au pied du trône *séculaire*
Où s'assied un autre Nestor,
De la tempête populaire
Le flot calmé murmure encor.

LAMARTINE, *naissance du duc de Bordeaux.*

Depuis qu'amour de ses chaînes *discrètes*
Avait uni ces fidèles amants. MILLEVOYE.

Virgile nous peint le chêne dans toute la force de sa végétation... et son vieux tronc par sa durée *séculaire* insultant à la fragilité des générations humaines.

DELILLE.

L'Académie et la plupart des lexicographes ne donnent que le sens propre des mots *léguer* et *legs*, qui sont aujourd'hui très-usités au sens figuré. La gloire est un *legs* onéreux pour qui ne peut la soutenir. La nation qui s'attire la haine des autres nations *lègue* le malheur à sa postérité. Heureux et mille fois heureux celui qui n'a pas d'enfants, lorsqu'il ne pourrait leur *léguer* que la servitude et l'abrutissement! (Phrases citées par Boiste.)

Aux rivages des morts avant que de descendre,
Ovide lève au ciel ses suppliantes mains :
Aux Sarmates grossiers *il a légué sa cendre*,
Et sa *gloire* aux Romains. Lamartine.

Oppresseurs, je peindrai tous vos titres de gloire
Ecrits en traits de sang au temple de mémoire;
Je veux que l'avenir s'épouvante à vos noms;
Vous seriez vainement absouts par la victoire :
Tremblez, tyrans, vous *léguez* à l'histoire
L'*immortalité* des Nérons.
Vers inédits, par un jeune Breton.

Les dictionnaires ne donnent point de complément au verbe *rayonner*, et n'en indiquent l'emploi qu'en parlant du soleil; mais aujourd'hui on le dit de beaucoup d'autres choses, et on lui donne un complément avec la préposition *de*. Notre Pindare moderne a dit le premier,

Siècles, vous êtes ma conquête,
Et la palme qui ceint ma tête
*Rayonne d'*immortalité. Le Brun.

Une expression si poétique ne pouvait manquer de faire fortune.

Ta pure et touchante beauté
Dans les cieux même t'a suivie;
Tes yeux, où s'éteignait la vie,
*Rayonnaient d'*immortalité. Lamartine.

Le verbe *rivaliser* se construit aussi avec la préposition *de*.

Rivaliser de luxe et de magnificence. Delille.

Les hardis Portugais, sur les vagues rebelles,
Couraient vers l'Orient par des routes nouvelles,
Et bientôt de l'Espagne égalant le succès,
*Rivalisaient d'*orgueil, *de* gloire et *de* forfaits. Esménard.

Les verbes *butiner*, *hurler*, ne sont donnés dans les dictionnaires que comme verbes neutres, et par conséquent sans régime. Les poètes leur donnent aujourd'hui la qualité de verbes actifs. Ex.

Avec ta mère un jour tu vins, petite encor,
De notre enclos fécond *butiner le trésor*.

DOMERGUE.

Telle on voit au printemps la diligente abeille,
De Flore avec ardeur *butiner la corbeille*.

VALMALÈTE.

Quand sur le saule en fleur les essaims répandus,
Butineront l'émail qui blanchit sa verdure.

NOTARIS.

Des héros de son sexe un essaim frémissant,
Qui, frappant à grand bruit ses armes colorées,
Hurle son chant barbare aux monts hyperborées.

DELILLE.

Les prêtres de Pluton, de Cybèle et de Mars,
Les membres déchirés et les cheveux épars,
Tout sanglants, agités de fureurs prophétiques,
Hurlent en chants de mort *leurs funèbres cantiques*.

LE GOUVÉ.

Hors de moi, sur ce bord, horrible, épouvantable,
Je *hurle* en longs sanglots *ma plainte lamentable*.

LAYA.

Les mots *phare*, *duvet*, *parfum*, *vautour*, *édifice*, *crépuscule*, *crêpe*, dont l'Académie ne donne que le sens propre, s'emploient très-élégamment au sens figuré. Je ne sais quel auteur a dit, en parlant du monument élevé au brave Desaix sur le mont Saint-Bernard, qu'à la vue de ce *phare* de l'honneur, l'ame se remplit de souvenirs d'héroïsme et de l'amour de la gloire. On dit bien qu'une personne a été élevée sur le *duvet* de la mollesse, qu'elle a été nourrie des *parfums* de la volupté. On peut dire que l'ambition est le *vautour* de la société, qu'on cherche vainement à établir sur la terre un *édifice* de bonheur.

Et qu'une main savante, avec tant d'artifice,
Bâtit de ses cheveux le galant *édifice*.

BOILEAU.

Si vous voulez que j'aime encore,
Rendez-moi l'âge des amours ;
Au *crépuscule* de mes jours
Rejoignez, s'il se peut, l'aurore. VOLTAIRE.

Pour moi, chétive créature,
La triste main de la nature
Etend un *crêpe* sur mes jours. *Idem*.

...... L'aurore vigilante
Déchire de sa main brillante
Le *crêpe* lugubre des nuits. LE BRUN.

Fortune, à ton pouvoir qui ne se soumet pas ?
Tu couvres la pourpre royale
Des *crêpes* affreux du trépas. LA HARPE.

Le mot *solstice* ne se prenait qu'au sens propre, en arlant du moment où le soleil, arrivé au tropique, comnence à retourner vers l'équateur. Delille l'a fort heueusement employé par métaphore.

L'âge mûr, à son tour, *solstice* de la vie,
S'arrête, et sur lui-même un instant se replie.

Le mot *hymne*, que le dictionnaire définit un chant la divinité, signifie aujourd'hui tout chant de louange u de reconnaissance.

Toi qui ramènes l'abondance,
Aimable reine des saisons,
C'est à toi que nous adressons
L'*hymne* de la reconnaissance.

DUAULT, *à l'Automne*.

Les mots *ébène* et *ivoire*, dont le dictionnaire n'inique que le sens propre, s'emploient figurément, le remier pour signifier un beau noir, et le second pour ignifier le blanc. Ainsi on dit des cheveux *d'ébène*, des ourcils *d'ébène*, ou bien *l'ébène* de ses cheveux, de ses ourcils, *l'ivoire* de son cou, de son sein.

Sa chevelure noire
D'un teint de neige augmente encor l'éclat,
Et descendant sur son cou délicat,
Offre *l'ébène* à côté de *l'ivoire*. MALFILATRE, *Narcisse*.

Et cependant Ismène
De ses cheveux épars tresse la molle *ébène*.
DE SAINTANGE.

Plusieurs écrivains, entre autres Delille, ont employé très-à-propos les mots *inabordé*, *inacheté*, *inachevé*, *inaperçu*, *inapprêté*, *inassoupi*, *inassorti*, *inconsolé*, *inconsulté*, *inglorieux*, qui ne se trouvent point dans le dictionnaire de l'Académie, et *dominatrice*, *inassouvi*, *indigéré*, *inestimé*, *inoffensé*, qui ne se trouvent dans aucun dictionnaire. Je pense qu'il n'y a personne qui n'approuve ces néologismes dans les exemples suivants.

Les juges les plus sûrs sont des hommes silencieux, *inaperçus*. Tous les crimes directs sont punis, mais les crimes indirects passent *inaperçus* ou bien applaudis.

Des mets *indigérés* le pénible fardeau
Ne doit point s'agraver d'un aliment nouveau.
DOMERGUE.

Jadis dans un vénal et vil laboratoire,
Cet art *inestimé* semblait cacher sa gloire.
DELILLE, *parlant de la chimie*.

Trop heureux de cacher dans un asyle sûr
Mes jours *inglorieux* et mon destin obscur.
DELILLE.

Sa rage *inassouvie*,
Qui des vaincus poursuit encor la vie,
De la cité fait un vaste tombeau.
PARNY.

Du cœur humain sombres *dominatrices*,
C'est vous sur-tout, fougueuses passions,
Dont les folles émotions
Des plus chers entretiens corrompent les délices.
DELILLE.

Mais la superbe tour qui domine la place,
Encore *inoffensée*, insulte leur audace.

BAOUR-LORMIAN.

Le mot *solitaire* a depuis peu reçu de nouvelles acceptions, qui ne sont point indiquées dans les dictionnaires.

Cycnus, ton tendre ami, que la mort désespère,
Charmait par ses doux chants son chagrin *solitaire*.

DELILLE.

Zirphé ! c'est l'heure du mystère ;
Viens goûter le frais *solitaire*
De nos bosquets silencieux. LE BRUN.

Non, tu n'as pas quitté mes yeux ;
Et quand mon regard *solitaire*
Cessa de te voir sur la terre,
Soudain je te vis dans les cieux. LAMARTINE.

On dit une *couleur solitaire* d'un brun foncé.

Lévite dans le dictionnaire est défini un Israélite de la tribu de Lévi, destiné au service du temple. Les poètes et les orateurs en ont étendu la signification, et l'emploient pour synonyme de prêtre.

Mais à l'heure où l'airain qu'un bras fidèle agite
Aux autels de son Dieu rappèle le *lévite*.

LAYA.

Lamotte a dit que les grandes réputations sont presque toujours *posthumes*, qu'elles ne retentissent que dans les tombeaux. Desfontaines et Domairon condamnent l'emploi du mot *posthume* dans cette phrase. « C'est contre la raison même, prétend Domairon, de dire qu'une réputation est posthume, parce qu'un auteur ne peut pas acquérir une réputation après sa mort. »

Je ne suis pas du sentiment de Domairon, et son raisonnement ici me paraît plus mauvais que le néologisme de Lamotte. Il me semble que souvent la réputation d'un auteur ne naît ou ne s'étend qu'après sa mort, comme un enfant posthume naît après la mort de son père, et comme un ouvrage posthume ne paraît qu'après la mort de l'auteur. D'Alembert s'est serv du mot *posthume* dans le même sens que Lamotte. « Il serait bon, dit-il, que chaque homme de lettres laissât un testament de mort, où il s'expliquât librement sur les ouvrages, les opinions, les hommes qu sa conscience lui reprocherait d'avoir encensés, e demandât pardon à son siècle de n'avoir eu avec lu qu'une sincérité *posthume*. »

Au reste, sur la néologie, voici le principe qu'il faudrait proclamer, c'est qu'une expression nouvelle doi être admise dès qu'elle est à la fois et juste et utile, e qu'elle ne peut être remplacée par un terme équivalent, comme dans les exemples précités. Mais je n vois pas le besoin d'introduire dans la langue plusieur mots synonymes, tels que *gastriloque* et *engastriloque*, tous les deux inutiles, puisque le mot *ventriloque* signifi déjà la même chose.

Parmi les lexicographes modernes, Boiste, mort e 1826, est celui qui a le plus recueilli de ces expressions néologiques, et c'est dans son dictionnaire qu'o en trouve les meilleurs exemples. Cet homme laborieu avait coutume d'ajouter à chaque locution nouvelle l nom de celui qui en était l'inventeur. La première édition de son dictionnaire portait après le mot spoliateu le nom de Bonaparte. Mandé à la Préfecture, pou rendre compte de ce rapprochement, qu'on prenai assez sottement pour un outrage, il fut vertement réprimandé, forcé de faire un carton et de remplace le nom de Bonaparte par celui du vainqueur de Rosbach. Je ne sais de quel nom on fera suivre le mot *spoliateu* dans les nouvelles éditions qu'on prépare du dictionnair de Boiste.

La Prononciation.

La prononciation est une des plus grandes difficultés que présente l'étude des langues modernes, parce que les lettres n'y ont pas une valeur fixée et invariable. Il est dans notre langue une multitude de mots dont la prononciation est un mystère, même pour celui qui ne sait que le français; et les dictionnaires et les grammaires qu'on voudrait consulter à cet égard, ou n'en disent rien, ou ne sont point d'accord. « La langue française, dit Voltaire, est encore pleine de ces prononciations vicieuses, qui seraient intolérables si les honnêtes gens ne prenaient soin de les éviter, comme un habile cavalier évite les cailloux sur sa route. » Par ex. comment prononcer une *n* finale devant une voyelle?

Quand il s'agit d'un adjectif placé devant son substantif, on fait sonner l'*n* sur la voyelle suivante. On prononce, sans conserver le son nasal, *divin amour*, *bon ami*, *commun avantage*, comme s'il y avait *divine amour*, *bone ami*, *commune avantage*. Mais dans les autres cas cette rencontre de l'*n* finale devant une voyelle produit un hiatus désagréable; par exemple dans un *ton insolent*, *une main avare*, *un pain au riz*, *une ambition injuste*, *un soin assidu*, *loin encore*, *moulin à vent*, *du matin au soir*. Les Normands ne trouvent là aucune difficulté, et disent tout couramment, *un tone insolent*, *une maine avare*, *un paine au riz*, *une ambitione injuste*, *un soine assidu*, *loine encore*, *mouline à vent*, *du matine au soir*. Mais partout ailleurs on prononce ces expressions avec le son nasal et sans faire liaison, et c'est ainsi qu'il faut prononcer d'après la décision que donna à ce sujet l'Académie française, consultée par l'Académie de Caen.

François I.er s'amusait quelquefois à ouvrir le discours en vers, et il désirait que Melin de Saint-Gelais, son bibliothécaire et son aumônier, achevât la phrase sur les mêmes rimes. Un jour le monarque, sur le point de monter un petit cheval qu'il caressait, l'apostropha ainsi :

Joli, gentil, petit cheval,
Bon à monter, bon à descendre...

Le poète courtisan ajouta tout de suite :

Sans que tu sois un Bucéphal,
Tu portes plus grand qu'Alexandre.

L'Académie de Caen, incertaine s'il fallait dire avec le son nasal *bon à monter, bon à descendre*, ou sans nasiller, *bone à monter, bone à descendre*, eut recours à l'Académie française, qui décida qu'on devait prononcer de la première manière, sans lier l'*n* avec l'*a*. Le secrétaire de l'Académie, Mezerai, qui était normand et accoutumé à la prononciation de sa province, ne fut pas de l'avis des autres, et obligé d'écrire la décision qu'il n'approuvait pas, il ajouta plaisamment cette ancienne formule : « Sera donc ainsi dit et prononcé, nonobstant cri de haro et clameur à ce contraire. »

Août, aoûteron, se prononcent sans y faire sentir l'*a*, *oût*, *oûteron*. Le président de Bellièvre disait qu'il s'imaginait entendre des chats miauler toutes les fois qu'il entendait les procureurs dire à l'audience *à la mi-a-oût*. Cependant on fait sentir l'*a* dans le participe *aoûté*.

L'*o* est aspiré dans le mot *onze*, et l'on dit sans élision *le onze, de onze, du onze, je ne vois que onze;* et non pas *l'onze, d'onze, qu'onze*. Par la même raison, on ne fait point sonner sur cet *o* la consonne finale du mot précédent; ainsi on dit sans liaison *Louis onze, vers les onze heures*, *plus onze*, *moins onze*, comme s'il y avait *Loui onze*, *vers lé onze heures*, *plu onze*, *moin onze*. On dit également, selon l'Académie, *le onzième* et *l'onzième*, *du onzième au onzième* et *de l'onzième à l'onzième*. Cependant on dit toujours *dans sa onzième année*, et jamais *dans son onzième année*; ce qui fait voir qu'il vaut mieux y conserver l'aspiration comme dans le mot *onze*.

On ne doit pas admettre l'aspiration dans le mot *ouate*, quoique l'Académie avertisse qu'on prononce communément *de la ouate* ou *de la ouète*. Il est possible que quelques couturières de Paris disent *la ouate* ou *la ouète*, comme on entend dire dans les basses-cours *la oie* et *la oèe* pour *l'oie*; mais il est assez ridicule de citer dans un dictionnaire ces fautes de prononciation. Les personnes qui se piquent de parler français disent *l'ouate*.

Où sur *l'ouate* molle éclate le tabis. BOILEAU.

Par une bizarrerie de notre langue, *paon* et *taon*, écrits de la même manière, se prononcent différemment: on dit *pan* et *ton*. *Paonne*, *paonneau* se prononcent aussi *pane*, *paneau*; mais ont fait sentir l'*a* et l'*o* en deux syllabes dans *paonnier*, qui a soin des paons, *paonace*, violette, et *paonacé*, couleur de paon.

On mouille le *g* dans *impregner*, et on ne le mouille pas dans *impregnation*.

Quelques précieuses de Paris prononcent *concevoir* et *recevoir* en donnant au *c* le son du *z*, comme s'il y avait *conzevoir*, *rezevoir*; ce qui conduit assez naturellement à dire aussi *aperzevoir*, *dezevoir*, *perzevoir*, *dezu*, *rezu*, *perzepteur*. Pour peu que cette prononciation-là prenne, on changera bientôt *face*, *récit*, *sucer*, *grace*, *gracieux*, *précieux*, *pacifique*, *prononcer*, etc. en *faze*, *rezit*, *suzer*, *graze*, *grazieux*, *prézieux*, *pazifique*, *prononzer* etc.

Les uns prononcent *régistre*, *enrégistrer*, d'autres disent *régître*, *enrégîtrer*, et l'Académie admet provisoirement les deux façons. C'est ainsi que les sentiments furent long-temps partagés sur le mot *épître*, qu'on prononçait et écrivait aussi *épistre*; mais un long usage a effacé l'*s*. Tout le monde dit aujourd'hui *épître*, et il est probable que dans quelque temps tout le monde dira aussi *régître*. Il y a toujours eu une tendance vulgaire à exclure l'*s* médiale, parce que toutes les oreilles ne saisissent pas bien le son sifflant de cette lettre. Tous ceux qui parlent bien disent encore, en faisant sentir l'*s*, *astérisque*, *bastonade*, *cataplasme*, *catéchisme*, *schisme*, *perspicacité*, *superstitieux*, *superstition*, et parmi le peuple on dit *astérique*, *bâtonnade*, *cataplâme*, *catéchîme*, *schîme*, *perpicacité*, *supertitieux*, *supertition*. Peut-être que cette mauvaise prononciation finira un jour par l'emporter, comme cela est arrivé pour une multitude de mots, tels que *bête*, *forêt*, *arrêt*, *prêtre*, *vêtir*, *bâton*, *etc.* dont l'ancienne prononciation est attestée par les mots *bestiaux*, *forestier*, *arrestation*, *presbytère*, *veste*, *bastonnade*.

On doit faire sentir le *g* mouillé dans *magnifique* et *magnificence*, comme dans la dernière syllabe d'*Allemagne* et de *Bretagne*. *Manifique*, *manificence* est une faute aussi ridicule qu'*Allemane* et *Bretane*. On doit faire sentir pareillement le *g* mouillé dans *maligne*, qui rime bien avec *digne*, *indigne*, *vigne*, *signe*, et qui ne rime pas avec *mine*, *machine*, *échine*. Ainsi dans ce vers de La Fontaine :

> Elle avait évité la perfide machine,
> Lorsque, se rencontrant sous la main de l'oiseau,
> Elle sent son ongle *maligne*.
>
> Liv. 6, fab. 15.

il y a deux fautes remarquables, la mauvaise rime et le genre féminin donné au mot *ongle ;* car on doit dire *un ongle malin*, *des ongles longs*, et non pas *ongle maligne*, *ongles longues.*

Prononcez *orgeat* sans faire sentir l'*e*, comme s'il y avait *orjat.* En prononçant *orgéat* on fait la même faute qu'en disant *géole*, *géolier*, *pigéon*, *vengéance*, pour *geole*, *geolier*, *pigeon*, *vengeance.*

Prononcez comme on les écrit les mots *mercredi*, *expliquer*, *revanche*, *vacarme*, *vésicatoire*, *visitandine*, et non pas *mécredi*, *espliquer*, *revange*, *vacarne*, *vessicatoire*, *visitantine.*

Prononcez avec l'*e* ouvert médial *orfèvre* et *fève*, et non pas *orfeuvre*, *feuve.* *Orfèvre* rime avec *chèvre* et non avec *œuvre*, et *fève* rime avec *élève*, *trève* et non avec *veuve.*

Prononcez *s'enivrer*, *s'enorgueillir*, *s'en aller*, comme s'il y avait *s'anivrer*, *s'anorgueillir*, *s'analler ;* et non pas *s'énivrer*, *s'énorgueillir*, *s'énaller.* Les deux premiers ont été formés des mots *ivre*, *orgueil* et de la préposition *en*, qui ne perd pas sa prononciation dans la composition des mots, comme on le voit dans les verbes *s'ennoblir*, *s'anéantir*, *s'annuler*, formés des mots *noble*, *néant*, *nul.* Dans les deux derniers on a même sacrifié l'orthographe à la prononciation.

Les gens de la campagne se plaisent à changer les terminaisons *eur* et *eux* en *ou.* Dans quelques provinces les paysans font de *gabeleur*, *lécheur*, *meneur*, *remetteur*, *crasseux*, *galeux*, *morveux*, *pouilleux*, *etc. gabelous*, *léchous*, *menous*, *remettous*, *crassous*, *galous*, *morvous*, *pouillous.*

L'usage s'élève quelquefois contre l'autorité de l'Académie, qui est obligée de temps en temps de lui faire des concessions. C'est ainsi qu'elle s'est décidée à écrire *cigogne*, au lieu de *cicogne*, en latin *ciconia*, et qu'elle consent que *second*, en latin *secundus*, *gangrène*, en latin *gangrena*, et *roide*, *harnois*, dans lesquels elle a conservé son orthographe, se prononcent *segond*, *cangrène*, *rède*, *harnès*, du moins dans la conversation. Je crois qu'elle sera aussi obligée de permettre que *pensum* et *quaterne* se prononcent *pensome* et *caterne*, et non pas *pinson*, *couaterne*, comme elle le veut, car l'usage a déjà pris cette permission, et je pense qu'ici l'usage a raison.

Quelques-uns disent aussi *segret*, *segrétaire*, *ganif*, *bégasse*, *bégassine*, *assasin*, *antipotes*, au lieu de *secret*, *secrétaire*, *canif*, *bécasse*, *bécassine*, *assassin*, *antipodes*; mais cette prononciation, n'ayant été demandée que par des voix trop populaires et sans crédit, a été nettement refusée.

La lettre *l* n'a pas le bonheur de plaire au bas peuple. Elle est pourtant bien douce, liante et moelleuse; mais c'est pour cette raison que quelques-uns ne l'aiment pas; on veut quelque chose de plus ronflant. Ainsi la plupart des rustiques, préférant la rudesse de l'*r* à la mollesse de l'*l*, disent par cette prédilection *armanach*, *porichinel*, *virebrequin*, au lieu d'*almanach*, *polichinel*, *vilebrequin*. Ceux au contraire qui ont un penchant pour le doucereux donnent la préférence à l'*l*, et en faveur de leur lettre mignonne, ils déplantent l'*r* des mots *angora*, *corridor*, *frusquin*, *franquette*, *etc.* pour faire *angola*, *collidor*, *flusquin*, *flanquette*.

Remarquez que le chat à long poil qu'on appèle *angora* vient de la ville d'Angora ou Angouri dans l'Asie mineure, et non du royaume d'Angola en Afrique; que le mot *corridor* vient de *courir*, *frusquin* du mot latin *frustrum*, morceau, portion; et qu'*à la franquette* signifie franchement, et a été formée du mot *francfranche*.

La prononciation de l'*s* finale devant une voyelle est un sujet de grands débats. Les partisans de cette lettre la font dominer partout, tandis que ses ennemis la proscrivent partout. Ainsi les uns disent hardiment, en faisant siffler toutes les *s* : *tu prends un temps infini, tu as été deux heures et demie*, comme s'il y avait *tu prend-z'un temp-z'infini, tu a-z'été deu-z'heure-z'et demie ;* et les autres prononcent, sans oser faire sentir l'*s*, *toujours absent*, *viens ici*, comme s'il y avait *toujour-absent, vien-ici.* Je me borne à dire ici que les plus raisonnables parleurs font sonner l'*s* finale dans l'adjectif devant son substantif, et *vice versâ* : *bonnes actions*, *actions honnêtes*, et dans les autres cas où tout le monde a coutume de la faire sentir; mais qu'ils ne la prononcent pas, si ce n'est dans la poésie et les discours publics, dans les endroits où elle n'est sue que des personnes instruites : *quand tu auras étudié, un compas à la main.* C'est dans mon cours de grammaire que je me réserve de donner des principes développés sur la prononciation.

Solécisme.

Le mot Solécisme, qui signifie une faute contre la langue, dérive de *Soglia*, ville de l'île de Chypre, autrefois *Solos*, bâtie sous les auspices de Solon. Ce législateur d'Athènes vécut quelque temps à la cour de Philocyprus, roi de Chypre. La capitale de ce prince étant située sur des montagnes, Solon lui conseilla de transférer le siège de son gouvernement dans une plaine fertile. Son avis fut approuvé, et lui-même se vit chargé de présider à ce changement. La nouvelle ville retint le nom de son fondateur. Bientôt la richesse et les agréments du pays y attirèrent des habitants de tous les cantons. Ce mélange de monde en occasionna dans le langage; il se corrompit au point qu'il a passé en proverbe. Ainsi faire des solécismes signifie proprement parler comme à Solos, c'est-à-dire faire des fautes, par ignorance ou par inadvertance, soit en violant les règles de la syntaxe, soit en se trompant sur le genre ou sur la signification d'un mot. Les fautes que font les naturels du pays contre leur langue, s'appèlent solécismes; celles que fait un étranger, et dont les naturels sont étonnés, s'appèlent barbarismes. Par exemple, un étranger, écrivant à M. De Fénélon, lui dit : « Monseigneur, » vous avez pour moi des *boyaux* de père ». Nous nous servons au figuré du mot *entrailles* pour marquer le sentiment tendre que nous avons pour autrui; mais *boyaux* ou *intestins* pris en ce sens sont un barbarisme, parce que l'usage ne leur a pas donné cette acception.

« Un jour, dit Ménage, Madame De Sévigné s'informant de ma santé, je lui répondis que j'étais enrhumé. Je *la* suis aussi, me dit-elle. — Il me semble, Madame, lui dis-je, que selon les règles de notre langue, il faudrait dire : je *le* suis. — Vous direz comme il vous plaira, ajouta-t-elle; pour moi, je croirais avoir de la barbe si je m'exprimais comme cela ». Cette défaite de Madame De Sévigné est spirituelle; mais elle n'en faisait pas moins un solécisme. On doit employer le pronom indéfini *le* pour remplacer un adjectif ou un substantif employé adjectivement. Ainsi on dira : elle est heureuse, elle *le* sera toujours; elle veut être reine et elle *le* sera; et non pas elle *la* sera.

Je ferais un ouvrage bien long si j'entreprenais d'expliquer tous les solécismes que l'on peut rencontrer dans les meilleurs écrivains seulement; car quelque corret que soit un auteur, je n'en lirais sûrement pas deux pages sans rencontrer quelque petite infraction des lois de la syntaxe, tant il est difficile de les observer toutes. Il serait encore plus long de relever toutes les fautes que font les écrivains de bas étage ; mais il serait impossible de rendre compte de toutes celles que l'on fait dans la conversation, qui n'est en général qu'un flux de solécismes, de barbarismes et de galimathias. Je me bornerai ici à faire un bref exposé d'un petit nombre des fautes les plus remarquables, en m'attachant principalement à celles qui sont peu ou mal expliquées dans les grammaires, ou qui n'y sont point du tout indiquées.

Se rappeler de... est un solécisme qu'on entend communément. Dans le dictionnaire français-latin par Noel on trouve *se rappeler de sa plus tendre enfance*, *se rappeler de ce qu'on a fait*, *se rappeler du temps passé*, *se rappeler de ses malheurs.* Pour parler raisonnablement, il faut dire comme l'Académie, *se rappeler sa plus tendre enfance*, *se rappeler ce qu'on a fait*, *se rappeler le temps passé*, *se rappeler ses malheurs.* Devant le verbe il faut employer les pronoms *le*, *la*, *les*, *que*, et non pas *en* ni *dont*; dites : c'est un évènement *que* tout le monde se rappèle; je me *le* rappèle. On se méfie de l'avenir en se *rappelant le passé.* Boiste. De vieux amants, qui *se rappèlent leur brillante jeunesse*, ne peuvent se regarder sans rire ou sans pleurer, (phrases citées par Boiste).

Dans l'ombre du passé te recherchant toi-même,
Tu rappelais tes anciens jours. Lamartine.

On est fâché de trouver dans le madrigal suivant un solécisme, qui le dépare étrangement :

Quand je revis ce que j'ai tant aimé,
Peu s'en fallut que mon feu rallumé
Ne fît l'amour en mon ame renaître,
Et que mon cœur, autrefois son captif,
Ne *ressemblât l'esclave* fugitif
A qui le sort fait rencontrer son maître. Bertaud.

Il faudrait dire *ne ressemblât à l'esclave;* mais la mesure n'y est plus. Il paraît qu'autrefois on donnait un régime simple au verbe *ressembler*, car on en trouve des exemples dans les poëtes du 16.e siècle, même dans Malherbe.

Demander excuse est un gasconisme, qui choque également et le bon usage et la raison. Nous ne demandons à un autre que ce qu'il peut nous accorder. Ainsi l'on dit bien *je vous demande pardon*, parce que celui à qui l'on parle peut répondre *je vous l'accorde*. Mais on ne peut dire *je vous demande excuse*, parce que celui à qui l'on parle ne peut pas répondre *je vous l'accorde*. Madame De Sévigné se moque de cette expression : « Ma chère enfant, je vous *demande* excuse, à la mode du pays (elle était alors en Bretagne. » En effet, on ne peut pas exiger des excuses d'une personne qu'on a offensée, ou la réparation serait pire que l'offense. Si donc j'ai commis une faute envers quelqu'un, si j'ai fait du mal à quelqu'un, je dirai : *je vous fais mes excuses, je vous prie de m'excuser*. Alors celui qui est offensé *reçoit* ou *rejète* mes excuses ; mais il ne m'*accorde* ni ne me *refuse* point d'excuses.

Ce n'est pas seulement en Bretagne qu'on dit *demander excuse ;* cette locution vicieuse s'entend dans toute la France parmi les gens sans éducation. Lamotte a fait cette faute dans sa fable *le Bœuf et le Ciron :*

> Cadet Ciron, sain et sauf arrivé,
> *Demande* excuse au bœuf, qu'il croit avoir crevé.

Et l'Académie dit *faire des excuses* et *demander des excuses ;* mais ces deux expressions ne peuvent être équivalentes : l'une condamne nécessairement l'autre. Les auteurs comiques mettent la mauvaise locution dont je parle, et beaucoup d'autres, dans la bouche des gens du peuple ; mais dans tout autre cas les bons auteurs disent *faire excuse*. Ex.

> J'en suis au désespoir ; et vous en *fais excuse*. CORNEILLE.
> Quoi ! tu *faisais excuse* à qui m'osait braver ! *Idem.*
> J'eus de l'ambition, je n'en *fais* point *d'excuse*. VOLTAIRE.

Pour vous, je ne veux point, Monsieur, vous *faire excuse*,
Je vous sers beaucoup plus que je ne vous abuse.
MOLIÈRE.

Imposer et *en imposer* sont deux expressions différentes qu'il faut distinguer. On se sert d'*imposer* seul pour signifier inspirer naturellement du respect, de la crainte ou de l'admiration; et on se sert d'*en imposer* pour exprimer l'intention de mentir, de faire accroire, d'abuser, comme on le voit dans les exemples suivants.

D'où vient qu'une bergère assise sur des fleurs,
Simple dans ses habits, plus simple dans ses mœurs,
Impose à ses amants, surpris de sa sagesse ?
BERNIS.

Loin du faste de Rome, et des pompes mondaines,
Des temples consacrés aux vanités humaines,
Dont l'appareil superbe *impose* à l'univers,
L'humble religion se cache en des déserts.
VOLTAIRE.

Sa fermeté m'*impose*, et je l'excuse même
De condamner en moi l'autorité suprême.
Idem.

L'exemple d'un grand prince *impose* et se fait suivre;
Lorsque Auguste (1) buvait, la Pologne était ivre.
FRÉDÉRIC I.er, *épître à son frère.*

Qu'elle ne pense pas que par de vaines plaintes,
Des soupirs affectés, et quelques larmes feintes,
Aux yeux d'un conquérant on puisse *en imposer*.
VOLTAIRE.

La dame, qui depuis long-temps
Connaît à fond votre personne,
A dit : hélas ! je lui pardonne
D'*en* vouloir *imposer* aux gens :
Son esprit est dans son printemps,
Mais son corps est dans son automne.
Idem, au duc de la Feuillade.

---

(1) Auguste, roi de Pologne.

Mais les phrases suivantes sont incorrectes. « On craindra de vous *imposer*, quand l'imposture n'aura plus à attendre que votre colère. » MASSILLON.

» Il nous accuse de lui *imposer*. » BOSSUET.

Pire et *pis* sont deux expressions bien différentes, que l'on confond souvent. *Pire* est un adjectif qui signifie *plus mauvais*, *plus méchant*, *plus fâcheux*, *plus violent*, *plus funeste*, *plus dangereux*. Il est opposé à l'adjectif *meilleur*, et il doit se rapporter à un nom. *Pis* est un adverbe qui signifie *plus mal*, *plus méchamment*, *plus funestement*, *plus dangereusement*, *en plus mauvais état*. Il est opposé à *mieux*. Ex. Il n'y a *pire* sourd que celui qui ne veut pas entendre.

Souvent de tous nos maux la raison est le *pire*. BOILEAU.

Souvent la peur d'un mal nous conduit dans un *pire*. *Idem*.

Mais dans l'art dangereux de rimer et d'écrire,
Il n'est point de degré du médiocre au *pire*. *Idem*.

Notre condition jamais ne nous contente;
La *pire* est toujours la présente. LA FONTAINE.

Homme qui femme prend se met en un état
Que de tous, à bon droit, on doit nommer le *pire*.
Fol était le second qui fit un tel contrat;
A l'égard du premier, je n'ai rien à lui dire. *Idem*.

Dans tous ces exemples le mot *pire* veut dire *plus fâcheux* ou *plus mauvais*, et peut se remplacer dans un sens contraire par *meilleur*.

..... L'arbre étant pris pour juge,
Ce fut bien *pis* encore. LA FONTAINE.

Quelque plume y périt, et le *pis* du destin
Fut qu'un certain vautour, à la serre cruelle. *Idem*.

On dirait dans un sens contraire : ce fut bien *mieux* encore... Le *mieux* du destin fut....

Gresset ou ses imprimeurs ont fait une faute dans ces vers,

> Désir de fille est un feu qui dévore ;
> Désir de nonne est cent fois *pis* encore.

Il faut dire *est cent fois pire encore*, et le vers se trouve également. On veut dire que la curiosité d'une nonne *est cent fois plus ardente, plus violente*, et non pas *est cent fois plus ardemment, plus violemment*.

Il y a pareillement une faute dans ces vers,

> Alors que l'on est bien, quand au mieux on aspire,
> Il n'est point de milieu, l'on risque d'être *pire*.
>
> Morel-Vendé.

Car l'auteur a voulu dire qu'on risque d'être *plus mal, dans un plus mauvais état*, et il devait dire *l'on risque d'être pis*. Il a cédé à la rime, contre le précepte de Boileau,

> La rime est une esclave et ne doit qu'obéir.

On dit *tant pis*, comme on dit *tant mieux ;* mais *tant pire* n'est pas plus français que *tant meilleur*.

Prêt à et *près de* sont aussi deux expressions différentes, qu'il ne faudrait pas confondre, et que l'on confond cependant assez souvent. Le premier est un adjectif qui signifie *préparé à... disposé à...* Le second est une préposition composée, qui signifie *pas loin de... sur le point de...* Ainsi *près de mourir* signifie sur le point de mourir, et *prêt à mourir* signifie résigné à la mort. Ex.

> La mort ne surprend point le sage ;
> Il est toujours *prêt à* partir. La Fontaine.

> L'ignorance toujours est *prête à* s'admirer. Boileau.

Un vieillard *près d'*aller où la mort l'appelait.
LA FONTAINE.

Dans quels périls encore est-il *près de* rentrer ?
RACINE.

Ces exemples-là sont corrects, mais les suivants ne le sont pas.

Hélas! *prêts à* périr, t'adressent-ils leurs vœux ?
Ils regardent le Ciel, secours des malheureux.
Louis RACINE.

Ainsi *prêt à* fermer les yeux à la lumière....
LAMARTINE.

« Rome, *prête à* succomber, se soutint principalement durant ses malheurs, par la constance et par la sagesse du sénat. » BOSSUET.

Il fallait dans ces quatre exemples *près de*. Les deux vers suivants sont encore plus mauvais.

Loin de blâmer vos pleurs, je suis *prêt de* pleurer.
RACINE.

Au récit que pour toi je suis *prêt d'*entreprendre,
Je crois voir les rochers accourir pour m'entendre.
BOILEAU.

Et les chefs de l'état tout *prêts de* prononcer.
VOLTAIRE.

Prêt de n'est point français. L'adjectif *prêt* doit toujours être suivi et la préposition *à*. Il est étonnant que les meilleurs écrivains se soient si fréquemment trompés sur le sens et la construction de ces mots *prêt* et *près*.

Voltaire prétend que le vers suivant de Corneille n'est pas français.

Si *près de* voir sur soi fondre de tels orages....

Près de, dit-il, veut un substantif : *près de la ruine*, *près d'être ruiné*. Il faut, comme l'observe Laveaux, que Voltaire ait rédigé cette remarque avec beaucoup de précipitation ; car il prouve lui-même la fausseté de son observation en donnant pour exemple *près d'être ruiné*. On trouve souvent dans ses ouvrages, ainsi que dans ceux de tous les bons auteurs, un verbe après *près de*.

> Percé de coups lui-même, il est *près de périr*.
>
> VOLTAIRE, *la Henriade*.

Quand les nominatifs d'un verbe sont liés par la conjonction *ou*, le verbe ne s'accorde qu'avec l'un des deux. Les vers suivants ne sont donc pas corrects.

> La mer qui fuit à ma parole,
> Où la poussière qui s'envole,
> *Suivent* et *comprennent* mes lois.
>
> LAMARTINE.

Il fallait dire *suit* et *comprend* ma loi ; ou plutôt il fallait commencer le second vers par *et* et non pas par *ou*, et alors l'esprit et l'oreille se trouvaient à la fois satisfaits.

La même faute se présente dans les vers suivants :

> Aussitôt qu'un grand roi penche vers son déclin ;
> Ou sa femme ou son fils *ont* hâté son destin.
>
> VOLTAIRE.

Il faut dire *a hâté*, et le vers se trouve également.

Je fus, *tu fus*, *il fut*, *nous fûmes*, *vous fûtes*, *ils furent*, pour *j'allai*, *tu allas*, *il alla*, *nous allâmes*, *vous allâtes*, *ils allèrent*, est la faute qu'on fait le plus souvent dans la conversation. *Nous fûmes nous promener*, *nous fûmes lui porter du secours*, n'est pas plus français que de dire, *nous sommes nous promener*, *nous sommes lui porter du secours*, ou au futur *nous serons nous promener*, *nous serons lui porter du secours*. Corneille a dit dans Pompée.

> Il *fut* jusques à Rome implorer le sénat.

Voltaire donne sur ce vers cette explication : « *Il fut implorer* est une licence qu'on prenait autrefois. Il y a même encore plusieurs personnes qui disent, *je fus* le voir, *je fus* lui parler ; mais c'est une faute, par la raison qu'on *va* parler, qu'on *va* voir ; et qu'on n'*est* point parler, qu'on n'*est* point voir. »

Lamartine, dans sa méditation sur Bonaparte, a fait la faute de Corneille.

> De son glaive sanglant tu t'armas en silence,
> Et tu *fus* demander justice ou récompense
> Au Dieu qui t'avait envoyé.

L'Académie ne prononce point sur cet emploi du verbe *être* pour le verbe *aller*. « Plusieurs, dit-elle, disent dans la conversation *je fus*, *j'aurais été*, pour *j'allai*, *je serais allé*. » En s'exprimant ainsi, elle semble plutôt autoriser que condamner cette locution ; mais la raison la proscrit. Remarquez cependant qu'on se sert fort bien du passé composé du verbe *être*, en parlant d'un lieu après qu'on a fait l'action d'y aller et d'en revenir. On dit bien *j'ai été à Rome*, *j'ai été à la campagne* ; et dans ces phrases le verbe *être* n'a que sa signification ordinaire *d'avoir existé*, *d'avoir paru* : car il suffit de dire qu'on s'est trouvé dans un lieu, qu'on y a paru, pour faire comprendre tacitement qu'on a fait l'action de s'y rendre, sans qu'il soit besoin de parler de cette action. Il est évident que, pour avoir été dans un lieu, il a bien fallu y aller ; mais pour exprimer l'action de se rendre dans un lieu, on ne peut pas raisonnablement se servir du verbe *être*.

Espérer quelqu'un est une faute que l'on fait communément en Bretagne, et quelquefois ailleurs.

> Hélas ! en *l'espérant* dans ces belles demeures,
> Mon amour mesurait et les jours et les heures.
>
> DELILLE.

« Je lis, je me promène, *je vous espère.* Madame De Sévigné. » Ces deux exemples ne suffisent pas pour autoriser une expression généralement condamnée. On *attend* une personne ou une chose, et on *espère* une chose seulement.

Après *espérer que* le verbe suivant doit être au futur, et non pas au présent ni au passé. On dit communément dans la conversation : *J'espère que vous êtes content. Vous voilà, j'espère, au comble de vos vœux. J'espère que vous y avez trouvé votre compte.* Dans toutes ces phrases-là il s'agit de *croire*, de *penser*, de *se flatter*, d'*être persuadé*, et non pas *d'espérer*. C'est donner à ce verbe une signification étrangère; car les littérateurs, qui font autorité en fait de langage, ne l'emploient point en ce sens. On en peut citer seulement deux exemples. « L'erreur des libertins et des hérétiques vient de ce qu'ils *espèrent* que les vérités de la foi ne se *peuvent* connaître avec évidence. Malebranche. *J'espère* que Pauline se *porte* bien, puisque vous ne m'en parlez pas. M.me De Sévigné. Mais c'est une faute échappée à ces auteurs. On espère qu'une chose *sera* ou ne *sera pas*, parce que l'espérance regarde toujours l'avenir, qu'elle a toujours pour objet les choses futures et éventuelles; mais à l'égard des choses actuelles, ou que l'on croit actuelles, il n'y a plus lieu d'espérer.

De même après *promettre que* le verbe suivant doit être au futur, et non au présent ni au passé. On dira fort bien, *je vous promets que je viendrai, je vous promets que je le ferai*, parce qu'il dépend de moi de venir, il bépend de moi de faire ce que je promets. Mais quand on dit *je vous promets que je l'ai fait, je vous promets qu'il est arrivé, je vous promets que j'ai trente ans*, comme on l'entend souvent dans la conversation, on ne sait pas ce qu'on dit; on fait de singulières promesses, dont l'exécution ne peut être demandée, parce qu'il n'est pas au pouvoir du prometteur de s'en acquitter. Il s'agit là *d'assurer* et non de *promettre*.

Pincer et *toucher*, dont on se sert pour signifier jouer de quelques instruments de musique, sont des verbes actifs et doivent se construire avec un régime simple, et non pas avec la préposition *de*. En cherchant ces deux verbes dans le dictionnaire de l'Académie, à leur ordre alphabétique, on trouve pour exemples *pincer la guitare*, *pincer le luth*, *pincer la harpe*, *toucher l'orgue*, *toucher le clavecin*, *toucher le piano*. Dans le même dictionnaire, aux mots *harpe* et *piano*, on trouve *pincer de la harpe*, *toucher du piano*; mais ces deux derniers exemples sont mauvais. On fait cette faute en assimilant mal à propos les verbes *pincer* et *toucher* aux verbes *jouer* et *sonner*, qui se construisent bien avec la préposition *de*.

Saigner, quand il est verbe actif, c'est-à-dire quand une personne saigne une autre, peut avoir un régime et un complément avec *a*, *au*, *aux*, ou *de*, *du*, *des*. On dit saigner quelqu'un *au* bras ou *du* bras, saigner *à* la tempe ou *de* la tempe.

Mais le verbe neutre *saigner*, pour signifier perdre du sang soit naturellement soit par une blessure, se construit toujours avec *de*, *du*, *des*. On dit, je saigne *du* nez, je saigne *du* doigt, je saigne *de* l'oreille. C'est ainsi que parlent tous ceux qui sont en état de juger de la valeur de leurs expressions, et c'est ainsi que s'exprime l'Acad. Quelques personnes disent *je saigne au nez*, c'est une faute qu'on a répétée sans attention. Le premier qui l'a faite et les Wailly qui l'ont donnée dans leur vocabulaire auront sans doute voulu distinguer le sens propre de ce verbe du sens figuré; car on dit figurément *saigner du nez*, pour signifier manquer dans l'occasion de résolution ou de courage : mais c'est une erreur de croire cette distinction nécessaire. Il importe au contraire de conserver au figuré la même construction qu'au sens propre, afin de rappeler la valeur précise d'une expression par la connaissance de son origine. C'est en remontant à l'origine que je vois que *saigner du nez* au sens figuré signifie trouver un prétexte de sortir d'affaire, comme celui qui feint de saigner du nez.

Si j'étais que de vous est une mauvaise locution qu'on entend fort souvent. Dites *si j'étais de vous ;* c'est assez d'un mot inutile.

S'être en allé, je me suis en allé, je m'étais en allé, sont-ils en allés, etc. sont des solécismes qui équivalent à *s'être en retourné, je me suis en retourné, je m'étais en retourné, sont-ils en retournés.* Dites *s'en être allé, je m'en suis allé, je m'en étais allé, s'en sont-ils allés*, comme on dit *s'en retourner, je m'en suis retourné, etc.*

Rappeler d'un jugement est une mauvaise locution. Les honnêtes gens disent *appeler d'un jugement*; le condamné en *appèlera.* C'est un appel que l'on fait dans ce cas, et non pas un rappel.

Raisonnable signifie quelquefois convenable, suffisant, honnête, au-dessus du médiocre. On dit un prix raisonnable, une pension raisonnable, une taille raisonnable; mais il me semble ridicule d'appliquer cet adjectif aux noms d'animaux. Gourville, dans ses mémoires, dit qu'à la Bastille on lui servit un *poisson raisonnable* pour dire *beau.* Il eût donc pu dire dans le même sens un *cheval raisonnable*, un *cochon raisonnable*; mais l'expression ne l'est guère.

Conséquent pour signifier considérable ou important est une faute qu'on fait souvent, surtout dans le style mercantile. Dites un commerce considérable, un marché considérable, et non pas *conséquent;* car on ne dit point dans le sens contraire un commerce inconséquent, un marché inconséquent. Le mot *conséquent* signifie qui est d'accord avec soi même, qui se conforme à ses principes. Le mauvais emploi de ce mot a donné lieu à une scène originale entre l'auteur bien connu d'une tragédie moderne et un littérateur distingué, placé à la tête d'une superbe imprimerie. L'auteur, ayant vendu à celui-ci sa pièce, ajouta : « Si vous voulez encore faire une bonne acquisition, j'ai dans mon porte-feuille un ouvrage bien *conséquent.* » A ce mot, le littérateur crut avoir fait une mauvaise affaire en achetant le manuscrit d'un homme qui s'exprimait ainsi ; cependant il promit d'aller le voir et d'examiner l'ouvrage. Mais il ne put prendre sur lui de tenir sa parole ; il ne pouvait se faire à l'idée qu'un homme instruit pût employer un terme aussi impropre. Au lieu d'aller le voir, il lui envoya les couplets suivants, où l'on voit que le mot *conséquent*, avec ses bonnes et ses mauvaises acceptions, occupe tout le discours.

On se sert du mot conséquent
Sans en sentir la conséquence.
Cela, dit-on, est conséquent ;
Mais souvent, quelle inconséquence !
Est-on grippé ? c'est conséquent ;
On tousse, on souffle : en conséquence
Vient un docteur très-conséquent
Pour vous traiter en conséquence.

Un personnage conséquent
Donne une fête conséquente ;
Il faut avoir, par conséquent,
Une mise très-conséquente :
On y danse, c'est conséquent,
Et l'on y brille en conséquence ;
Mais il fait un froid conséquent,
On sort, ah ! quelle inconséquence !

Un baiser est peu conséquent,
Mais la suite en est conséquente.
Qui le reçoit est conséquent,
Qui le donne est inconséquente.
O fillettes! par conséquent,
Apprenez qu'une inconséquence,
Près d'un amant très-conséquent,
Tire souvent à conséquence.

Un ouvrage peu conséquent
Peut être offert sans conséquence;
Mais l'acheter conséquemment
Sur parole est inconséquence.
L'auteur le dit *bien conséquent*,
Je peux le lire en conséquence;
Mais je ne serai conséquent
Qu'en le payant en conséquence.

Le mot *conséquence* ne doit pas non plus s'employer pour *importance*. On peut cependant dire raisonnablement *une affaire de conséquence*, *une entreprise de conséquence*, *une guerre de conséquence*; ce qui ne veut pas dire qui a de l'importance, mais qui a ou qui est susceptible d'avoir des suites importantes. L'Académie, ayant à rendre compte de ces expressions, a mis par une bévue sous la même rubrique *un homme de conséquence*, *un emploi de conséquence*.

Autrefois on mettait *comme* pour *que* après *aussi*, *si*, *autant*, *tant*, devant le second terme de la comparaison.

Il n'est rien de *si* beau *comme* Calixte est belle.
MÉNAGE.

Tant qu'a duré la guerre, on m'a vu constamment
Aussi bon citoyen *comme* parfait amant.
CORNEILLE.

Qu'il fasse *autant* pour moi *comme* j'ai fait pour lui.
Idem.

Aussitôt confondus *comme* délibérés. MALHERBE.

C'est aujourd'hui une faute qu'on entend communément dans la conversation, mais que les écrivains ne font plus. Les poètes mêmes ne se la permettent point, quoique le choix entre *que* et *comme* eût favorisé la mesure. Voici comment on s'exprime aujourd'hui :

Eh bien ! je l'avouerai, que ma juste colère
Aime la guerre *autant que* la paix vous est chère.
RACINE.

Mais Hélénus, sensible *autant que* généreux,
N'a jamais su, Seigneur, braver un malheureux.
CRÉBILLON.

Mais *autant que* ton ame est bienfaisante et pure,
Autant leur cruauté fait frémir la nature. VOLTAIRE.

Le mauvais exemple nuit *autant* à la santé de l'ame *que* l'air contagieux à la santé du corps. MARMONTEL. La vérité ne fait pas *autant* de bien dans le monde *que* ses apparences y font de mal. LA ROCHEFOUCAULD. L'avare est *aussi* pauvre de ce qu'il a *que* de ce qu'il n'a pas. Trad. de P. SYRUS. Le serment de ne plus aimer est presque *aussi* raisonnable *que* celui d'aimer toujours. Madame DE PUISIEUX.

Toi qui vois tout ce qui respire,
Soleil, puisses-tu ne rien voir
De *si* puissant *que* cet empire. DANCHET.

Rien ne pèse *tant* qu'un secret. LA FONTAINE.

Quelques grammairiens, entre autres Jacquemard, ont critiqué l'emploi de *si* et de *tant* dans ces deux derniers exemples. Il faudrait, disent-ils,

Soleil, puisses-tu ne rien voir
D'*aussi* puissant que cet empire.

Rien ne pèse *autant* qu'un secret.

Cependant l'Académie et plusieurs grammairiens avertissent que *tant* et *si* sont quelquefois adverbes de comparaison, et qu'on peut les employer pour *autant* et *aussi* dans les phrases négatives, c'est-à-dire après l'adverbe négatif *ne ;* et les meilleurs écrivains fournissent des exemples à l'appui de ce principe : « Il n'y a point de sots *si* incommodes que ceux qui ont de l'esprit. » LA ROCHEFOUCAULD. « On n'est jamais *si* aisément trompé que lorsqu'on songe à tromper les autres. » *Idem.* « L'amour n'est pas *si* despote que l'amour-propre. » VOLTAIRE.

Fixer signifie arrêter, déterminer, rendre fixe, stable, constant. On dit *fixer* un jour, une heure, *fixer* la valeur des monnoies, le prix des charges, *fixer* sa demeure en un lieu, *fixer* son imagination, ses goûts, ses désirs, *fixer* un esprit volage, se *fixer* à quelque chose, *fixer* ses regards sur quelqu'un.

En fixant de ses vœux l'inconstance fatale,
Phèdre depuis long-temps ne craint plus de rivale.
RACINE.

« La louange qu'on nous donne sert au moins à nous *fixer* dans la pratique des vertus. » LA ROCHEFOUCAULD. « C'est sur les dépositaires de l'autorité que doit se *fixer* l'œil vigilant et sévère du prince. » MARMONTEL.

On dit aussi *fixer les regards* de quelqu'un, pour signifier devenir l'objet de son attention; mais employer le verbe *fixer* pour signifier *regarder*, c'est une faute, qui est venue d'abord des bords de la Garonne, et qui s'est glissée furtivement de la conversation dans les écrits. Je *la fixais* sans le savoir... après *m'avoir* long-temps *fixé.* CRÉBILLON fils. *Fixer un objet.* FRÉRON. Obligée de le *fixer* pendant une heure (en faisant son portrait). Madame DE GENLIS. Delille même, le plus correct de nos poètes modernes, a dit :

Tous les deux interdits *le fixent* tristement.

Ah ! quand pourra ton fils te presser sur son sein,
Mes yeux *fixer* tes yeux, ma main serrer ta main ?

Chacun sur le damier *fixe* d'un œil avide
Les cases, les couleurs, et le plein et le vide.

Ces exemples ne suffisent pas pour justifier cet emploi du mot *fixer*, que tous les Grammairiens se sont accordés à condamner, et que Voltaire a formellement improuvé. « La langue s'embellit tous les jours, dit-il ironiquement dans une lettre à Linguet, *on fixe une femme*, au lieu de fixer les yeux sur elle. Aucun auteur du bon siècle (du siècle de Louis XIV), n'usa du mot *fixer* que pour signifier arrêter, rendre stable, invariable. Quelques Gascons hasardèrent de dire *j'ai fixé cette dame*, pour je l'ai regardée fixement, j'ai fixé mes yeux sur elle. Alors vous ne savez point si on entend par ce mot, j'ai rendu cette personne moins incertaine, moins volage, ou si on entend, je l'ai observée, j'ai fixé mes regards sur elle. Voilà un nouveau sens attaché à un mot reçu, et une nouvelle source d'équivoques. » VOLTAIRE, *Dictionnaire philosophique*, *au mot* français.

L'équivoque pourrait être plus remarquable dans quelques autres phrases, par ex. *l'orateur ne pouvait fixer son auditoire*, signifie que l'orateur n'avait pas le talent de rendre ses auditeurs attentifs ; et si l'on admettait la signification vicieuse du mot *fixer*, on entendrait que l'orateur ne pouvait regarder ses auditeurs. Je crois donc que M. Ch. Nodier a tort de vouloir autoriser cette locution, dans son dictionnaire des onomatopées françaises.

Faut-il dire *elle a l'air bon* ou *bonne*, *elle a l'air prudent* ou *prudente ?* Presque toutes les grammaires enseignent que dans cette expression l'adjectif doit être accordé avec le mot *air*, et non avec le nominatif. Ainsi, lecteurs, pour qui ces sortes de livres sont des autorités, vous voilà obligés de dire, *elle a l'air bon*, *elle a l'air prudent*, *elle a l'air boiteux*, *elle a l'air mort*, *elle a l'air las*, *elle a l'air gros*. Ces phrases jurent pourtant contre le bon goût et le bon sens; car qu'est-ce qu'un *air bon*, *un air prudent*, *un air boiteux*, *un air mort*, *un air las*, *un air gros?* Pour moi, je dirai *elle a l'air d'être bonne*, *elle a l'air d'être prudente*, etc. ou bien, par ellipse, *elle a l'air bonne*, *elle a l'air prudente*, *elle a l'air boiteuse*, *elle a l'air morte*, *elle a l'air lasse*, *elle a l'air grosse*. L'ellipse n'est pas une raison de changer le genre de l'adjectif. Cependant je dirais, *elle a l'air coquet*, *elle a l'air gracieux*, *elle a l'air hautain*; car *l'air coquet*, *l'air gracieux*, *l'air hautain*, sont des expressions raisonnables, dans lesquelles le mot *air* est synonyme de *ton* ou *manières*.

Hier soir, *demain soir*, *dimanche soir*, *lundi soir*, etc. est une faute qu'on fait en voulant assimiler le mot *soir* au mot *matin*. Remarquez que ce dernier se prend adverbialement, et que c'est en sa qualité d'adverbe qu'il s'ajoute sans article, *hier matin*, *demain matin*, *dimanche matin*, *lundi matin*; comme on l'emploie avec un verbe, *se lever matin*; que le mot *soir* n'est jamais adverbe, mais toujours substantif, et que, par cette raison, il doit être toujours précédé d'un article: ainsi, dites *hier au soir*, *demain au soir*, *dimanche au soir*, etc.

Faut-il dire *une faute d'attention* ou *une faute d'inattention?* Cette question m'a été une fois proposée à décider, comme l'objet d'un pari, dont on me faisait l'honneur de me prendre pour juge, et j'y répondis aussi gravement que s'il se fût agi d'un droit personnel ou de propriété. Voici quelle fut ma réponse. « Le soussigné, consulté sur la question de savoir s'il faut dire *une faute d'attention* ou *une faute d'inattention*, après s'être assuré que ce point de grammaire n'a été encore décidé par aucun auteur, et après l'avoir scrupuleusement et mûrement examiné, est d'avis que *faute de* est une sorte de préposition qui signifie *sans*, *à défaut de*, *par manque de*, comme quand on dit *faute d'argent*, *faute de vivres*, *faute de secours*; qu'*une faute de* est un substantif, dont on a coutume de déterminer la qualité par le nom du défaut moral dont elle provient : qu'ainsi on dit *une faute d'inadvertance*, c'est-à-dire faite par inadvertance, *une faute d'étourderie*, faite par étourderie, *une faute d'inexpérience*, faite par inexpérience, *une faute d'ignorance*, faite par ignorance, et, par la même raison, *une faute d'inattention*, de celle qu'on fait par inattention; et qu'on peut dire, pour faire ressortir la différence des deux expressions en les rapprochant, que *faute d'attention* on fait *des fautes d'inadvertance* ou *d'inattention.* »

Cependant, quand il s'agit de *fautes* contre un art ou une méthode, on se sert pour spécifier ces fautes, du nom de l'art ou de la méthode. Ainsi on dit *une faute de grammaire*, *une faute d'orthographe*, *une faute de syntaxe*, *une faute de logique*, *une faute d'impression*; c'est-à-dire une *faute* contre la grammaire, contre l'orthographe, contre la syntaxe, contre la logique, une faute faite en imprimant.

Eviter une peine à quelqu'un, pour épargner, est une des fautes qu'on entend le plus souvent dans la conversation. *Eviter* signifie *esquiver*, *fuir*, et n'a pas d'autre sens. On dit j'*évite* le danger, j'*évite* une personne que je ne veux pas rencontrer, j'*évite* ce qui me déplaît, c'est-à-dire *je fuis*. Mais si je dis à quelqu'un je veux vous *éviter cette peine*, ce que j'énonce est en opposition avec ma pensée; car loin d'*éviter*, de *fuir la peine*, je veux au contraire la prendre sur moi pour ne pas la laisser à la personne à qui je parle. C'est donc avec raison qu'on a repris Marmontel d'avoir dit : « Savoir si Socrate n'eût pas mieux fait, en s'échappant de sa prison, *d'éviter* à ses juges le crime de sa mort. Je veux vous *éviter* l'ennui de trouver cet homme maussade. » Buffon a employé de même le verbe *éviter* : « Le lapin évite par là à ses petits les inconvénients du bas âge. » On doit se servir dans ce sens du verbe *épargner* ou de *faire éviter*. *Ex*.

> Que ne m'*épargnez*-vous la douleur de le dire? RACINE.
>
> J'*épargne* à sa vertu d'éternels déplaisirs. CORNEILLE.
>
> *Epargne* à ma vertu cet odieux récit. CRÉBILLON.
>
> Qu'un ami véritable est une douce chose!.
> Il cherche vos besoins au fond de votre cœur.
> Il vous *épargne* la pudeur
> De les lui découvrir vous-même. LAFONTAINE.

Gâter, en bon français, signifie salir, corrompre, endommager; mais dans le langage populaire il s'emploie aussi pour *répandre*. Ainsi *gâter le vin* veut dire, dans le style des gens bien nés, rendre le vin mauvais, et dans l'idiôme forain, il signifie répandre le vin.

Aller promener, pour *aller se promener*, *faire une maladie*, pour *avoir une maladie*, *observer à quelqu'un*, pour *faire observer à quelqu'un*, *remplir son but*, pour *atteindre son but* ou *parvenir* ou *arriver à son but*, sont des fautes que je n'ai pas encore remarquées dans les auteurs, mais qui se présentent fréquemment dans la conversation et dans les journaux.

Une faute encore bien commune, dans les auteurs aussi bien que dans la conversation, c'est celle qui se trouve dans ce vers :

> Qui ne sait point aimer n'est pas digne de l'*être*.

On ne peut employer ainsi le pronom *le* avec le verbe *être* pour remplacer un participe, que lorsque ce participe a déjà été énoncé dans la phrase avec cet auxiliaire *être*. Il faut dire : *qui ne sait point aimer n'est pas digne qu'on l'aime*; ou bien en exprimant le participe : *qui ne sait point aimer n'est pas digne d'être aimé*. La faute est encore plus blâmable dans la phrase suivante, qu'elle rend équivoque : « On ne trompe pas long-temps les hommes sur leurs intérêts, et ils ne haïssent rien tant que de l'être. » VAUVENARGUES. Dites : « On ne trompe pas long-temps les hommes sur leurs intérêts, et ils ne haïssent rien tant que *d'être trompés*; ou bien, en mettant le premier verbe au passif : Les hommes ne sont pas long-temps *trompés* sur leurs intérêts, et ils ne haïssent rien tant que de l'être. »

Auparavant, *alentour*, *dedans*, *dessous*, *dessus*, *dehors*, sont des adverbes qui ne doivent pas avoir de complément. Autrefois les poètes les employaient pour des prépositions, c'est-à-dire les plaçaient devant un nom ou un infinitif.

Va *dedans* les enfers plaindre ton Curiace. CORNEILLE.

Ses fils *alentour* de sa table
Font une couronne agréable. GODEAU.

Mais d'être inconsolable et *dedans* sa mémoire
Enfermer son ennui,
N'est-ce pas se haïr pour acquérir la gloire
De bien aimer autrui ? MALHERBE.

Plus d'états, plus de rois; ses sacrilèges mains
Dessous un même joug rangent tous les humains.
RACINE.

Il n'y a que quelques manants qui disent *auparavant* la nuit, *auparavant* vous, *auparavant* de partir, *dessus* son cheval, *dedans* l'armoire, etc. Devant des noms ou des verbes il faut employer les prépositions *avant*, *autour de*, *dans*, *sans*, *sur*, *hors de*.

Déjeûner, *dîner*, *souper*, sont suivis de la préposition *avec* quand ils ont pour complément un nom de personne : *j'ai déjeûné avec mon père*, *j'ai dîné avec M. le duc*. Mais il est ridicule de dire, *j'ai déjeûné avec du café*, *j'ai dîné avec un dindon*. L'Académie a dit, *j'ai déjeûné d'un pâté*, et quelques Grammairiens en ont conclu qu'il faut dire *déjeûner de café, de chocolat, dîner d'un dindon*; *souper d'un poulet*, etc. L'Académie s'est un peu trompée, et les Grammairiens ont enchéri sur sa faute; car l'usage et le goût rejètent ces façons de parler. Dites *j'ai pris du café à mon déjeûner, j'ai mangé du pâté à mon dîner*, etc. Ces verbes peuvent prendre cependant la préposition *de* devant un autre genre de complément : *j'ai déjeûné de bonne heure, de bon appétit.*

Quand après *c'est, c'était, ce fut, ce sera, ce serait*, on a placé immédiatement une préposition ou un de ces adverbes *ici, là*, il faut commencer la proposition subordonnée par la conjonction *que*, et non pas par la même préposition ni par l'adverbe *où*. Dites : *c'est à vous que je parle, c'est de vous que je me plains, c'est à Paris que je vais, c'est là que je suis né, c'est ici que je demeure.*

Voilà mon cœur, *c'est là que* ta main doit frapper.
RACINE.

C'est là que le prélat, muni d'un déjeûner,
Dormant d'un léger somme, attendait le dîner. BOILEAU.

On fait un solécisme, ou plutôt un pléonasme, en disant : *c'est à vous à qui je parle, c'est de vous dont je me plains, c'est à Paris où je vais, c'est là où je suis né, c'est ici où je demeure.*

C'est à vous, mon esprit, *à qui* je veux parler. BOILEAU.

Malgré les pleurs amers dont j'arrose ces lieux.
Ce n'est que du tyran *dont* je me plains aux dieux.
CRÉBILLON.

Mais quand la préposition ou l'adverbe n'a pas été placé après *c'est, c'était*, etc. on l'emploie pour commencer la proposition subordonnée. Ex. C'est vous seul, ô mon cher Narbal, *pour qui* mon cœur s'attendrit.
FÉNÉLON.

C'est votre illustre mère *à qui* je veux parler. RACINE.

C'est l'heure *où*, sous l'ombre inclinée,
Le laboureur, dans le vallon,
Suspend un moment sa journée,
Et s'assied au bord du sillon.
C'est l'heure *où* près de la fontaine
Le voyageur reprend haleine
Après sa course du matin;
Et c'est l'heure *où* l'ame qui pense,
Se retourne et voit l'espérance
Qui l'abandonne en son chemin. LAMARTINE.

Tous deux, *toutes deux* est une abréviation fort usitée pour *tous les deux*, *toutes les deux*. De soi-disant Grammairiens on fait une distinction curieuse, sinon judicieuse, entre *tous deux* et *tous les deux*. Ils enseignent que la première de ces locutions signifie ensemble, en même temps, et que l'autre exprime une action commune à deux personnes, mais faite en différents temps. Je ne sais à qui est dû l'honneur d'avoir imaginé cette règle; mais l'auteur a fait comme les grands génies, il s'est contenté de poser le principe, en nous laissant le soin d'en tirer les conséquences. D'après ce principe, il faudrait donc distinguer *tous trois* et *tous les trois*, *tous douze* et *tous les douze*, etc. Cette règle qui aurait l'avantage de nous dispenser d'employer dans certains cas l'adverbe *ensemble*, a l'inconvénient d'avoir pour contradicteurs de bons auteurs, parce qu'elle n'a jamais été connue ni reconnue parmi les écrivains qui font les lois de l'usage.

A employé pour *de* entre deux noms pour exprimer une idée de possession, comme *la maison à M. le maire*, *le chapeau à madame*, est un solécisme qui décèle une grande ignorance Dites, *la maison de M. le maire*, *le chapeau de madame.*

Eclairer à quelqu'un, pour dire donner du jour ou de la lumière à quelqu'un, est une faute que l'on trouve dans le dictionnaire de l'Académie, et que quelques grammairiens ont voulu ériger en principe, par des raisons que la bonne logique n'admettra pas. On dit: *le soleil éclaire la terre; le soleil éclaire les malfaiteurs; un phare éclaire les vaisseaux en mer; un fanal pour éclairer les voyageurs; une lampe pour éclairer les ouvriers;* et non pas *le soleil éclaire à la terre; le soleil éclaire aux malfaiteurs; un phare éclaire aux vaisseaux; un fanal pour éclairer aux voyageurs; une lampe pour éclairer aux ouvriers.* Les verbes doivent se construire de la même manière au sens propre et au sens figuré; or, on dit figurément *éclairer les hommes*, pour les instruire, et non pas *éclairer aux hommes*; et la métaphore ne serait pas bonne si elle n'était pas exactement fondée sur le sens propre.

Tomber à terre et *tomber par terre* ne sont pas synonymes. Le premier se dit de ce qui, étant élevé au-dessus de terre, tombe d'en haut; par exemple, une pierre jetée en lair *tombe à terre*. Le second se dit de ce qui, touchant à terre, tombe seulement de sa hauteur: un homme qui glisse en marchant *tombe par terre*; mais s'il est dans un arbre ou sur une maison, il peut *tomber à terre*. Le fruit de l'arbre *tombe à terre*; l'arbre déraciné *tombe par terre*.

Pour établir une sorte de distinction entre les solécisme et le barbarisme, j'ai dit qu'on désigne par cette dernière dénomination les fautes que font les étrangers, et qui étonnent les naturels du pays; il ne faut pas en conclure qu'il n'y a que les étrangers à faire des barbarismes. Les gens qui n'ont pas une connaissance suffisante de leur langue, ni l'usage de la bonne société font souvent des barbarismes; quelquefois même il en échappe aux écrivains. On fait des barbarismes en confondant des paronymes, comme je lai indiqué, pages 17 et 18. On en fait en altérant les mots, ou en employant des mots inconnus dans la littérature et tout-à-fait inutiles. Voici une liste des barbarismes de cette dernière espèce, que j'ai eu occasion de remarquer parmi les personnes d'une certaine éducation.

Barbarismes.	*Bonnes locutions.*
A revoir,	Au revoir, *adieu.*
Acculer des souliers,	Eculer.
Aigledon,	Edredron.
Airé,	Aéré.
Ajamber,	Enjamber.
Amateuse,	Amateur ou amatrice (1).
Angola,	Angora.
Anvin,	Orvet ou anvoie, *petit serpent*
Apparution,	Apparition.
Apprantif-ive,	Apprenti, ie.
Arguillon,	Ardillon *d'une boucle.*
Au-ras-de-terre,	Rez-terre.
Badis,	Guigne ou petite cerise.
Baguenaudeur, euse,	Baguenaudier, ière.
Baiseul du pain,	Baisure ou biseau.
Balier, baliure,	Balayer, balayure.
Baracan,	Bourracan.
Baromète, esclande, les êtes d'une maison, hypoconde, lette, prète, note, vote, traite.	Baromètre, esclandre, les êtres d'une maison, hypocondre, lettre, prêtre, notre, votre, traître.
Béchée (2),	Becquée ou mieux béquée.
Bégasse, bégassine,	Bécasse, bécassine.
Belsamine,	Balsamine.

(1) On dit d'une femme qu'elle est *amateur* ou *amatrice.*

(2) *Béquée* vient de *bec,* et on pourrait appeler *béchée* ce qu'on prend d'une seule fois avec la *bêche.*

Barbarismes.	*Bonnes locutions.*
Bénit, brennic,	Patelle.
Ber,	Berceau.
Berlingau, bigorneau,	Limaçon ou paludine.
Bleuet,	Bluet ou barbeau.
Bosseler, cabosser,	Bossuer.
Bourder,	Hésiter ou rester court.
Boursoule,	Brouette.
Berdasser, bobillonner,	Radoter ou rêver.
Bricoli,	Brocoli.
Brouillasser,	Bruiner.
Brout,	Lierre.
Brugnole,	Brignole.
Cacaphonie,	Cacophonie.
Caille,	Caillebotte.
Calebaçon,	Panier, éventaire.
Calistrade,	Caristade.
Calvire,	Calville, *pomme.*
Caneçon,	Caleçon.
Capriole, capriolet,	Cabriole, cabriolet.
Capuche,	Capuchon ou capuce.
Casse,	Lèchefrite.
Castrole,	Casserole.
Castonade,	Cassonade.
Cercler,	Sarcler.
Cersifis,	Salsifis.
Charanton,	Charançon, *insecte.*
Chartutier, chaircutier,	Charcutier.
Chemin passager (1),	Chemin passant.
Cherrée,	Charrée.

(1) On dit, *chemin passant*, *une rue passante*, où il passe beaucoup de monde, en donnant au mot *passant* un sens passif. Ce n'est pas le seul adjectif verbal de cette nature; car on dit aussi *un chemin glissant*, *une route glissante*.

Barbarismes.	*Bonnes locutions.*
Chipoteur, euse,	Chipotier, ière.
Chirugien, chirugie,	Chirurgien, chirurgie.
Cicot,	Chicot.
Clairinette,	Clarinette.
Cocombre,	Concombre.
Coléreux, euse,	Colère, *adj.*
Collidor,	Corridor.
Comment-ce que vous êtes? Comment-ce que vous faites? etc.	Comment êtes-vous? Comment faites-vous?
Contrevention,	Contravention.
Corporance,	Corpulence.
Corsonère,	Scorsonère.
Couvert,	Couvercle.
Cramaillière,	Crémaillère.
Cressane,	Crassane, *poire.*
Crouil,	Pêne.
Crystère,	Clystère.
Darte,	Dartre.
Débouler,	Ebouler.
Décesser,	Cesser.
Décommander,	Contremander.
Décidamment,	Décidément.
Dégommer,	Destituer.
Dégouttière,	Gouttière.
Dégrammatiser,	Dégrader.
Déhonté,	Ehonté.
Déluré,	Dégourdi.
Demander après quelqu'un,	Demander quelqu'un.
Dépersuader,	Dissuader.
Disparution,	Disparition.
Donaison,	Donation.
Douet,	Lavoir.

Barbarismes.	*Bonnes locutions.*
Echafourée,	Echauffourée.
Echale, échaler,	Ecale, écaler.
Ecosse,	Cosse, *enveloppe de légume.*
Eduqué,	Elevé ou instruit.
Egacher,	Ecacher.
Egaloche,	Echasse.
Egrassigner, égraffigner,	Egratigner.
Elexir,	Elixir.
Embarbouiller,	Barbouiller.
Embauchoir,	Embouchoir.
Emmelé,	Mêlé.
Epicacuana (1),	Ipécacuana.
Equarrer,	Equarrir.
Eronce, éventouse,	Ronce, ventouse.
Errière, en errière,	Arrière, en arrière.
Escloppé,	Ecloppé.
Escorbut, esquelette,	Scorbut, squelette.
Espadron, espadronner,	Espadon, espadonner.
Esquilancie,	Esquinancie.
Faire la volte,	Faire la volte.
Fil d'aréchal,	Fil d'archal.
Fil d'elton,	Fil de laiton.
Filoseille,	Filoselle.
Fléau,	Fleau.
Fléger,	Figer.
Franchipane,	Frangipane.
Frêlé,	Fêlé.
Fromage de gruère ou guère	Gruyère.
Ganif,	Canif.
Géane,	Géante.
Gisier,	Gésier.

(1) Prononcez *epicacouana.*

Barbarismes.	*Bonnes locutions.*
Glaine, glainer,	Glane, glaner.
Godron,	Goudron, *poix.*
Gorge-rouge, f.	Rouge-gorge, m.
Grillot, grésillon (1),	Grillon.
Guêpière,	Guêpier.
Ignarde,	Ignare.
Il n'a qu'à pleuvoir, il n'y a qu'à pleuvoir,	S'il pleut.
Indécide,	Indécise.
Je trouvèrai, tu trouvèras,	Je trouverai, tu trouveras.
Je cachte, tu cachtes, etc.	Je cachète, etc.
Je feuilte,	Je feuillète, etc.
J'épouste, tu époustes, etc.	J'époussète, tu époussètes.
Jeu d'eau,	Jet d'eau.
Juté, ée,	Juteux, euse.
Lanterne magie,	Lanterne magique.
Lettre d'échange,	Lettre de change.
Lévier,	Evier, *conduit,*
Luthérianisme,	Luthéranisme.
Mahométanisme,	Mahométisme.
Maline,	Maligne.
Mal de zyeux,	Mal d'yeux.
Manifique, manificence,	Magnifique, magnificence.
Marcou,	Matou, *chat mâle.*
Marmalade,	Marmelade.
Mauchon,	Monceau.
Matéreaux,	Matériaux.
Mécredi,	Mercredi.
Mèle,	Nèfle, *fruit.*
Menusier,	Menuisier.
Métail,	Métal.

(1) *Grésillon* veut dire petite grêle.

Barbarismes.	*Bonnes locutions.*
Moche de beurre,	Motte de beurre.
Montagne rapide,	Roide ou à pic.
Moriginer,	Morigéner.
Moron,	Mouron, *plante.*
Moucle,	Moule, *coquillage.*
Moule-bouche,	Mouille-bouche, *poire.*
Naveau,	Navet.
Nèfe, trèfe, pantoufe,	Nèfle, trèfle, pantoufle.
Nentille,	Lentille.
Noir comme un geai,	Comme du jais.
Orgeuil,	Orgueilleux, orgeolet, orgelet, *bouton à l'œil.*
Oriatan,	Orviétan.
Oriller,	Oreiller.
Où-ce qu'il est? Où-ce qu'il va? D'où-ce qu'il vient?	Où est-il? Où va-t-il? D'où vient-il?
Ouvragé,	Ouvré.
Pain d'amunition,	Pain de munition.
Paisan,	Paysan.
Pantomine,	Pantomime.
Papier boit,	Papier brouillard.
Partisante,	Partisan ou partisane (1).
Pâtou,	Pâtre.
Patouiller, patouillage,	Patrouiller, patrouillage.
Piaillard, de,	Piailleur, euse.
Pied droit,	Pied de roi.
Pigner,	Crier.
Pipie,	Pépie.
Placis,	Parvis.

(1) On dit d'une femme, qu'elle est *partisan* ou *partisane* de... ce féminin *partisane*, que la plupart des dictionnaires ne donnent point, a été employé par Linguet, Voltaire et Boissy.

Barbarismes.	*Bonnes locutions.*
Ployer une serviette, un drap (1),	Plier, ramasser.
Plurésie,	Pleurésie.
Pocard,	Pâté d'encre.
Pochon,	Pochette.
Polygogne,	Polygone.
Porichinelle,	Polichinelle.
Poturon,	Potiron.
Pouiller (2),	Vêtir, revêtir.
Poumonique, pomonique,	Pulmonique.
Prétexe,	Prétexte.
Prié-dieu,	Prie-dieu.
Quinconge,	Quinconce.
Quoique cela,	Malgré cela.
Rachever,	Achever.
Rebiffade,	Rebuffade.
Rentrayer, rentrer,	Rentraire (3).
Réparution,	Réparition.
Revange,	Revanche.
Ripopette,	Ripopée.
Rocou,	Roucou.
Roujaune,	Rougeole.
Sablière,	Sablier (4).
Salseparelle,	Salsepareille.
Semouille,	Semoule.
Siau, seille,	Seau.

(1) *Ployer* ne signifie que courber, fléchir.

(2) *Dépouiller* est français, et *pouiller* ne l'est pas.

(3) Ce verbe se conjugue comme *distraire*, je rentrais, tu rentrais, il rentrait, nous rentrayons, vous rentrayez, ils rentraient, je rentrayais, je rentrairai, etc.

(4) *Sablier* est un petit ustensile dans lequel on met du sable pour jeter sur l'écriture; *sablière* est un lieu creusé d'où l'on tire du sable pour bâtir.

Barbarismes.	*Bonnes locutions.*
Signe,	Signature, seing.
Sorcilège,	Sortilège.
Souguenille,	Souquenille.
Soupoudrer,	Saupoudrer.
Tant pire,	Tant pis.
Taupière (1),	Taupinière ou taupinée.
Tendresse,	Tendreté (2).
Tête d'oreiller,	Taie d'oreiller.
Ticlet,	Targette.
Tomber d'un mal, d'un mal de saint, —	Être sujet à l'épilepsie, au mal caduc, avoir des attaques d'épilepsie, être épileptique.
Tramontade,	Tramontane.
Transvider,	Transvaser.
Trois-pieds, tripied,	Trépied.
Une fois pour tout,	Une fois pour toutes.
Vacabond,	Vagabond.
Vacarne,	Vacarme.
Vagabonder,	Vagabonner (3).
Velin,	Venin.
Videler,	Rentraire, faire une reprise.
Videlle,	Rentraiture, reprise.
Virebrequin,	Vilebrequin.
Vis-à-vis ses inférieurs, vis-à-vis ses maîtres, vis-à-vis ses chefs.	Envers ses inférieurs, ses maîtres, ses chefs, ou à l'égard de...
Zéro en chiffre,	Zéro sans chiffre.

(1) *Taupière* signifie un piège à prendre des taupes; et *taupinière* ou *taupinée* signifie un monceau de terre élevé par la taupe.

(2) *Tendresse* se dit des personnes, et *tendreté* des choses.

(3) On dit *vagabonner* et *plafonner*, quoique les substantifs soient *vagabond*, *plafond*.

On fait des barbarismes en se trompant sur le genre des substantifs. Je vais indiquer ici les mots sur le genre desquels beaucoup de personnes se trompent.

Sont masculins, comme presque tous les autres mots terminés en *age*, les suivants :

Adage, affinage, âge, agiotage, alliage, arrérage, attelage, aunage, ermitage, héritage, ombrage, orage, otage, outrage, ouvrage.

Sont également masculins, comme l'indique assez leur terminaison, les suivants :

Affront, ail, ais, alambic, amadou, amphigouri, anchois, api, appareil, argent, arrosoir, as, aspic, autel, beurré *poire*, bési *poire*, bol, échaudé, échec, éclair, élixir, empois, encensoir, encrier, entonnoir, entresol, épi, été, étal, éteignoir, éventail, exil, midi, minuit, onguent, opium, orgueil, orteil, oubli.

Sont masculins,

Albâtre, amphithéâtre, âtre, emplâtre, comme tous les autres substantifs de cette terminaison, excepté marâtre.

Sont encore masculins avec la terminaison épicène,

Abîme, accessoire, acrostiche, alvéole, amalgame, ambre, amidon, anathème, anniversaire, antre, apologue, apostume, armistice, article, artifice, astérisque, asthme, asyle, atome, auditoire, automate, bouge, cigare, crabe, décombres, échange, échantillon, édredon, emblème, émétique, encombre, enthousiasme, épiderme, épisode, épithalame, équilibre, équinoxe, érysipèle, esclandre, espace, évangile, éventaire, exemple (1), exercice, exorde, rouge-gorge, hameçon, han-

(1) Quelques grammairiens font le mot *exemple* féminin en parlant d'un exemple d'écriture ; de même ils font le mot *évangile* féminin, en parlant de la partie de l'évangile qu'on chante à la messe ; mais l'Académie n'admet pas cette distinction, et fait ces deux mots masculins dans tous les sens.

neton, hécatombe, hémisphère, hémistiche, hiéroglyphe, horoscope, hospice, indice, insecte, intermède, inventaire, isthme, ivoire, légume, mânes, monosyllabe, obélisque, observatoire, obstacle, ongle, opprobre, opuscule, oracle, oratoire, orchestre, organe, orifice, pampre, parallèle, pétale, pleurs, risque, sarigue, simple, *nom générique des herbes*, squelette, tertre, ulcère, uniforme, ustensile, vivres, vestige.

Sont masculins, avec la terminaison féminine, les noms de mesures décimales :

Are, centime, litre, stère, gramme, etc.

Sont masculins, avec la terminaison féminine,

Antidote, augure, incendie, intervalle, narcisse, ovale, parafe.

Sont féminins, comme l'indique leur terminaison muette, les mots suivants :

Absinthe, accolade, agrafe, aire, alcove, algarade, amnistie, amorce, anagramme, ancre, anicroche, antichambre, apothéose, après-dînée, argile, artère, astuce, atmosphère, attache, aubade, avant-scène, avarice, ébène, écarlate, échappatoire, écliptique, écritoire, écumoire, effigie, églogue, embuscade, enclume, entorse, entraves, épigramme, épigraphe, épitaphe, équerre, équivoque, esquisse, estompe, étable, étape, étude, extase, fibre, horloge (1), hydre, hyperbole, hypothèque, idole, jujube, losange, moule *coquillage*, nacre, obsèques, ode, offre, oie, omoplate, once, onglée, opale, ophtalmie, optique, orfraie, orgie, oriflamme, ouate, ouie, outarde, outre, pédale, pré-

---

(1) *Horloge* était autrefois masculin ; de là vient que dans quelques villes, entre autres à Rennes et à Rouen, le peuple dit encore *le gros*, au lieu de dire *la grosse horloge*, ou seulement *la grosse*, quand le mot a été déjà énoncé.

mices, primevère, réglisse, salamandre, sandaraque, sentinelle, tare, ténèbres, thériaque, urne, usine, usure, vipère.

Sont féminins, avec la terminaison masculine, les mots, après-midi, après-souper, hortensia, paroi.

Sont masculins les diminutifs animalcule, globule, monticule, comme leurs positifs animal, globe, mont, et féminins, pellicule, comme son positif peau.

CHAPITRE III.

FIGURES DE GRAMMAIRE PAR CONSONNANCE.

L'Allitération.

L'Allitération est un rapprochement de mots qui présentent les mêmes lettres ou les mêmes syllabes, comme quand on dit *son son* me déplaît, *tu te tus*, imitez *sa sa*gesse, un coup *de dé dé*truit sa fortune. Il y a deux sortes d'allitération, celle que l'on fait exprès et celle qui se fait inopinément.

Cette figure est quelquefois employée par les poètes pour produire ce qu'on appèle l'harmonie imitative. Elle est moins usitée dans la langue française que dans la langue latine, par la raison que notre langue, hérissée d'une multitude d'articles, de prépositions et de conjonctions, offre à la prononciation assez de difficultés, et que l'allitération ne ferait qu'en augmenter le nombre. Voici cependant quelques exemples d'une heureuse allitération.

Eh bien ! filles d'enfer, vos mains sont-elles prêtes ?
Pour qui *sont ces serpents* qui *sifflent sur* vos têtes ?

RACINE.

Dans ces derniers vers, le son répété de la lettre *s* rappèle le sifflement des serpents. De même dans l'épigramme suivante,

Au beau drame de Cléopâtre,
Où fut l'aspic de Vaucanson,
Tant fut sifflé, qu'à l'unisson
Sifflèrent loges et théâtre.
Or le souffleur, oyant cela,
Croyant encore *souffler*, *siffla*.

Le rapprochement des deux verbes *souffler*, *siffler*, produit une telle confusion de son, qu'en lisant ces vers on fait comme le souffleur, on siffle sans le vouloir.

Six forts chevaux tiraient un coche.
Femmes, moines, vieillards, tout était descendu :
L'attelage *suait*, *soufflait*, était rendu.

LA FONTAINE.

Les deux verbes *suait*, *soufflait* expriment parfaitement les pénibles efforts des chevaux essoufflés.

Il écoute le bruit des flots retentissants,
Contemple le berceau de cent fleuves naissants,
Qui *sortant en grondant* de leur *grotte profonde*,
Promènent en cent lieux leur course vagabonde.

DELILLE.

Ici un vers rocailleux fait entendre en quelque sorte le murmure des eaux.

L'allitération multipliée devient un jeu de mots, qui coûte ordinairement plus de peine qu'il n'a de mérite, comme dans ces vers :

Combien cette lettre *l* embe*ll*it *la* paro*le* !
*L*ente e*ll*e cou*l*e ici, *là* *l*égère e*ll*e vo*l*e.
Le *l*iquide des f*l*ots par e*ll*e est exprimé;
E*ll*e po*l*it *le* sty*le* après qu'on *l*'a *l*imé.
*L*a voye*ll*e se teint de sa cou*l*eur *l*iante.
Se mê*l*e-t-e*ll*e aux mots? C'est une hui*l*e *l*uisante,
Qui moui*ll*e chaque phrase, et par son *l*énitif
Des consonnes détruit *le* frottement rétif. DE PIIS.

. . . .

Le *Q* traînant sa *queue* et *que*rellant tout bas,
L'*X* e*x*citant la ri*x*e. *Idem.*

Quelquefois, dans la poésie familière et badine, on se plaît à faire des cacophonies, et on se sert pour cela de l'allitération. Alors plus le son est barroque, plus il est plaisant, comme dans les vers suivants.

A LEMIÈRE, *sur sa tragédie de Tell.*

Lemière, que *ton Tell* l'autre jour me charma !
J'aime *ton ton* pompeux et *ta ra*re *har*monie.
Oui, des foudres de son génie,
Corneille lui-même t'arma. LE BRUN.

Couplets de Jocrisse.

Du pain sec et du fromage,
Voilà tout mon déjeûner;
On me donnera, je gage,
Autre chose à mon dîner:
Car *Di*d*o*n *d*înait, *di*t-on,
Du *d*os *d*'un *d*o*d*u *d*in*d*on. DORVIGNY.

*T*on *t*u*t*eur *t*e *t*en*t*ai*t*, *t*u *t*en*t*ais *t*on *t*u*t*eur;
*T*es *t*rai*t*s *t*rop *t*en*t*a*t*ifs *t*en*t*aient *t*on *t*en*t*a*t*eur.
PATRAT.

*C*iel! *s*i *c*e*c*i *s*e *s*ait *s*es *s*oins *s*ont *s*ans *s*u*cc*ès. *Idem.*

On appèle vers tautogrammes ou lettrisés ceux dont tous les mots commencent par la même lettre, tels sont les deux derniers vers du couplet de Jocrisse, les deux vers de Patrat, et ce vers latin d'Ennius,

O tute tali tibi tanta, tyranne, tulisti.

Il y a eu des moines qui se sont donné la peine de faire en latin de longs poëmes tautogrammes. Un dominicain du 16.e siècle, nommé Placentius ou Plaisant, en publia un de 248 vers, intitulé *pugna porcorum* (combat des cochons). Tous les vers de ce poëme, qu'on trouve dans un recueil qui a pour titre *nugæ venales*, commencent par la lettre *p*. L'auteur s'y cacha sous le nom de Publius Porcius. Son style est digne des héros qu'il avait choisis. Le titre offre ces deux vers, qui peuvent faire juger de toute la pièce,

Perlege porcorum pulcherrima prælia, potor;
Potando poteris placidam proferre poesim.

Les deux préfaces, l'une en prose, l'autre en vers, n'ont aussi que des mots qui commencent par la même lettre. Il n'est pas le premier auteur ni le dernier qui se soit amusé aux fadaises des vers lettrisés. Sous Charles le Chauve, un Ubaldus ou Hubaud, bénédictin, fit en l'honneur des chauves un pareil poëme, dont tous les mots commençaient par un *c*.

L'allitération vicieuse ou la cacophonie se présente fréquemment en français. Il est même difficile de l'éviter. On trouve, dans nos auteurs les plus délicats sur l'harmonie, de ces rencontres de syllabes ou de mots qui, suivant l'expression de Rousseau,

Hurlent d'effroi de se voir accouplés.

Par exemple, comment les vers suivants sont-ils tombés de la plume de Voltaire ?

Pourquoi *ce* roi du monde, et *si* libre et *si* sage,
*Su*bit-il *si* souvent un *si* dur esclavage?

Non, il *n*'est rien que *Nanine n'honore*.

Voici deux vers de Racine où un concours de *cè* produit une cacophonie remarquable,

Parlez : de vos desseins le *succès est cer*tain,
Si ce succès dépend d'une mortelle main.

Dans l'ode de Bernard à la rose, l'allitération rend cette strophe choquante,

> Va, meurs sur le sein de Thémire;
> Qu'il soit *ton trône* et *ton tom*beau;
> Jaloux de *ton* sort, je n'aspire
> Qu'au bonheur d'un trépas si beau.

Deux *en* de suite font un hiatus rebutant dans ce vers de Corneille,

> Consultez-*en en*core Achillas et Septime.

Dans ces vers de Dulard,

> Du vert le plus riant cette *tête est* ornée,

les deux mots *tête est*, prononcés rapidement, présentent le double son *têt têt*, qui empêche de comprendre le sens.

On a peine à prononcer les vers suivants :

> Crois-tu de ce forfait Man*cocapac capable?*
> LE BLANC.

> Ce *bon ton dont* Moncade emporta le modèle.
> CASIMIR DELAVIGNE.

Labarpe a remarqué des cacophonies dans les vers suivants de Voltaire,

> Et d'un œil vigil*ant* épi*ant* sa conduite,
> Il *la traite* en esclave et *la traîne* à sa suite.

> Eh bien! cher Azéma, le ciel *par*le *par* vous.

> *Glaça sa* faible main............

> Depuis la mort d'un père un jour *plus plein* d'effroi.

Le critique trouve que ces consonnances *vigilant*, *épiant*, *la traite*, *la traîne*, si voisines les unes des autres, offensent les oreilles délicates; et que *parler par*, *glaça sa*, *plus plein*, sont des cacophonies. Si ce sont là des cacophonies, dit Laveaux, il est difficile d'écrire sans en faire.

Les auteurs qui écrivent en prose ne laissent pas de fournir aussi beaucoup d'exemples de l'allitération vicieuse, quoiqu'il leur soit plus facile qu'aux poètes de l'éviter. Un historien a dit en parlant de la bibliothèque d'Athènes que *Sylla la pilla*. Un autre auteur a dit, c'est de Dieu que nous tenons le pain dont *nous nous nour*rissons. J'ai vu dans quelqu'autre, il ne faut donner sa *con*fiance *qu'à quelqu'un qu'on con*naît bien.

La cacophonie peut résulter d'un concours de monosyllabes, sans que l'allitération s'y trouve, comme dans les exemples suivants. Un poète avait mis sur le portrait de sa maîtresse ce vers, qu'on ne peut comprendre quand on le prononce vite,

Œil, cou, sein, port, teint, taille, en elle tout séduit.

Cadet Roussel, barbier, dit en faisant Ajax :

Où vais-je ? où cours-je ? On me parle, réponds-je ?
Que fais-je dans ces lieux ? Et le sais-je ? d'où sors-je ?

AUDE.

Les anecdotiers ont rapporté cette singulière cacophonie, que fit un magistrat du temps de la fronde, qui après avoir ordonné de tendre une chaine dans la rue, impatient s'écria : *Qu'attend-on donc tant ? Que ne la tend-on donc là ?*

Pour faire voir combien les vers de Chapelain étaient durs, on fit les quatre vers suivants, en rassemblant des expressions qu'il avait employées.

Rochers rudes et droits, dont peu tendre est la cime,
De mon barbare sort l'âpre état vous savez ;
Mais savez-vous, durs bois, qu'ont cent hivers lavés,
Qu'holocauste est mon cœur pour un front magnanime ?

Boileau a fait aussi les vers suivants en style de Chapelain, pour tourner ce poète en ridicule.

Maudit soit l'auteur dur dont l'âpre et rude verve,
Son cerveau tenaillant, rima malgré Minerve,
Et de son lourd marteau martelant le bon sens,
A fait de méchants vers douze fois douze cents.

Antistrophe.

L'antistrophe, qu'on appèle aussi antimétathèse, régression ou réversion, consiste à répéter quelques mots dans un ordre renversé et corrélatif. Cette figure est un jeu de mots qui trouve sa place dans les épigrammes, les madrigaux, les épigraphes, les sentences, les compliments, et dans toute épître légère et badine.

On connaît cette épigramme sur Didon,

> Infelix Dido, nulli benè nupta marito,
> *Hoc pereunte fugis, hoc fugiente peris.*

> Pauvre Didon, où t'a réduite
> De tes maris le triste sort ?
> *L'un en mourant cause ta fuite,*
> *L'autre en fuyant cause ta mort.*

La même épigramme a été rendue par un distique français :

> Didon, tes deux époux ont causé tes malheurs :
> *Le premier meurt, tu fuis; le second fuit, tu meurs.*

A Grétry, *sur quelques-unes de ses compositions qui n'eurent pas les suffrages de la cour.*

> La cour a sifflé tes talents,
> Paris applaudit tes merveilles,
> Grétry, *les oreilles des grands*
> *Sont souvent de grandes oreilles.* Voltaire.

Corneille dit de Richelieu, qui était en même temps son bienfaiteur et son ennemi,

> Qu'on parle mal ou bien du fameux cardinal,
> Ma prose ni mes vers n'en diront jamais rien ;
> *Il m'a fait trop de bien pour en dire du mal,*
> *Il m'a fait trop de mal pour en dire du bien.*

Sur une mauvaise traduction de Virgile.

Le puissant dieu des vers, loin du sacré vallon,
Ecorcha jadis un satyre; (1)
Renaissant aujourd'hui, pour venger son martyre,
Le satyre écorche Apollon. LAYA.

Vieux quatrain rapporté par Bouchet.

Au temps passé dans l'âge d'or,
Crosse de bois, évêque d'or;
En ce temps sont autres les lois,
Crosse d'or, évêque de bois.

Sur l'histoire des Eléphants.

De vos histoires d'éléphants,
J'en conviendrai, la suite est curieuse;
Mais ce serait contes d'enfants,
Sans la moralité, que j'en crois précieuse.
Si tout est compensé, comme Azaïs l'écrit, (2)
Nous devons dire avec franchise:
Les bêtes font preuves d'esprit,
Les gens font preuves de bêtise. DE PIIS.

Sur Géoffroi.

Il est altéré de vin,
Il est altéré de gloire,
Et ne prend jamais en vain
Sa pinte ou son écritoire;
Des flots qu'il en fait couler
Abreuvant plus d'un délire,
Il écrit pour se soûler,
Il se soûle pour écrire.

Sur la prévention.

Ici, comme au Pérou, tout homme prévenu,
En dépit du bon sens, est contraire ou propice;
Toujours il veut trouver *la vertu dans le vice*,
Ou toujours il suppose *un vice à la vertu.*

---

(1) Marsyas.
(2) *Azaïs*, auteur de l'ingénieux système des compensations.

C'est l'antistrophe qui fait tout le mérite de ces épigrammes ; car ôtez cette figure, et ce ne seront plus que des pensées communes et insignifiantes. Voici à quoi se réduisent les deux premières : « Pauvre Didon, où t'a réduite le triste sort de tes maris ? Le premier est tué, et tu prends la fuite ; le second t'abandonne, et tu te donnes la mort. — Grétry, la cour a sifflé tes talents, et Paris applaudit tes merveilles : les grands sont souvent des sots. » Il en est de même des autres épigrammes citées, et des exemples qui suivent.

A Coypel, *peintre et poète.*

On dit que notre ami Coypel
Imite Horace et Raphaël.
A les surpasser il s'efforce ;
Et nous n'avons point aujourd'hui
De rimeur peignant de sa force,
Ni de peintre rimant comme lui. VOLTAIRE.

Sur un enfant tué par sa mère.

Deux tyrans opposés ont décidé ton sort :
L'amour, malgré l'honneur, t'a fait donner la vie.
L'honneur, malgré l'amour, t'a fait donner la mort.
HÉNAULT.

Au sein de notre famille,
Le soir l'un et l'autre assis,
Dans mes bras je tiens ta fille,
Dans tes bras tu tiens mon fils. DUMOUSTIER.

Nos bons aïeux *trinquaient pour boire,*
Et puis *ils buvaient pour trinquer.* BÉRANGER.

Aimez, buveurs ; buvez, amants ;
L'automne règne ; que vos chants
Soient aussi gais que son empire. DUAULT.

Une sentence ou une maxime exprimée par une antistrophe en devient plus saillante. Aussi, parmi une multitude d'apophthegmes épars dans les auteurs, ceux qui ont été rendus par une antistrophe sont restés dans la mémoire de tout le monde ; tels sont les suivants : Un avare ne possède pas son bien, mais son bien le possède. BION. L'envie souffre également du mal qui lui arrive et du bien qui arrive aux autres. *Idem.* Il faut être jeune dans sa vieillesse, et vieux dans sa jeunesse. CHILON. Ce ne sont point les places qui honorent les hommes, ce sont les hommes qui honorent les places. AGÉSILAS. Il faut manger pour vivre, et non pas vivre pour manger. SOCRATE. On cherche le bien sans le trouver, et on trouve le mal sans le chercher. DÉMOCRITE. En temps de paix les enfants ensevelissent leurs pères, en temps de guerre les pères ensevelissent leurs enfants. La vie des héros a embelli l'histoire, et l'histoire a embelli la vie des héros. LA BRUYÈRE. Louis XIV, encore jeune, demandait à un vieillard lequel il préférait, le siècle présent ou le siècle passé. — Sire, dit-il, j'ai passé ma jeunesse à respecter les vieillards, et il faut que je passe ma vieillesse à respecter les jeunes gens. Bacon écrivit à Jacques II pour lui demander quelques secours, de peur, lui disait ce philosophe, qu'après n'avoir souhaité de vivre que pour étudier, je ne sois obligé d'étudier pour vivre. On demandait à un seigneur pourquoi il gardait tant de domestiques dont il n'avait pas besoin. — Il est vrai, dit-il, que je n'ai pas besoin d'eux; mais ils ont besoin de moi. Quelqu'un demanda à Prior, poète anglais, pourquoi il n'y a pas de mariages dans le paradis. — C'est, dit ce poète, parce qu'il n'y a pas de paradis dans le mariage

On se sert souvent de l'antistrophe pour caractériser quelque qualité personnelle. C'est ainsi qu'on disait de Marot, qu'il était le poète des princes et le prince des poètes; de Bourdaloue, qu'il était le prédicateur des rois et le roi des prédicateurs. On a dit que l'abbé Fleury était choisi dans son histoire ecclésiastique, et que l'abbé Choisy était fleuri dans la sienne. Une personne disait de deux orateurs, que l'un parlait fort bien et que l'autre parlait bien fort. Un historien a dit d'une reine qu'elle avait une grâce majestueuse et une majesté grâcieuse. Un homme disait de son épouse qu'il venait de perdre : Elle me consolait de tout, et rien ne me console d'elle.

Quand il s'agit de répondre à un adversaire, une antistrophe faite sur ses paroles, pour peu qu'elle soit juste, devient une raison victorieuse et sans réplique. Delphidius accusa de péculat, devant Julien, le gouverneur de la Narbonnaise, nommé Numérius, qui nia les faits qu'on lui imputait. Delphidius, ne pouvant les prouver, s'écria : « Quel coupable, ô illustre César, ne passera pas pour un innocent, s'il suffit de nier ses crimes? — Et quel innocent, répliqua sur-le-champ Julien, ne passera pas pour coupable, s'il suffit d'être accusé? »

Il est même à remarquer que ces sortes d'antistrophes sur les paroles d'un autre, sans être de bonnes raisons, peuvent quelquefois en tenir lieu, parce que le jeu de mots, en occupant l'esprit de l'adversaire, ne lui permet pas de voir de suite le faux du raisonnement. Un passant dit à quelqu'un qui riait de lui : « Pourquoi riez-vous quand je passe? — Pourquoi passez-vous quand je ris, reprit l'autre? » Cette réplique est plaisante, mais ne justifie pas le rieur; car à moins d'avoir des heures fixées pour rire, il ne peut pas dire raisonnablement qu'on passe quand il rit.

Le poète Théophile répondit à un goguenard, qui lui disait que tous les poètes sont fous :

Oui, je conviens avec vous
Que tous les poètes sont fous;
Mais, sachant ce que vous êtes,
Tous les fous ne sont pas poètes.

C'est une jolie manière de répondre injure pour injure; mais au fond Théophile accorde que tous les poètes sont fous : lorsqu'il ajoute qu'il y a d'autres fous que les poètes, et le goguenard peut dire qu'il ne nie pas cette dernière proposition.

Diogène disait un jour à Aristippe : « Si tu savais, comme moi, te contenter de choux, tu ne serais pas obligé de faire ta cour aux princes. » Aristippe lui répondit : « Si tu savais, comme moi, faire ta cour aux princes, tu ne serais pas obligé de te contenter de choux. » Pour savoir auquel des deux donner raison, il faut peser le sens de leurs propositions, sans égard au jeu de mots. Diogène veut dire qu'il vaut mieux se contenter de choux que d'être l'esclave ou le flatteur des princes; et Aristippe répond qu'il aime mieux être le flatteur des princes que de se contenter de choux.

Un pâtissier, dont un poète avait vanté le mérite dans un petit ouvrage en vers, crut devoir reconnaître cette honnêteté en lui faisant présent d'un pâté; mais le poète ayant remarqué que la feuille de papier qui couvrait le fond du pâté était une partie de ses productions, en fit des reproches à son protégé. « Quoi! répond le pâtissier, vous avez fait des vers sur mes pâtés, et moi j'ai fait des pâtés sur vos vers; nous sommes maintenant à deux de jeu. » C'est la meilleure réponse que puisse donner un homme qui n'a rien à répondre.

On confond ordinairement l'antistrophe avec l'antithèse; mais il y a entre elles cette différence, que la première est une figure de mots et l'autre une figure de pensée. L'antistrophe fait ordinairement une antithèse; mais l'antithèse ne fait point une antistrophe. Ainsi les phrases suivantes sont des antithèses, parce qu'elles présentent une opposition de pensées; et ce ne sont point des antistrophes, parce qu'il n'y a point de répétition de mots dans un ordre inverse.

« Pour se passer de société, il faut être un Dieu ou une bête brute. » ARISTOTE.

« Le peuple romain est ennemi du luxe dans les particuliers ; mais il aime la magnificence publique. »

Le conquérant détruit, tu conserves le monde,
Il ravage la terre, et tu la rends féconde.

THOMAS, *Epître au peuple.*

Le jour blesse ses yeux, dans l'ombre étincelants;
Triste amante des morts, elle hait les vivants.

VOLTAIRE, *portrait de l'envie dans la Henriade.*

La critique est aisée et l'art est difficile. DESTOUCHES.

J'ai vu mille peines cruelles
Sous un vain masque de bonheur,
Mille petitesses réelles
Sous une écorce de grandeur,
Mille lâchetés infidèles
Sous un coloris de candeur. GRESSET.

L'argent, disait Bacon, est un bon serviteur; mais c'est toujours un mauvais maître. PONS DE VERDUN.

Nanteuil en faisant mon image
A de son art divin signalé le pouvoir;
Je hais mes traits dans mon miroir,
Je les aime dans son ouvrage.

M.lle DE SCUDÉRI, *au peintre Nanteuil.*

Cette mer profonde,
En débris féconde,
Fait voir
Calme au matin l'onde,
Et l'orage y gronde
Le soir.

La Paronomase.

La paronomase est une consonnance de mots dans la même phrase, qu'on emploie pour fortifier un parallélisme d'idées, c'est-à dire pour caractériser, par un son répété, deux ou plusieurs idées de même ordre ou symétriquement opposées, comme dans ces phrases:

Son ame se remplit d'*erreurs* et de *terreurs*.

Il flatte en *présence* et trahit en *absence*.

Quels qu'aient été ses projets, non seulement les citoyens y ont *adhéré*, les alliés y ont *déféré*, les ennemis y ont *succombé*, mais les vents mêmes et les saisons y ont *coopéré*.

La paronomase donne de la force aux apophthegmes, aux adages et aux proverbes. Ex.

Il est difficile, dit Massillon, de se tenir dans les bornes de la *vérité* quand on n'est pas dans celles de la *charité*.

J'aime mieux, dit Caton, ceux qui *rougissent* que ceux qui *pâlissent*.

Je m'instruis plus, dit Montagne, par *fuite* que par *suite* (1).

Votre sceptre, disait le père Coton à Henri IV, est un caducée qui *conduit*, *induit* et *réduit* les ames à ce qu'il veut.

Diderot disait que Duclos, son ami, était à la fois *droit* et *adroit*.

Un moyen sûr de faire fortune, c'est de savoir être auprès des grands *sans humeur* et *sans honneur*.

---

(1) C'est-à-dire, je m'instruis plus dans la solitude que dans la société.

La devise de l'homme vertueux, *donner et pardonner*, était celle de l'abbé De Saint-Pierre. Celle de Fontenelle était *justice et justesse*.

Les hommes aiment la vérité *luisante* et haïssent la vérité *cuisante*.

Avec le temps et la *patience* on acquiert la *science*.

Dans les *conseils* les murailles ont des *oreilles*.

Bonne *renommée* vaut mieux que ceinture *dorée*.

Les *honneurs* changent les *mœurs*.

Comparaison n'est pas *raison*.

Le riche dîne quand il *veut* et le pauvre quand il *peut*.

Belles paroles et mauvais *jeu* trompent les jeunes et les *vieux*.

Amour et *seigneurie* ne veulent point de *compagnie*.

Quand il fait *beau* prends ton *manteau*, quand il *pleut* prends-le si tu *veux* (1).

Trop parler *nuit*, trop gratter *cuit*.

Qui a bon *voisin* a bon *matin* (2).

Corsaire attaquant *corsaire* ne fait pas bien ses *affaires*.

Qui a *terre* a *guerre*.

Chaque *oiseau* trouve son nid *beau*.

A bon *chat* bon *rat*.

Qui *refuse* *muse* (3).

La *panse* mène la *danse*.

Qui langue *a* à Rome *va*.

---

(1) C'est-à-dire, quand tu ne vois rien à craindre prends toujours tes précautions; et pour le mal présent, fais comme tu l'entends, car tu n'as pas besoin d'avertissement.

(2) C'est-à-dire, celui qui a bon voisin vit sans inquiétude, peut dormir la grasse matinée.

(3) C'est-à-dire celui qui a refusé une offre n'est pas sûr de la retrouver, et se repent de son refus.

N'est pas *voisin* qui ne *voisine.*

On dit en latin : *Amantes* sunt *amentes* (1).

Ausonius a dit de Vénus,

Orta salo, suscepta solo, patre edita cœlo,
qu'elle naquit de la mer, fut élevée sur la terre, eut le ciel pour père.

Avec la paronomase on fait une infinité de jeux de mots épigrammatiques, de plaisantes saillies; tels sont les exemples que je vais citer.

Quelqu'un disait à un ivrogne : « Vous avez *vendu* votre *terre* pour avoir trop *tendu* votre *verre.* »

Ma femme est un *animal*
Original,
Qui tous les jours, bien ou *mal,*
S'habille,
Babille,
Et se *déshabille.*

Un habitant du faubourg était venu faire une visite en ville. En sortant de la maison il fut conduit jusqu'au bas de l'escalier par un neveu, qui lui dit : « Excusez-moi, mon oncle, de ne pas vous conduire plus loin, car voici l'heure *dînatoire.* — Et puis, reprit l'oncle, la rue est *crottatoire.* »

On parlait des poètes dans un cercle, et on passait en revue les poètes *héroïques*, les *lyriques*, les *tragiques*, les *comiques*, les *érotiques*, les *épigrammatiques.* Une personne d'esprit dit alors : « Vous oubliez les *faméliques*; ce n'est pas pourtant le plus petit nombre. »

Trois personnages importants conversaient ensemble sur l'irréligion du siècle. « Dans la province que j'habite, dit l'un, on est entiché du *déisme.* Dans la mienne, dit l'autre, on a une forte teinte d'*athéisme.* Chez nous, dit le troisième, on est en général affligé de *rhumatisme.* »

(1) Les amants sont des insensés.

C'est dans la paronomase qu'est tout le sel de ces plaisanteries, de sorte qu'en remplaçant par un synonyme le mot qui fait une consonnance, la réplique devient insignifiante. Il en est d'autres exemples où la paronomase fait en même temps une allusion, comme dans les deux traits suivants.

Caracalla se fit décerner par le sénat les surnoms de *Germanique*, de *Parthique*, et d'*Arabique*. Pertinax, l'un des sénateurs, ajouta que l'empereur avait aussi droit au surnom de *Gétique*. Par cette parole, le sénateur voulait plutôt reprocher à Caracalla la mort de son frère *Geta*, que l'honorer des prétendues victoires qu'il disait avoir remportées sur les Gètes.

Quelques voyageurs de bon appétit, étant entrés dans une auberge pour y dîner, n'eurent à leur repas que des pigeons si durs, qu'on pouvait à peine les manger. « Courage, mes amis, dit un des voyageurs; c'est ici le combat des *Voraces* contre les *Coriaces.* » Ici la paronomase fait en même temps allusion au combat des Horaces et des Curiaces.

La paronomase trouve bien son emploi dans le style badin et dans le burlesque. Bièvre l'a employée plaisamment, sans oublier ses calembours, dans la lettre qu'il écrivit à un baron allemand au sujet des réformes monastiques. « Les *Célestins* n'ont plus rien de *céleste*, les *Feuillants s'effeuillent*, les *Récollets* se *décollent*, les *Augustins* ne sont plus *augustes*, les *Cordeliers* se *délient*, les *Picpus* cherchent celles des autres (puces); enfin les Carmes ne sont plus que des ternes; et tous ces gens là ne sont religieux qu'à contre cœur. Il n'y a plus que les maçons qui soient *édifiants*. »

Les auteurs comiques entassent quelquefois les paronomases pour rendre les discours ridicules. « Monsieur *Prosper* va partir en poste, pour aller ventre à *terre*, par *terre* et par *mer*, rejoindre son *père* aux Grandes-Indes. »

Les amateurs de jeux de mots ont fait prononcer la harangue suivante devant un général des armées du roi, par le maire d'une petite ville des bords du Rhône.

« Monseigneur,

Tandis que Louis le Grand fait aller l'*Empire* de mal en *pire* (1), *damner le Dannemarck*, *suer la Suède*; tandis que son digne rejeton fait *baver les Bavarois*, rend les troupes de *Zèlle* sans *zèle*, et fait faire des *esses* aux *Hessois*; tandis que Luxembourg fait *fleurir* la France à *Fleurus*, met en *flammes* les *Flamands*, *lie* les *Liégeois*, et fait danser *Castanet* sans *castagnettes*; tandis que le Turc fait *esclaves* les *Sclavons*, et réduit *en servitude* la *Servie*; enfin, tandis que Catinat *démonte* les *Piémontais*, que *Saint-Ruth* se *rue* sur les Savoyards, et que *Laré* les arrête, vous, Monseigneur, non content de faire sentir la pesanteur de vos *doigts* aux *Vaudois*, vous faites encore la *barbe* aux *barbets* : ce qui nous oblige d'être avec un profond respect, etc.

On a fait dire aussi à un prédicateur, que les *papes* après leur mort deviendront des *papillons*, les *rois* des *roitelets*, et les *sires* des *cirons*.

La paronomase est un vice de style, lorsqu'elle se présente inopinément, sans produire d'autre effet que de choquer l'oreille, comme dans ces phrases : La ville fut *prise* par *surprise*. Telle est la *malice* du *vice*. Vous eussiez vu la *république aquatique*. Ils ne s'occupent que du soin de leur *équipage*, du désir de commander aux compagnons de leur *voyage*, et de la recherche de quelque *divertissement* qu'ils peuvent prendre en *passant*. NICOLE.

(1) Il faudrait, pour parler français, *de mal en pis*.

Elle est toujours un défaut en vers, parce qu'elle forme une seconde rime, comme dans ces vers :

Si des beaux jours *naissants* on chérit les prémices,
Les beaux jours *expirants* ont aussi leurs délices.
DELILLE.

Tes *jours* sombres et *courts* comme des jours d'automne.
LAMARTINE.

La haine a pris *plaisir* à former ma misère,
J'étais né pour *servir* d'exemple à ta colère.

Cet empire *odieux*, déshonoré cent fois,
Par la haine des *dieux* et les crimes des rois.

Un court *plaisir* cause un long repentir.

J'aime toujours la guerre,
Mon *courage* au-dessus des outrages du sort,
Encore après ma mort
Cherche des ennemis et par *mer* et par terre.
Traduction de l'épitaphe de SÉLIM.

La paronomase est quelquefois agréable en vers, c'est lorsqu'elle se fait par des mots dérivés l'un de l'autre, et employés par antithèse. Ex.

Présente je vous fuis, *absente* je vous trouve. RACINE.

Le temps, cette image *mobile*
De l'*immobile* éternité. ROUSSEAU.

Mortel, ne garde point une haine immortelle.

(Voyez la dérivation, page 107.)

Mais cette figure, comme toutes les autres, si elle n'est faite par le bon goût, ne fait qu'ajouter aux défauts d'un mauvais style. A la tête de la philosophie de Scipion Dupleix, historiographe de France, l'un des premiers écrivains qui aient fait imprimer leurs ouvrages en français, on trouve un sonnet à la louange de l'auteur, où les paronomases entassées, jointes aux autres fautes, font un style assez singulier. Le voici :

C'est merveille de voir que parmi tant d'alarmes,
La *rage* de Bellone et l'*orage* de Mars,
Sa *terreur*, son *erreur*, et l'*horreur* des hasards,
Parmi tant de *sanglots* et de *sanglants* vacarmes,
En ce siècle de *fer*, d'*enfer*, d'*armes*, de *larmes*,
A l'envi d'un trophée et des hauts étendarts,
Tu aies relevé la gloire de tes arts,
Et ton los, à l'envi des plus vaillants gendarmes.

C'est *débeller Bellone*, et *guerroyer* la *guerre*;
Etonner Mars *tonnant*, et *brave*, le *braver*;
C'est *forcer* ses *efforts*, et *grave*, l'*agraver*;
A sa palme opposer le laurier ou le lierre.
C'est avoir beaucoup plus, par la faveur des dieux,
Pris, *appris*, *entrepris* que tous nos bisaïeux.

La Dérivation.

La dérivation, qu'on appèle aussi la polyptote, consiste à employer dans une même phrase le même mot sous plusieurs formes orthographiques, ou plusieurs mots dérivés les uns des autres. Cette figure employée à propos donne de la force au discours; elle produit sur-tout un bel effet en poésie, où on la voit sans cesse reparaître. Ex.

Tisbé *tombe*, et *tombant* range ses vêtements,
Dernier trait de pudeur, même aux *derniers* moments.
La Fontaine.

Céphale *aimait* Procris, il était *aimé* d'elle. *Idem.*

Elle était de ce monde, où les plus belles choses
Ont le pire destin;
Et *rose* elle a *vécu* ce que *vivent* les *roses*,
L'espace d'un matin.

....

Ne te lasse donc point d'inutiles complaintes,
Et sage à l'avenir,
Aime une ombre comme ombre, et de cendres *éteintes*
Eteins le souvenir. Malherbe.

Quitte le nom de *juste*, ou fais voir ta *justice*
En leur punition. *Idem à Louis XIII.*

Félicité passée,
Qui ne peux revenir,
Tourment de ma pensée,
Que n'ai-je en te *perdant perdu* le souvenir. BERTAUD.

Mais il n'a pu sortir de ce triste séjour,
Ni *repasser* les bords qu'on *passe* sans retour. RACINE.

Et loin de murmurer contre un injuste arrêt,
Mourant sans déshonneur, je *mourrai* sans regret.
CORNEILLE.

Mais de blâmer des vers ou durs ou languissants,
De *choquer* un auteur qui *choque* le bon sens,
De railler un plaisant qui ne sait pas nous plaire.
C'est ce que tout lecteur eut toujours droit de faire.
BOILEAU.

Vivons, si vers la *vie* on peut me ramener. *Idem.*

Et la *fuite* est permise à qui *fuit* ses tyrans. *Idem.*

J'ai *trompé* les mortels, et je puis me *tromper*.
VOLTAIRE, *Mahomet.*

L'égard qu'on a pour la *folie*
La rend plus *folle* de moitié. LAMOTTE.

Et quand tout meurt, peuples, monarques,
Homère *triomphe* des parques,
Qui *triomphèrent* d'Ilion. LE BRUN.

Puis contemplant mon coursier sans haleine,
Je l'enlevai d'un bras mal affermi,
Et je revins, triste, et *portant* l'ami
Qui tant de fois me *porta* dans la plaine. MILLEVOYE.

Un *doux* souvenir dans son ame,
Dans ses yeux une *douce* flamme. *Idem.*

Recueille toi, ma lyre, et ne sors du silence
Que pour vaincre en *beauté* les plus *beaux* de mes vers.
Idem.

La *dernière* feuille qui tombe
A signalé son *dernier* jour. *Idem.*

Blanche sa sœur, Blanche, légère et vive,
Plaît autrement et sait *plaire* toujours. PARNY.

Mes pleurs *couleront* dès l'aurore,
La nuit verra mes pleurs *couler*. LORBANDO.

Le laboureur en paix coule des jours prospères,
Il *cultive* le champ que *cultivaient* ses pères. DELILLE.

Soudain ce faible amant, dans un instant d'ivresse,
Suivit imprudemment l'ardeur qui l'entraînait,
Bien digne de *pardon* si l'enfer *pardonnait*.

Peins-moi *légèrement* l'amant *léger* de Flore. *Idem.*

Cent fois, contre l'amour volage,
Tu (miroir) me prêtas d'heureux secours;
Mais on ne peut *ramener* l'âge,
Comme on *ramène* les amours.

Alors je t'ornais de guirlandes,
Tribut de mille cœurs soumis;
Plus de vœux, d'encens ni d'offrandes!
Mes *amants* sont à peine *amis*.

Miroir, qui me rendais si vaine,
Doux présent que me fit Vénus,
Hélas! tu *reconnais* à peine
Ces traits qu'amour a tant *connus*. LE BRUN.

Je voulais, plein d'un beau délire,
Chanter les Bayards, les Némours;
Mais en vain j'accordai ma lyre,
Ma lyre *chanta* les amours.

Eh bien! sur des cordes nouvelles
Chantons les héros de nos jours.
Vains efforts : les cordes rebelles
Ne *chantèrent* que les amours. *Idem.*

Dans un amas d'armes fragiles
Et dans des vaisseaux inutiles
L'Anglais a *mis* tout son appui;
Louis le *met* en ta justice;
Il *veille* sur nous, Dieu propice,
Daigne à jamais *veiller* sur lui. MALFILATRE.

M. Lamartine emploie très-heureusement la dérivation; mais quelque mérite qu'elle ait dans ses vers, on lui reprochera peut-être de l'avoir prodiguée; car il en est de ces figures comme de quelques mets délicats, dont il ne faut jamais se rassasier. Voici des vers de ce poète auxquels cette figure donne beaucoup d'éclat.

De tout ce qui t'*aimait* n'est-il plus rien qui t'*aime* ?

Beaux lieux, soyez pour moi ces bords où l'on *oublie* ;
L'*oubli* seul désormais est ma félicité.

Il veut *aimer* toujours, ce qu'il *aime* est fragile.

... Dans ces océans de beauté, de lumière,
L'homme, *altéré* toujours, toujours se *désaltère*.

Sa femme et ses enfants *couronnent* sa vieillesse,
Comme de ses fruits mûrs un arbre est *couronné*.

J'ai *reconnu* ta voix avant de me *connaître*.

A tout autre dégré, moins malheureux peut-*être*,
J'eusse *été*... mais je *suis* ce que je devais *être*.

Héritier des douleurs, victime de la vie,
Non, non, n'espérez pas que sa rage assouvie
Endorme le malheur,
Jusqu'à ce que la mort, ouvrant son aile immense,
Engloutisse à jamais dans l'*éternel* silence
L'*éternelle* douleur.

Tu *pensas*, la parole acheva ta *pensée*.

Leurs bras menaçants se replient,
Leurs fronts luttent, leurs membres crient,
Leurs flancs *pressent* leurs flancs *pressés*.

Nos deux *ames* ne forment plus
Qu'une *ame*, et je soupire encore.

La dérivation sert à rendre les antithèses plus frappantes, comme dans ces exemples : « La fortune n'est *constante* que dans son *inconstance*. »

Le temps, cette image *mobile*
De l'*immobile* éternité. J. B. Rousseau.

Suivrai-je des *mortels* l'*immortelle* folie ? Lamartine.

J'allais redemander à leur vaine poussière
Cette *immortalité* que tout *mortel* espère. *Idem*.

Mais elle avait encor cet éclat emprunté,
Dont elle eut soin de peindre et d'orner son visage,
Pour *réparer* des ans l'*irréparable* outrage. Racine.

Je ne suis point *battant*, de peur d'être *battu*.

MOLIÈRE.

La dérivation est fréquemment employée dans les auteurs latins. En voici quelques exemples : remarquez-les.

Littora littoribus contraria, fluctibus undas
Imprecor, *arma armis*; pugnent ipsique Nepotes.

VIRGILE.

Et *nati natorum* et qui *nascentur* ab illis. *Idem.*

Ignoscenda quidem, scirent si *ignoscere* manes. *Idem.*

Tu quoque Pieridum studio studiose teneris;
Ingenioque faves ingeniose meo. OVIDE.

Il y a un grand nombre de madrigaux, d'épigrammes, de badinages poétiques, de saillies très-spirituelles, dont tout le mérite consiste dans l'heureux emploi de cette figure. Ex.

Vous juriez autrefois que cette onde rebelle
Se ferait vers sa source une route nouvelle
Plutôt qu'on ne verrait votre cœur dégagé :
Voyez couler ces flots dans cette vaste plaine,
C'est le même penchant qui toujours les entraîne;
Leur cours ne *change* point, et vous avez *changé*.

QUINAUT.

Ingrat envers le ciel, quelle que soit sa place,
Toujours l'ambitieux se trouve *déplacé* ;
Il ne regarde point les rivaux qu'il *efface*;
Il ne songe qu'à ceux dont il est *effacé*.

FRANÇOIS DE NEUCHATEAU.

En fait de *prêt* le sort me traite
Avec grande inhumanité ;
Je perds l'affection de ceux à qui je *prête*,
Si je ne perds l'argent que je leur ai *prêté*. DE CAILLY.

Les *vexateurs* ainsi que les *vexés*
Furent sans rire également pincés;
Il les *fauchait* de la même *faucille*,
Les *étrillait* avec la même *étrille*. J. B. ROUSSEAU.

Le silence règne entre nous.
Vous rêvez, mais je vous excuse;
Pensez, Phillis, à ce qui vous amuse;
Pour être heureux, je vais *penser* à vous.

SAINT-LAMBERT.

A l'Auteur anonyme d'une diatribe.

Non moins insolent que poltron,
Sous le manteau de l'anonyme,
D'un sarcasme pusillanime
Tu viens de m'honorer, dit-on;
Te cacher est précaution,
Qui te sert très-bien, fleur des drôles;
Car en me *dérobant* ton nom,
Tu me *dérobes* tes épaules. VIGÉE.

Par mainte ruse féminine,
En m'en doutant, je fus trompé :
Je suis une *dupe* assez fine,
Et je n'en suis que mieux *dupé*. LE BRUN.

Le *vieillard* que cent ans n'ont pu rassasier,
Mérite de *vieillir* encore un siècle entier.

Imitation de l'Anthologie.

Plus d'un ménétrier, debout sur son *tonneau*,
Sous son archet aigu fait *détoner* Rameau. LEMIERRE.

M. De Marca, nommé à l'archevêché de Paris, mourut le même jour que ses bulles arrivèrent; ce qui donna occasion à Colletet de lui faire cette épitaphe badine :

Ci-gît Monseigneur de *Marca*,
Que le Roi sagement *marqua*
Pour le prélat de son église;
Mais la mort qui le *remarqua*,
Et qui se plaît à la surprise,
Tout aussitôt le *démarqua*.

On demandait à un homme d'esprit, au sortir d'un concert, comment il avait trouvé la musique. — *Passable*, dit-il. — Et les femmes? — *Passées*.

Sur le dictionnaire de l'Académie.

On *fait*, *défait*, *refait* ce beau dictionnaire,
Qui toujours très-bien *fait*, reste toujours à *faire*.

LE BRUN.

On demanda à un soldat irlandais, de retour avec le général More de sa campagne sur le Continent, s'il avait éprouvé beaucoup d'*hospitalité* en Hollande. — Oh! oui, trop, répondit-il; j'ai passé tout le temps que j'y ai été à l'*hôpital*.

Sixte-Quint disait en s'entretenant avec ses amis: « On m'a donné le nom de *Félix*, le curé qui m'a baptisé s'appelait aussi *Félix*; ainsi vous voyez qu'il s'est fait à mon baptême un concours de *félicité*. »

Cicéron dit à Atticus, dans son traité de l'amitié:

« Sed ut tum ad *senem senex* de *senectute*, sic hoc libro ad *amicum amicissimus* de *amicitiâ* scripsi.

Comme déjà vieux j'adressais alors à un *vieillard* mon traité de la *vieillesse*, j'adresse aujourd'hui à un *ami* que j'*aime* tendrement ce que j'ai écrit sur l'*amitié*. »

Voiture commence son épître au cardinal Mazarin par ces vers,

Prélat passant tous les *prélats passés*.

La dérivation se joint ordinairement à l'antistrophe et à la paronomase (*voy.* pages 94 et 101). Si cette figure employée avec art ajoute au mérite du style, elle en est un défaut lorsqu'elle se présente inopinément, comme si l'on disait, *entreprendre* une vaste *entreprise*. Le plus souvent même elle produit des pléonasmes remarquables, par exemple, *manier* dans la *main*, *allumer* la *lumière*, *boire* une *boisson*. Quand la dérivation ne ferait point un pléonasme, on doit toujours l'éviter, à cause de la paronomasie qu'elle présente, comme dans ces exemples: *Conter* un *conte*, *l'homme homicide*, *arriver* au *rivage*, un *vase* trop *évasé*, l'*onde ondoyante*, la *fluctuation des flots*, son *chant* m'*enchante*, *sa valeur* lui *valut* la couronne. On peut rendre la même chose en d'autres termes: *Dire un conte*, *l'homicide*, *toucher au rivage*, *un vase trop ouvert*, *des vagues ondoyantes*, *le balancement des flots*, *son chant me ravit*, *sa valeur lui mérita la couronne.*

Il y a pourtant des exemples de la dérivation que l'usage et le besoin autorisent, tels que *prendre* une *prise* de tabac, de rhubarbe, de thériaque, *faire* des *façons*, *monter* une *montée*, *descendre* une *descente*, *faire* des *affaires*, *défaire* une *affaire*, *dérouler* un *rouleau*, *ajourner* à huit *jours*, *faire sonner* une *consonne*, *mourir* de la *mort* des braves, des justes, *dénicher* un *nid*.

Le rossignol *chanta* le doux *chant* d'hyménée. DELILLE.

L'Antanaclase.

L'antanaclase est une répétition de son avec un changement de sens. Cette figure se divise en deux espèces, dont l'une se fait en répétant le même mot dans une signification différente, et l'autre en employant des homonymes. Voici des exemples de la première espèce:

Rome n'est plus dans *Rome*, elle est toute où je suis.
CORNEILLE.

Qu'il regne ce héros (1) qu'il triomphe toujours ;
Qu'avec lui soit toujours la paix ou la victoire ;
Que le *cours* de ses ans dure autant que le *cours*
De la Seine et de la Loire. RACINE.

Le *singe* est toujours *singe* et le *loup* toujours *loup*.

(1) Louis le Grand.

Avare et perfide Angleterre,
La mer gémit sous tes vaisseaux;
Tes voiles *pèsent* sur les eaux,
Tes forfaits *pèsent* sur la terre. J. M. Chénier.

Dans l'Egypte jadis toute *bête* était dieu,
Tant l'homme au contraire était *bête*. Lamotte.

Tu vois qu'aux bords du Tibre, et du Nil et du Gange,
En tous lieux, en tous temps, sous des masques divers,
L'homme partout est *l'homme*, et qu'en cet univers,
Dans un ordre éternel, tout passe et rien ne change.
Lamartine.

« C'est un grand *mal* de ne pouvoir supporter le *mal*. »

Puis-je voir mes troupeaux bêlants
Qu'un *loup* impunément dévore,
Sans songer à des conquérants,
Qui sont beaucoup plus *loups* encore. Voltaire.

De Roc ne craignez les menaces
Sa bravoure n'est que grimaces;
C'est un fanfaron achevé.
A l'entendre il aurait *battu* toute la terre:
N'ayez pas peur, le pauvre hère,
N'a rien *battu* que le pavé.

Par d'interminables remises
Il promène ses créanciers,
Et chaque jour il est aux *prises*
Avec les recors, les huissiers.
Aux *prises* je le vois sans cesse,
Prise de corps, hier, aujourd'hui;
Je ne connais que la tristesse
Qui n'ait pas de *prise* sur lui.

Martial dit à Domitien : « Les peuples de votre empire parlent divers *langages*; ils n'ont pourtant qu'un *langage* lorsqu'ils vous disent que vous êtes le père de la patrie. »

C'est par la même figure qu'on dit d'un prince cruel, qu'il est plus *Néron* que *Néron* même, d'un guerrier, qu'il est plus *Mars* que *Mars* de Thrace.

On voit par les exemples cités que cette espèce d'antanaclase peut trouver sa place dans tous les styles.

L'autre espèce, qui se fait par l'emploi de mots homonymes dans la même phrase, n'est guère permise que dans la plaisanterie et en faveur de la rime. En voici quelques exemples.

Pour notre instruction, la *saine* comédie,
Représente à nos yeux la *scène* de la vie.

DORTIGNY.

On *gaze*, dit-on, les objets,
Mais on éclaircit trop la *gaze*. DUMOUSTIER.

M. Camus, ayant entendu M. Godeau prêcher sur la grâce, dit : « Je viens d'entendre un sermon sur la *grâce*, prononcé de bonne *grâce* par l'évêque de *Grasse*. »

Tel que vous me voyez, Monsieur, ici *présent*,
M'a d'un fort grand soufflet fait un petit *présent*.

RACINE.

Il faut de plus observer que les rimes qu'on fait ainsi par des homonymes sont à la vérité tolérées, mais qu'elles sont peu agréables, comme dans ces différents exemples :

Mais au ressentiment si mon cœur s'est *mépris*,
C'est qu'il s'est cru toujours au-dessus du *mépris*.

CRÉBILLON.

Toutefois, Acomat, ne vous éloignez *pas*,
Peut-être on vous fera revenir sur vos *pas*. RACINE.

Egiste, écrivait-il, mérite un meilleur *sort*,
Il est digne de vous et des dieux dont il *sort*.

VOLTAIRE.

Il est bon d'être charitable,
Mais envers qui? C'est-là le *point*;
Quant aux ingrats, il n'en est *point*
Qui ne meure enfin misérable. LA FONTAINE.

Il parle comme un livre, il raisonne si *bien*,
Que j'ai honte d'avoir amassé tant de *bien*.

DESTOUCHES.

..... Ecoute, mon cher *comte*,
Si tu fais tant le fier, ce n'est pas là mon *compte*.
Idem.

Le fouet dans une main, et dans l'autre des *rênes*,
Voyez-le en des traîneaux emportés par des *rennes*.
ROUCHER.

Laisse-là tous les *livres*;
Cent francs au denier cinq, combien font-ils? vingt *livres*?
BOILEAU.

Et du riche Yémen les errantes *tribus*
A ses pieds tous les ans déposent leurs *tributs*.
BAOUR-LORMIAN.

Armand, qui pour six vers m'as donné six cents *livres*,
Que ne puis-je à ce prix te vendre tous mes *livres*!
COLLETET.

Pour entendre ces deux derniers vers, il faut savoir à quelle occasion ils furent faits. Colletet lut une comédie qu'il avait faite au cardinal de Richelieu (Armand Duplessis), et ce ministre lui donna six cents francs pour six mauvais vers que son Eminence trouvait fort beaux, en les critiquant cependant, et ajoutant que les six cents francs étaient pour ces six vers seulement, et que le roi n'était point assez riche pour payer le reste. Ce fut à ce sujet que Colletet fit le distique que je viens de citer.

Ces jeux de mots fondés sur l'antanaclase sont ordinairement froids et puérils. Cependant dans les vers suivants, que Fontenelle fit pour être mis au bas du portrait de Madame *Du Tort*, le jeu de mots me semble assez galant et ingénieux pour ne pas déplaire aux gens de goût.

C'est ici Madame *Du Tort*,
Qui la voit sans l'aimer a *tort*;
Mais qui l'entend et ne l'adore
A mille fois plus *tort* encore.
Pour celui qui fit ces vers-ci,
Il n'eut aucun *tort*, dieu merci.

La Répétition.

La répétition proprement dite consiste à redire les mêmes mots pour insister sur quelque pensée. Elle sert, dans le style pathétique, à exprimer les soupirs, les sanglots, les battements de cœur, les instances de l'empressement. C'est ainsi que dans Virgile le berger obligé de s'exiler dit à ses troupeaux en soupirant :

Ite, meæ, quondam felix pecus, *ite*, capellæ.

C'est dans ce poète latin qu'on trouve les plus heureux exemples de la répétition, et il faut le connaître pour savoir quel prix peut donner au style cette figure, qui dans beaucoup d'auteurs modernes n'est ordinairement qu'un remplissage. Cependant, en faveur de ceux de mes lecteurs qui n'entendent pas la langue de Virgile, je ne donnerai que très-peu d'exemples latins.

Il y a différentes espèces de répétitions, que les rhéteurs distinguent par des noms différents, distinction que je vais établir ici, moins pour l'importance que j'y attache, qu'afin de mettre quelque ordre dans mon sujet.

Quelquefois on répète un mot au commencement de chaque phrase successivement, ou au commencement de chaque proposition d'une phrase. Cette espèce de répétition est appelée anaphore. En voici quelques exemples, où elle exprime les plus touchantes et les plus fortes émotions.

Dites-lui que de ses charmes
Tous mes sens sont occupés;
Dites-lui que de mes larmes
Toujours mes yeux sont trempés.
. . . .

> *Dites-lui* que son image
> Me suivra dans le sommeil,
> Et recevra pour hommage
> Le soupir de mon réveil. MARMONTEL.

Orosmane, au désespoir d'avoir tué Zaïre, dit à Nérestan :

> Porte aux tiens ce poignard, que mon bras égaré
> A plongé dans un sein qui dut m'être sacré.
> *Dis-leur* que j'ai donné la mort la plus affreuse
> A la plus digne femme, à la plus vertueuse
> Dont le ciel ait formé les innocents appas;
> *Dis-leur* qu'à ses genoux j'avais mis mes états;
> *Dis-leur* que dans son sein cette main s'est plongée
> *Dis* que je l'adorais, et que je l'ai vengée. VOLTAIRE.

Dans les vers suivants, la répétition exprime bien la haine furieuse qui s'attache à son objet. Camille reproche à son frère la mort de son amant, et lorsqu'il lui répond qu'il n'a pu faire autrement pour la gloire de Rome, elle s'indigne contre Rome :

> *Rome!* l'unique objet de mon ressentiment!
> *Rome!* à qui vient ton bras d'immoler mon amant!
> *Rome!* qui t'a vu naître et que ton cœur adore!
> *Rome* enfin! que je hais parce qu'elle t'honore!
> CORNEILLE.

Un poète, faisant la peinture de la cour, veut attirer toute l'attention du lecteur sur ce foyer des passions humaines, et il le fait par la répétition, qu'il emploie assez à propos, mais qu'il a poussée jusqu'à l'excès.

> Veux-tu voir une scène en merveilles féconde?
> Considère la cour : *C'est là* qu'à tous moments
> Agissent les ressorts des plus grands mouvements;
> *C'est là* qu'on voit changer le théâtre du monde;
> *C'est là* que tout excelle en l'art de fiction;
> *C'est là* que l'intérêt règle la passion;
> *C'est là* que l'insolent du malheureux se joue;
> *C'est là* qu'à la fortune on dresse des autels;
> *C'est là* que pour monter sur le haut de sa roue,
> La folle ambition adore les mortels. ARNAULD D'ANDILLY.

L'auteur aurait aussi bien fait de composer tout son poème sur cette répétition *c'est-là ;* car ici la répétition passe les bornes que le bon goût prescrit à cette figure, sans offrir le mérite de l'art que doivent avoir les badinages littéraires que l'on fait par une répétition continuée, dont je parle ci-après, p. 126 et 127.

Quelquefois le mot qui termine la première phrase ou la première proposition est répété au commencement de la seconde. C'est ce que les rhéteurs appèlent anadiplose. Ex.

Addit se sociam, timidisque superveuit *Ægle,*
Ægle naïadum pulcherrima. VIRGILE.

Au banquet de la vie, infortuné convive,
J'apparus un jour et *je meurs ;*
Je meurs, et sur ma tombe, où lentement j'arrive,
Nul ne viendra verser des pleurs. GILBERT.

Il aperçoit de loin le jeune *Téligni,*
Téligni dont l'amour a mérité sa fille. VOLTAIRE.

Ces murs portent *le nom, le nom* sacré de Troïe.
DELILLE.

Ces rochers, ces sapins, ce torrent solitaire,
Tout, tout m'instruit à mépriser *la terre*,
La terre, où le bonheur est un fruit étranger. DUCIS.

Rien n'est beau que *le vrai, le vrai* seul est aimable.
BOILEAU.

Quand la rébellion, plus qu'une hydre féconde,
Aurait pour le combattre assemblé *tout le monde,*
Tout le monde assemblé s'enfuirait devant lui. MALHERBE.

Je rendis grâce au *ciel*, et le *ciel* fit le reste. LAMARTINE.

Thomas dit dans l'éloge de Dugay-Trouin : « Le pavillon de *Flessingue* a frappé ses regards, *Flessingue*, patrie de Ruiter. »

Quelquefois on finit une phrase ou une proposition par les mots qui l'ont commencée, répétition que les rhéteurs distinguent par le nom d'épadadiplose. Ex.

Ambo florentes ætatibus, arcades *ambo.* VIRGILE.

Qui bibit indè furit; procul hinc discedite queis est
Cura bonæ mentis; *qui bibit indè furit.* OVIDE.

Vous aurez le destin
De ces fleurs si fraîches, si belles;
Comme elles vous plaisez, vous passerez *comme elles.*
M.me DESHOULIÈRES.

Mortelle, subissez le sort d'une *mortelle.* RACINE.

Là repose ma mère,
L'amitié m'attend *là.* GENSOUL.

Pleurez, doux alcyons, ô vous! oiseaux sacrés,
Oiseaux chers à Thétis, *doux alcyons, pleurez.*
André CHENIER.

Cette espèce de répétition est d'un grand usage dans les couplets. C'est aussi un des mérites, ou du moins une des difficultés exigées dans les rondeaux et les triolets, genre de poésie aujourd'hui presque abandonné. Ex.

Couplets faits et chantés à Rennes en 1816.

Soyons unis,
Que ce soit la devise
De tout Français qui chérit son pays;
Qu'à ce banquet préside la franchise,
Et que de cœur avec moi chacun dise :
Soyons unis. (*Bis.*)

Soyez unis,
Que des jours pleins de charmes
Vous soient filés, c'est le vœu de Louis :
Ah! désormais plus de haine et d'alarmes,
Et, pour tarir la source de ses larmes,
Soyez unis. (*Bis.*)

Soyons unis,
Et pour long-temps la France
De longue paix goûtera tout le prix;
Pour terminer ses maux et sa souffrance,
De l'ennemi pour tromper l'espérance,
Soyons unis. (*Bis.*)

Soyons unis,
Si la force étrangère
Venait troubler l'heureux règne des Lis ;
Sur ses enfants doit compter un bon Père,
Et pour défendre une tête si chère,
Soyons unis. (*Bis.*)

Soyez unis,
Nous dit un Roi sincère,
De mes travaux que ce soit là le prix;
Je fermerai sans regret la paupière,
Si je peux dire, à mon heure dernière:
Ils sont unis. (*Bis.*)

Rondeau.

En l'air on fait mainte chose en la vie:
On donne *en l'air* parole qu'on oublie,
Au moribond qui demande à guérir,
Au créancier dont l'aspect humilie,
Au vieil amant qu'on est près de trahir.
Que de fripons on a vu s'enrichir,
Qui devraient bien, pour désarmer l'envie,
Et figurer et se faire applaudir
En l'air.
Voyage *en l'air* me semble une folie;
Mais si l'amour, ô ma charmante amie!
M'avait donné les ailes de Zéphyr,
De mes rivaux trompant la jalousie,
On me verrait doucement te ravir
En l'air. WAILLY.

Triolet.

Le premier jour du mois de mai
Fut le plus heureux de ma vie.
Le beau dessein que je formai
Le premier jour du mois de mai!
Je vous vis et je vous aimai.
Si ce dessein vous plut, Sylvie,
Le premier jour du mois de mai
Fut le plus heureux de ma vie.

Couplets en triolets.

Que j'aime à vous voir en ces lieux!
Que ce jour a pour moi de charmes!
Du caveau restes précieux, (1)
Que j'aime à vous voir en ces lieux!
Vous le retracez à mes yeux,
Et mes yeux se mouillent de larmes.
Que j'aime à vous voir en ces lieux!
Que ce jour a pour moi de charmes!

On était jeune et bien portant,
On aimait, on faisait ripaille;
Ce n'était pas comme à présent:
On était jeune et bien portant;
On avait du plaisir comptant,
Sans posséder denier ni maille.
On était jeune et bien portant,
On aimait, on faisait ripaille.

A la jeunesse, à la santé
Quelques-uns joignaient l'art de plaire;
Ils joignaient esprit et gaité
A la jeunesse, à la santé;
Leur talent, des belles fêté,
En recevait un doux salaire.
A la jeunesse, à la santé
Quelques-uns joignaient l'art de plaire.

Mais qu'il est loin de nous ce temps,
Dont nous célébrons la mémoire!
Laissons les regrets impuissants....
Mais qu'il est loin de nous ce temps!
Bacchus vous offre ses présents,
Le tendre amour vous verse à boire.
Mais qu'il est loin de nous ce temps,
Dont nous célébrons la mémoire!

SAURIN.

Dans les couplets, les triolets, les rondeaux, le terme répété doit être précisément à la fin de la phrase; mais

(1) Le caveau était la maison d'un traiteur.

dans les autres vers et dans la prose, le mot répété se trouve dans le premier membre de la phrase et dans le dernier, sans y avoir une place précise.

Une autre espèce de répétition, qu'on a appelée complexion, conversion ou épistrophe, consiste à terminer par les mêmes mots plusieurs membres consécutifs d'un discours, comme dans cette phrase : « La marque la plus sûre qu'on est encore au monde, c'est qu'on le craint plus que *la vérité*, qu'on le ménage aux dépens de *la vérité*, qu'on veut lui plaire malgré *la vérité*, et qu'on lui sacrifie sans cesse *la vérité*. » MASSILLON. Cette répétition est d'un grand usage dans les couplets, dont elle est souvent le principal mérite. Ex.

Grâce à la fève, je suis roi.
Nous le voulons : versez à boire.
Çà! mes sujets, couronnez-moi,
Et qu'on porte envie à ma gloire.
A l'espoir du rang le plus beau
Point de cœur qui ne s'abandonne.
Nul n'est content de son chapeau;
Chacun voudrait une *couronne*.

Un roi sur son front obscurci
Porte une couronne éclatante.
Le pâtre a sa couronne aussi,
Couronne de fleurs qui me tente.
A l'un le ciel la fait payer;
Mais au berger l'amour la donne.
Le roi l'ôte pour sommeiller;
Colin dort avec sa *couronne*.

Le Français, poète et guerrier,
Sert les muses et la victoire.
Le front ceint d'un double laurier,
Il triomphe et chante sa gloire.
Quand du rang qu'il doit occuper
Il tombe, trahi par Bellone,
Le sceptre peut lui échapper;
Mais il conserve sa *couronne*.

Belles, vous portez à quinze ans
La couronne de l'innocence :
Bientôt viennent les courtisans ;
Comme les rois on vous encense ;
Comme eux de pièges séducteurs
L'artifice vous environne.
Vous n'écoutez que vos flatteurs,
Et vous perdez votre *couronne*. BÉRANGER.

Quelquefois ce n'est pas un mot seulement qu'on répète, mais un vers entier ou une phrase entière.

Quand le même mot est immédiatement répété, la répétition est appelée conduplication ou réduplication, comme dans ces exemples,

Amour ! amour ! quand tu nous tiens
On peut dire, adieu prudence. LA FONTAINE.

Passez, passez, ombres légères,
Allez où sont allés vos pères. LAMARTINE.

Rompez, rompez tout pacte avec l'impiété. RACINE.

On emploie cette répétition pour presser, pour insister sur une idée, et souvent elle est suivie d'une autre répétition. Par exemple, dans les vers suivants on commence par la conduplication et on continue par l'anaphore.

L'argent, l'argent, dit-on ! sans lui tout est stérile.
La vertu sans *l'argent* n'est qu'un meuble inutile.
L'argent en honnête homme érige un scélérat ;
L'argent seul au palais peut faire un magistrat.
Qu'importe qu'en tous lieux on me traite d'infame,
Dit ce fourbe sans foi, sans honneur et sans ame ?
Dans mon coffre, tout plein de rares qualités,
J'ai cent mille vertus en louis, bien comptés.
Est-il quelque talent que *l'argent* ne me donne,
C'est ainsi qu'en son cœur un financier raisonne.
BOILEAU.

Une autre répétition, que j'appèle tautologie, sans attacher à ce mot le sens que lui donnent les nouveaux vocabulaires, qui le font synonyme de périssologie, consiste à employer la même expression plusieurs fois de suite. Cette figure n'est qu'un badinage littéraire, dont le mérite est dans l'art de continuer la même répétition, comme dans les vers suivants.

Je vois *la moitié du monde*
Se moquer *de l'autre moitié;*
J'entends *la moitié du monde*
Se plaindre *de l'autre moitié;*
On sait que *la moitié du monde*
Aime et trahit *l'autre moitié;*
Et moi, seul au milieu *du monde,*
Dont je méprise *la moitié,*
Dédaignant les caquets *du monde,*
Dont je ne crois pas *la moitié,*
Je veux être, en dépit *du monde,*
Toujours fidèle à ma *moitié.* SÉGUR l'aîné.

Dès long-temps chacun ici-bas
Des *prix* a reconnu l'urgence :
Le guerrier au sein des combats
Cherche le *prix* de la vaillance;
L'amant de l'objet de ses feux
Attend le *prix* de la constance;
La femme à l'époux en tous lieux
Doit le *prix* de la patience.

On voit des belles mettre à *prix*
Leur foi, leurs faveurs et leurs charmes.
Des princes quelquefois ont mis
A *prix* leurs sujets et leurs armes.
Il est des auteurs résolus
Qui, pillant les vers et l'histoire,
Disent que des *prix* leur sont dus :
Oui, ce sont des *prix* de mémoire.

TOUCHARD DE LA FOSSE.

Chanson sur rien.

Air : *C'est le meilleur homme du monde.*

JE voudrais bien chanter; mais *rien*
A ma muse ne se présente;
Et ma foi pour chanter sur *rien*,

Est-ce la peine que je chante?
Mais on dit que souvent un *rien*
Des plus grands effets est la cause :
Je m'en vais donc vous chanter... *rien*,
C'est toujours chanter quelque chose.

Licidor, cet homme de *rien*,
Dans un wiski vole à la bourse;
Plutus ne lui refuse *rien*;
Mais les remords suivent sa course.
Pour moi, je ne possède *rien*;
Ma conscience en paix repose.
Elle ne me reproche *rien* :
Oh! mes amis, c'est quelque chose.

Vantour le procureur n'a *rien*
Qui l'empêche d'être homme honnête,
Et cependant il n'en fait *rien*;
Toujours quelque chose l'arrête.
Très-souvent il réduit à *rien*
Le client dont il suit la cause;
Probité lui dit : ne prends *rien*,
Il entend toujours autre chose.

C'est assez, je ne dis plus *rien*,
Je m'arrête, je me repose,
Ma muse ne trouvant plus *rien*
A dire sur si peu de chose.
Mais si ma chanson ne vaut *rien*,
Le sujet seul en est la cause;
Car vous conviendrez que de *rien*
On ne peut pas faire grand'chose. EUGÈNE DE V.

On peut rapporter à cette figure les *j'ai vu* de l'abbé Regnier, de Millevoye, de Panard, de Piis, de Marsollier, les *pourquoi* de Vigée, etc.

Pour reproduire plusieurs fois le même terme, on l'emploie dans ses diverses acceptions; ce qui fait que cette répétition devient ordinairement une antanaclase. La tautologie est aussi d'un grand usage dans la prose. On l'emploie sur-tout pour égayer le style épistolaire, et quelquefois pour caractériser une personne ou une chose, en insistant sur ce qu'elle peut avoir de distinctif; par exemple: « A de *grandes* connaissances il joignait de *grandes* vertus; il fut *grand* dans la prospérité et *grand* dans l'adversité, etc. Je vis un *petit* homme, qui aimait les *petites* femmes, qui se plaisait à faire de *petits* vers, qui avait un goût décidé pour tout ce qui était *petit*, etc.

J'appèle répétition euphonique, à défaut d'autre nom, la répétition d'un complément, que les poètes préfèrent à l'emploi des pronoms et des synonymes. Ex.

Dans *vingt combats* de *vingt combats* suivis. PARNY.

Ici-bas *la douleur* à *la douleur* s'enchaîne;
Le jour succède au *jour* et *la peine* à *la peine*.
LAMARTINE.

Tu vois autour de toi, dans la nature entière,
Les siècles entasser *poussière* sur *poussière*. *Idem.*

Sa *vie* était ma *vie*, son *ame* était mon *ame*. *Idem.*

L'airain des trompettes sonne,
L'acier sur *l'acier* résonne,
La mort croise tous les traits. BERNARD.

Et c'est là que le *cœur* peut rencontrer un *cœur*.
SAINT-LAMBERT.

On aurait dit moins poétiquement: « Dans vingt combats, suivis de vingt autres. Ici-bas une douleur est suivie d'une autre; les peines se succèdent ainsi que les jours; etc.

J'appèle répétition inverse celle que l'on fait en rendant la même expression dans un ordre renversé. Ex.

Dans ton ivresse alors tu ramenais mes yeux
Et *des cieux à la terre*, et *de la terre aux cieux*.
LAMARTINE.

Nos jours se lèvent sans nuage,
Et nous passons rapidement
Du sentiment au badinage,
Du badinage au sentiment.
Madame DE... *de Toulouse*.

J'appèle répétition nécessaire celle qui est commandée par le besoin de la clarté ou de la concision du style, comme dans ces exemples :

> Un *sot* trouve toujours un plus *sot* qui l'admire.
>
> BOILEAU.
>
> On se *voit* d'un autre œil qu'on ne *voit* son prochain.
>
> Mêle tes *cris* à mes *cris* superflus. MILLEVOYE.
>
> Regarde, je viens seul *m'assoir* sur cette pierre
> Où tu la vis *s'assoir*. LAMARTINE.

Quand l'expression répétée est de plusieurs mots, les poètes, pour sauver la monotonie, rendent la répétition dans un ordre inverse. Ex.

> Esprit né pour la cour, et maître en l'art de plaire,
> Guilleragues, qui sais et *parler et te taire*,
> Apprends-moi si je dois ou me *taire* ou *parler*.
>
> BOILEAU.
>
> M'accusant d'outrager *les dieux et la patrie*,
> Alors que je chantais *la patrie et les dieux*.
>
> MILLEVOYE.

Les répétitions sont vicieuses quand elles sont inutiles et qu'elles n'ont point de grâce, comme dans ces phrases : « La probité et la bonne foi sont aussi *nécessaires* dans le commerce, que la prudence et la pénétration sont *nécessaires* dans les négociations. Je me suis rendu chez le ministre *pour* lui parler *pour* vous. » On pouvait dire *que la prudence et la pénétration le sont dans les négociations.* Je me suis rendu chez le ministre *pour lui parler en votre faveur*, ou *afin de lui parler pour vous.*

CHAPITRE IV.

FIGURES DE GRAMMAIRE PAR CONSTRUCTION.

L'Inversion.

L'INVERSION ou l'hyperbate est une transposition de mots ou construction contre l'ordre naturel des idées; ce qu'on fait en plaçant le verbe devant son nominatif, ou en plaçant un complément avant le mot qui le régit. Ainsi au lieu de dire :

Un mont sauvage s'avance au sein des vastes mers..
Rarement on aime le témoin de sa faute....
L'indulgence encourage à l'infidélité.....
L'amitié n'est pas faite pour les cœurs corrompus..

les poètes disent :

Au sein des vastes mers s'avance un mont sauvage.
Rarement de sa faute on aime le témoin.
A l'infidélité l'indulgence encourage.
Pour les cœurs corrompus, l'amitié n'est pas faite.

Par l'inversion les pensées les plus communes acquièrent une grâce nouvelle, comme dans ces vers :

Là se perdent ces noms de maîtres de la terre,
D'arbitres de la paix, de foudres de la guerre;
Comme ils n'ont plus de sceptre, ils n'ont plus de flatteurs;
Et tombent avec eux, d'une chûte commune,
Tous ceux que la fortune
Faisait leurs serviteurs. MALHERBE.

Des veilles, des travaux, un faible cœur s'étonne.
J. B. Rousseau.

L'or même à la laideur donne un teint de beauté.
Boileau.

Quoique l'inversion soit une figure poétique, elle s'emploie en prose, mais avec plus de réserve. On dit bien : « Restait cette redoutable infanterie espagnole... C'est en vain qu'à travers des bois, avec sa cavalerie toute fraîche, Bek précipite sa marche pour tomber sur nos soldats épuisés. Pendant qu'avec un air assuré il s'avance..... » Bossuet.

C'est au bon goût à juger si une inversion est bonne ou mauvaise. On dira bien :

De vos aïeux avez-vous lu l'histoire ?

et on ne dira pas :

Avez-vous lu de vos aïeux l'histoire ?

L'inversion est dure et trop forcée dans les vers suivants.

Et si quelque bonheur nos armes accompagne.
Racine.

Cette jeune Eriphyle
Que lui-même captive amena de Lesbos. *Idem.*

Songez combien ce bras a mon trône affermi.
Rotrou.

Je n'ai pu de mon fils consentir à la mort.
Voltaire.

Sans art forment sa coiffure
L'or, les perles, les saphirs. Chaulieu.

Plusieurs se sont trouvés qui d'écharpe changeants,
Au danger ainsi qu'elle ont souvent fait la figue.
Le sage dit, selon les gens,
Vive le roi ! vive la ligne ! La Fontaine.

Il a par sa valeur cent provinces conquises. *Idem.*

Il a sous son pouvoir tous les peuples rangés. *Idem.*

Quand les tièdes zéphyrs ont l'herbe rajeunie. *Idem.*

La Fontaine a voulu dire : *Il s'est trouvé bien des gens qui, changeant d'écharpe,... Il a conquis par sa valeur cent provinces... Il a rangé tous les peuples sous son pouvoir... Quand les tièdes zéphyrs ont rajeuni l'herbe...* Il n'est plus permis de placer le régime d'un verbe entre l'auxiliaire et le participe, comme on l'a fait dans les trois derniers vers.

L'inversion est hardie, et cependant bonne dans ces vers :

Trop long-temps ont grondé les foudres de la guerre,
DELILLE.

Sur qui sera d'abord sa vengeance exercée ? RACINE.

Ce n'était pas jadis sur ce ton ridicule
Qu'amour dictait les vers que soupirait Tibule. BOILEAU.

Nous devons tous tant que nous sommes
Eriger en divinité
Le sage par qui fut ce bel art inventé. LA FONTAINE.

S'assure-t-on sur l'alliance
Qu'a faite la nécessité ? *Idem.*

Il est certains esprits dont les sombres pensées
Sont d'un nuage épais toujours embarrassées.
BOILEAU.

La faim aux animaux ne faisait point la guerre;
Le blé pour se donner sans peine ouvrant la terre.....
Idem.

Il fallut qu'au travail son corps rendu docile
Forçât la terre avare à devenir fertile. *Idem.*

Alors, pour se couvrir durant l'âpre saison,
Il fallut aux brebis dérober leur toison. *Idem.*

Dans les premières éditions de la traduction des géorgiques, par Delille, on trouve ces vers sur le bonheur de l'homme des champs :

Sans doute il ne voit pas, au retour du soleil,
De leur patron superbe adorant le réveil,
Sous les lambris pompeux de ses toits magnifiques,
Des flots d'adulateurs inonder ses portiques.

le poète veut dire que sans doute le laboureur ne voit pas le matin une foule de courtisans ou flatteurs remplir ses portiques, sous de riches lambris, pour venir saluer le lever de leur maître superbe; mais la transposition des compléments rend la phrase presque inintelligible. Delille a corrigé ce défaut de sa traduction, en réduisant ces quatre vers aux deux suivants :

> Il ne voit point chez lui, sous des toits magnifiques,
> Des flots d'adulateurs inonder ses portiques.

Il serait trop long d'indiquer toutes les inversions que le bon goût admet et celles qu'il rejète; et ce serait aussi, ce me semble, un soin superflu, attendu que personne n'est obligé de faire des vers, et que les inversions ne sont pas nécessaires en prose. Je vais en faire remarquer seulement quelques-unes, parce qu'elles sont des marques certaines d'un défaut de goût.

Un substantif seul ne peut être placé après son complément; mais quand ce substantif est accompagné d'une épithète, qui en fait une expression bien plus longue que son complément, il se place très-bien le dernier. Ainsi on ne peut pas dire :

> Il franchit *de l'enfer les routes*...
> Il aborda *des morts le roi*...

tandis qu'on dit très-élégamment :

> Il franchit *de l'enfer les formidables routes ;*
> Il aborda *des morts l'impitoyable roi*... DELILLE.

Un participe ne peut être placé après son auxiliaire; on ne dit pas, *attaqué je suis*, *arrivés nous sommes*, quand *parlé nous aurons*.

Un substantif régime ne peut être placé avant son verbe, si ce n'est dans les phrases interrogatives ou exclamatives ; on ne dit pas, *du loisir nous avons, le mal vous souffrez*. De même la plupart des adverbes ne peuvent être placés qu'après le verbe.

Cependant ces inversions, qu'on ne souffre point dans le style grave, s'emploient avec beaucoup de grâce dans le style marotique et dans le burlesque, comme on le voit dans les vers suivants :

Un vieux prélat, tout bouffi de son nom,
Frappé se vit d'humeur apoplectique,
Un vieux docteur, homme de grand renom,
Appelé fut dans ce moment critique, etc.

LE BRUN.

Tandis que *Didon* l'on *brûlait*,
Messire Enéas s'en allait. SCARRON.

D'un court salut *la cour il salua*,
D'ambition *point* ne s'infatua,
Et pour le bien onc *beaucoup* ne sua ;
Ains en son cœur *à peu* l'évalua,
De quoi souvent quelque ami le hua.
Mais si le sort *peu* lui distribua,
De se passer *gaîment* il statua
De tout ce dont le sort le dénua,
Et *bravement* ainsi l'effectua.
A faire bien toujours il s'évertua ;
Maligne envie ordement lui pua ;
Et l'intérêt onc ne le pollua,
Ne l'asservit ni ne le tortua.
Santé gaillarde en lui s'habitua,
Dès sa jeunesse en lui continua.
Lorsque de blanc l'âge mûr le nua,
Nul médecin ne la diminua.
L'âge avancé *point* ne le bossua ;
Mais la vieillesse enfin l'atténua,
Et belle mort de son dard le tua :
Un terme à tout nature *institua*.

L'Abbé REGNIER, *dans son épitaphe*.

L'Ellipse.

L'Ellipse consiste à supprimer dans une phrase quelque terme que le lecteur ou l'auditeur supplée aisément. Cette figure, en retranchant les répétitions, abrège le discours et le rend plus vif. Par exemple, dans la phrase suivante la répétition fatigue : « *On dit que* les trois déesses firent des visites secrètes à leur arbitre Pâris; *On dit que* Junon *lui promit* les honneurs, que Minerve *lui promit* la sagesse, que Vénus *lui promit* l'avantage d'être aimé des femmes. » Par l'ellipse, la phrase peut devenir plus concise, sans être moins claire : « On dit que les trois déesses firent des visites secrètes à leur arbitre Pâris; que Junon lui promit les honneurs; Minerve la sagesse, Vénus l'avantage d'être aimé des femmes. » Au lieu de dire : Varon *fut* un soldat, Fabius *fut* un héros, on dit mieux :

Varon fut un soldat, Fabius un héros.

L'ellipse est presque toujours bonne quand elle ne rend point la phrase obscure ni équivoque, et que le mot sous-entendu se présente sans peine à l'esprit, comme dans les exemples suivants :

...Les rois dans le ciel ont un juge sévère,
L'innocence un vengeur, et l'orphelin un père.

Racine.

(L'innocence *y a* un vengeur et l'orphelin *y a* un père)

Vous régnez, Londre est libre et vos lois florissantes.

Voltaire.

(Et vos lois *sont* florissantes.)

Cette histoire attendrit les filles de Minée,
L'une accusait l'amant, l'autre la destinée.

La Fontaine.

(L'autre *accusait* la destinée.)

Ainsi dit, ainsi fait : les mains cessent de prendre,
Les bras d'agir, les jambes de marcher.

LA FONTAINE.

(Les bras *cessent* d'agir, les jambes *cessent* de marcher.)

Celui qui rend un service doit l'oublier, celui qui le reçoit s'en souvenir. DÉMOSTHÈNE. (Celui qui le reçoit *doit* s'en souvenir.)

La plupart des gens écrivent les injures sur l'airain, et les bienfaits sur le sable. (Et *écrivent* les bienfaits sur le sable.)

L'encens lointain, caché dans la Lybie,
Vaut-il les fleurs dont se couvrent nos vins?
Et l'ambre épars aux rives de l'Asie,
L'ambre doré qui rit sur nos raisins ?

CASIMIR DELAVIGNE.

(Et l'ambre épars aux rives de l'Asie, *vaut-il* l'ambre doré qui rit sur nos raisins?)

L'ellipse est d'un fréquent usage dans les comparaisons, dans les exclamations, dans les interrogations et dans les réponses. Ex. Le soleil est plus grand que la lune (que la lune *n'est grande*).

C'est une folle erreur de croire que tout le monde sent, voit et pense comme nous (comme nous *sentons*, *voyons* et *pensons*).

Ainsi que la vertu, le crime a ses dégrés. RACINE.

(Ainsi que la vertu *a ses dégrés*, le crime a ses dégrés.)

On n'a point vu ma main craintive
T'attacher comme une captive
Aux portes des palais des rois.

LAMARTINE, *à sa lyre.*

(Comme *on attache* une captive.)

O bienheureux celui qui peut de sa mémoire
Effacer pour toujours les vains désirs de gloire !....

RACAN.

(Bienheureux *est* celui...)

Loin, bien loin les tableaux de Zeuxis et d'Apelle!
Ceux-ci furent tracés d'une main immortelle.
LA FONTAINE.

(Bien loin *sont d'être comparés* à *ceux-ci* les tableaux de Zeuxis et d'Apelle !)

Mais, quand nous serions rois, que donner à des Dieux?
Idem.

(Que *pourrions-nous* donner à des dieux?)

Alors deux fois privé d'une épouse si chère,
Où porter sa douleur, où traîner sa misère? DELILLE.

(Où *pouvait-il* porter sa douleur? où *pouvait-il* traîner sa misère?)

Que vouliez-vous qu'il fît contre trois? - qu'il mourût,
Ou qu'un beau désespoir alors le secourût. CORNEILLE.

(*Je voulais* qu'il mourût.)

... Mais que faut-il donc faire?
Parler de loin ou bien se taire. LA FONTAINE.

(*Il faut* parler de loin.)

Alexandre demanda à Porus comment il voulait être traité. — En roi, répondit-il. (*Je veux être traité* en roi.)

Quand je n'aurais aucun égard à vos représentations, dit le duc d'Orléans, régent, à un député du Languedoc, que pouvez-vous contre moi? — Nous taire et vous haïr, répondit le député. (*Nous pouvons* nous taire et vous haïr.)

Qu'est-ce aujourd'hui que l'opulence?
Un avantage qu'a souvent
Sur le mérite l'insolence,
Sur le vrai savoir l'ignorance,
La sottise sur le talent,
Et le crime sur l'innocence. KERIVALENT.

(Un avantage *qu'a* souvent sur le mérite l'insolence *qu'a* sur le vrai savoir l'ignorance, *qu'a* la sottise sur le talent, et *qu'a* le crime sur l'innocence.)

Les poètes font souvent des ellipses contraires aux règles de la syntaxe ; ce sont des licences permises seulement en faveur du nombre, de l'harmonie, de la rime ou de l'élégance, et qu'on ne doit pas imiter en prose. Telles sont les suivantes.

Peuple, que je sers,
Commandez à César, César à l'univers.. Voltaire.

(Et César *commandera* à l'univers.)

J'eusse été près du Gange esclave des faux dieux,
Chrétienne dans Paris, musulmane en ces lieux.
Idem.

Le verbe sous-entendu devant le dernier complément est *je suis*. Le poète veut dire, *je suis musulmane en ces lieux*, et non pas *j'eusse été*.

Je t'aimais inconstant, qu'aurais-je fait fidèle ?
Racine.

Le poète veut dire, je t'aimais *quoique tu fusses* inconstant, qu'aurais-je fait *si tu avais été fidèle?* Mais l'ellipse est tellement forcée, qu'à la lecture elle présente un contre-sens.

L'amour n'est qu'un plaisir, et l'honneur un devoir.
Corneille.

L'ellipse fait sous-entendre, dans le dernier membre de la phrase, le verbe négatif exprimé dans le premier membre, comme s'il y avait *et l'honneur n'est qu'un devoir.* Ce n'est pas là la pensée de Corneille. Il vaut mieux refaire le vers de cette manière :

L'amour est un plaisir, et l'honneur un devoir.

ou mieux sans ellipse :

L'amour n'est qu'un plaisir, l'honneur est un devoir.

CHAPITRE V.

FIGURES DE *MOTS* OU TROPES.

La Métaphore.

La Métaphore est une signification nouvelle, qu'on donne à un mot par imitation ou par comparaison. C'est la plus agréable, la plus variée, la plus belle de toutes les figures de mots, et elle est d'un si grand usage, qu'on peut dire qu'elle fait les deux tiers de la langue.

On fait une métaphore toutes les fois qu'on applique à une chose métaphysique ou morale un mot qui exprimait primitivement une chose physique ou corporelle. Par exemple, *fil*, *aile*, *racine*, *faux*, *fardeau*, ont servi d'abord à désigner un fil de filasse, une aile d'oiseau, une racine de plante, une faux de faucheur, une charge pesante, et par métaphore on a dit ensuite le *fil* de la vie, le *fil* d'une affaire, les *ailes* du temps, les *ailes* de la renommée, les *ailes* des vents, les *ailes* de la victoire, la *racine* du mal, la *faux* du temps, la *faux* de la mort.

Ils n'ont pu supporter, faibles et furieux,
Le *fardeau* de la vie imposé par les dieux. Delille.

On a dit primitivement *polir* le bois, *polir* le métal, *cultiver* une terre, *cultiver* les plantes, une terre *abreuvée*, une liqueur *enivre*, *porter* ou *traîner* une charge; et par métaphore on a dit *polir* un discours, *polir* les mœurs, *cultiver* les sciences, *cultiver* l'esprit, *cultiver* la mémoire, *cultiver* la vertu, *cultiver* l'amitié, *cultiver* la connaissance de quelqu'un, une personne *abreuvée* de chagrins, *abreuvée* d'outrages, l'orgueil *enivre*,

> Alors, deux fois privé d'une épouse si chère,
> Où *porter* sa douleur, où *traîner* sa misère. Delille.

C'est ainsi par métaphore, c'est-à-dire par raison de ressemblance ou d'imitation ou par comparaison, qu'on a dit la *lumière* de l'esprit, le *feu* de la colère, le *feu* de l'imagination, le *feu* de la jeunesse, le *printemps* de la vie ou de nos jours, l'*automne* et l'*hiver* de la vie, l'*aurore* de la vie, les *couleurs* de la vérité ou du mensonge, les *couleurs* de la vertu ou du crime.

On fait une métaphore en abrégeant une comparaison par la suppression de la conjonction comparative. Ainsi quand on dit qu'un homme est courageux comme un *lion*, cruel comme un *tigre*, méchant comme un *serpent*, doux comme un *mouton*, léger comme un *papillon*, on fait des comparaisons; et on fait des métaphores quand on dit d'un homme, c'est un *lion*, c'est un *tigre*, c'est un *serpent*, c'est un *mouton*, c'est un *papillon*, ou plus brièvement ce *lion*, ce *tigre*, etc. Par cette métaphore comparative, un grand guerrier est appelé un *foudre* de guerre, un homme d'un talent supérieur est appelé un *aigle*.

On fait une métaphore en ajoutant un adjectif physique à un substantif métaphysique, et *vice versâ*, comme quand on dit la *noire calomnie*, la *froide vieillesse*, le *cruel instrument*, l'*humble cabane*, l'*orgueilleux monument*,

Tandis qu'une pompe insolente
Accompagne l'*ombre sanglante*
D'un Louvois ou d'un Richelieu. J. M. CHENIER.

Croire tout découvert, c'est une *erreur profonde*,
C'est prendre l'horizon pour les bornes du monde.
LEMIÈRE.

Les métaphores ont dans leur nouveauté un vif éclat, qui diminue par l'habitude. Aussi les poètes et les orateurs en créent sans cesse de nouvelles, pour donner du coloris à leur style. Par exemple, au lieu de *prodiguer des soins*, *prendre des précautions*, *gagner l'affection*, *ressusciter les haines passées*, *vomir ou répandre des injures*, *la chute des empires*, *dans le choc des passions*, *aux yeux de l'histoire*, *aux yeux de la postérité*, *chez les races futures*, qui sont des expressions trop rebattues ; les écrivains de ce temps disent *entourer une personne des plus tendres soins*, *s'entourer de précautions*, *conquérir l'affection*, *exhumer les haines passées*, *déverser un torrent d'injures*, *le naufrage des empires*, *dans la mêlée des passions*, *dans le champ de l'histoire*, *dans le champ de l'avenir*. (Voyez ce que j'ai dit de la néologie, pag. 36 jusqu'à 47.)

Delille, en décrivant le caractère de l'homme dans la jeunesse et dans l'âge mûr, a su donner, par de brillantes métaphores, une teinte nouvelle à ce sujet, déjà si bien traité par Horace et Boileau. Le jeune homme, dit-il,

Entend de loin la gloire,
Appèle à lui les arts, les plaisirs, la victoire,
Rêve de longs succès, *rêve* de longs amours,
Et d'une *trame d'or file en riant* ses jours.
L'âge mûr à son tour, *solstice* de la vie,
S'*arrête* et sur lui-même un instant se *replie*,
Et tantôt en arrière et tantôt devant soi,
Se *tourne* sans regret ou *marche* sans effroi.
Ce n'est plus l'homme *en fleur*, nous *faisant des promesses*,
C'est l'homme en *plein rapport*, *déployant ses richesses*.

C'est par l'éclat de ses nouvelles métaphores, à la fois hardies et justes, que le poète Le Brun a su s'élever au rang des premiers lyriques,

> Et sur les *ailes* de Pindare,
> Sans craindre le destin d'Icare,
> *Voler* jusqu'à l'astre du jour.

C'est la hardiesse des métaphores qui fait le mérite des vers suivants :

> Tel des sommets de la Thrace
> Descend Mars dans sa fureur.
> Ses yeux *lancent la menace*,
> Et son casque *la terreur.*
> Son souffle *allume* la guerre,
> Son char *dévore* la terre,
> La mort *guide* ses coursiers. LE BRUN.

> Dieu! telle est ton essence : oui, l'*océan des âges*
> *Roule au-dessous* de toi sur tes *frêles* ouvrages,
> Mais il n'approche pas de ton *trône* immortel.
> Des millions de jours qui l'un l'autre s'*effacent*,
> Des siècles qui s'*entassent*,
> Sont comme le néant aux yeux de l'Eternel.

> Mais moi, sur cet amas de fange et de poussière,
> En vain contre le temps je cherche une *barrière*,
> Son *vol* impétueux me *presse* et me *poursuit*;
> Je n'occupe qu'un point de la vaste étendue,
> Et mon ame éperdue
> Sous mes *pas chancelants* voit ce point qui s'enfuit.

> Cieux, terre, éléments, tout est sous sa puissance,
> Mais tandis que sa main, *dans la nuit du silence*,
> Du *fragile* univers *sape* les fondements,
> Sur des *ailes de feu*, loin du monde *élancée*,
> Mon active pensée
> *Plane* sur les débris entassés par le temps. THOMAS.

> Quel *foudre* a renversé ce *colosse de gloire?*
> Que sont-ils devenus ces *enfants de l'orgueil?*
> Regarde, ils ne sont plus!... du roi de la victoire
> Le génie a *plané* sur leur *vaste cercueil.*

De cris de morts *retentissait* leur route;
Tels qu'un torrent fougueux, ils marchaient à grand bruit.
L'heure a sonné; le colosse est détruit.
Ils vont *conter* leur *sanglante* déroute
Aux pâles habitants de l'*infernale nuit*.

....

Je t'ai cherchée au fond de tes déserts, (Babylone.)
Pas un débris, pas seulement la cendre
De ces palais pompeux qui *fatiguaient* les airs.
Attiré vers l'Euphrate où jadis tu fus *reine*,
Je *t'appèle*, et tu *dors* au-dessous des sillons,
Et tes murs sont *mêlés* à la mouvante arène
Que l'ardent Africus roule en noirs tourbillons.
Ton dieu lui-même a partagé ta tombe.
La terre *a dévoré* les temples de Bélus;
Tes successeurs comme toi ne sont plus.
Semblable au flot qui grandit et retombe,
Chaque état tour à tour a son *flux* et *reflux*.

Là *régnait* ta rivale (1); ici l'herbe remplace
Les remparts que Palmyre élevait jusqu'aux cieux.
Plus loin *mourut* Balbec; là *j'ai foulé* la place
Où Memphis autrefois attirait tous les yeux.
« Fendez les mers, affrontez la fortune,
» Partez, disait Sidon à ses mille vaisseaux;
Que tous les rois deviennent mes vassaux;
» Qu'à votre aspect le superbe Neptune
» *Abdique* le pouvoir qu'il avait sur les eaux. »

Et cependant l'oubli *la couvre de son aile!*
Et cependant ses ports sont *muets d'abandon!*
Et cependant la mort, *livide sentinelle*
Est debout pour jamais sur les murs de Sidon.
Voilà, voilà, magnifiques atômes,
Conquérants trop fameux, *foudroyants* potentats,
Comme le ciel se *rit* de vos états,
Et fait passer, tels que de vains *fantômes*,
Vos peuples, souvent grands par de gands attentats.

Que d'horreurs! Et pourquoi dévaster ces rivages?
Insensé conquérant, quel peut être ton but?

(1) Ecbatane.

Crois-tu que ton grand peuple, après tant de ravages,
Au *néant* à son tour ne *paiera point tribut?*
Sors du tombeau, sors, *géant politique,*
Rome, viens l'effrayer du *bruit de tes revers,*
Toi, qui jadis, insultant l'univers,
Voyais *fléchir* sous ton joug despotique
Tant de fronts couronnés, tant de peuples divers.

Jusqu'où n'ont point *volé* tes aigles intrépides?
Quel moyen d'envahir n'as-tu pas inventé,
Quand, la flamme à la main, tes légions *rapides*
Couraient *annoncer Rome* au monde épouvanté!
Des bords du Tigre aux colonnes d'Alcide,
Lançant tous les fléaux que l'enfer *déchaîna*,
Tu ressemblais au turbulent Etna,
Lorsque entrouvrant son sommet *homicide*,
Il *vomit la terreur* dans les vallons d'Enna.

PELLET, *d'Epinal.*

Les meilleures métaphores sont celles qui frappent par l'heureux rapport des idées, et qui rendent la pensée si belle qu'on ne songe plus à l'expression, parce que l'expression alors paraît toute naturelle; comme dans les vers suivants :

Ainsi, pour nous charmer, la tragédie *en pleurs*
D'Œdipe tout sanglant fit *parler les douleurs.*

BOILEAU.

Que de remparts détruits! que de villes forcées!
Que de *moissons de gloire en courant amassées!* *Idem.*

Sophocle est accusé par ses enfants ingrats,
Et Sophocle est conduit devant les magistrats.
Calme parmi *les flots* d'un nombreux auditoire,
Il s'avance *escorté* de soixante ans de gloire,
On l'interroge; alors levant avec fierté
Un front ou *luit* déjà son immortalité;
Il lit Œdipe, il lit, et sa *froide* vieillesse,
Se *réchauffe* un instant des *feux* de la jeunesse.
Ces longs cheveux blanchis, cette imposante voix,
Ce front qu'un peuple ému couronna tant de fois,
Portent dans tous les cœurs une terreur sacrée;
Le juge est attendri, la foule est *enivrée.* MILLEVOYE.

Moi qui, contre l'amour *fièrement révolté*,
Aux *fers de ses captifs* ai long-temps *insulté*,
Qui, des faibles mortels déplorant les *naufrages*,
Pensais toujours *du bord contempler les orages*,
Asservi maintenant sous la commune *loi*,
Par quel trouble me vois-je *emporté loin de moi?*
Un moment *a vaincu* mon audace imprudente.
Cette ame si superbe est enfin dépendante.
Depuis près de six mois, honteux, désespéré,
Portant partout *le trait* dont je suis *déchiré*,
Contre vous, contre moi, vainement je m'éprouve.

RACINE.

Croit-on que le bonheur *habite* les palais,
Soit *traîné dans un char* ou *porté sous le dais?*
Ces biens, ces dignités et ces superbes tables
Ne font que trop souvent d'illustres misérables.
Le *germe* des douleurs infecte leurs repas,
Et dans des *coupes d'or* ils *boivent le trépas*.
Un poison plus flatteur et plus cruel encore
Vient *flétrir* leurs beaux jours, *obscurcis dès l'aurore*.
Vois ces *spectres dorés* s'avancer à pas lents,
Traîner d'un corps usé les restes chancelants,
Et sur un front jauni, qu'a ridé la mollesse,
Etaler à trente ans leur précoce vieillesse :
C'est *la main du plaisir* qui *creuse leur tombeau*;
Et bienfaiteur du monde il devient leur *bourreau*.
Le chagrin les *poursuit*, le démon de l'intrigue
De ses soins éternels les trouble et les fatigue.
Pour eux l'ambition *a des feux dévorants*,
La haine *a des poignards*, l'envie *a des serpents*.
Sous l'or et sous la pourpre ils sont *chargés d'entraves*.
On les adore en dieux, ils souffrent en esclaves.

THOMAS.

Valois regnait encore, et ses mains incertaines
De l'état *ébranlé* laissaient *flotter* les rênes.

Ce n'était plus ce prince environné de gloire,
Aux combats dès l'enfance instruit par la victoire.

Endormi sur le trône, au *sein de la mollesse*,
Le poids de sa grandeur accablait sa faiblesse.
Des Guises cependant le rapide bonheur
Sur son abaissement élevait leur grandeur. VOLTAIRE.

10

Vos pères ont eu bien des peines;
Comme eux ne soyez point trahis.
D'une main ils brisaient leurs chaînes,
De l'autre ils vengeaient leur pays.
De leur *char de victoire*
Tombés sans déshonneur,
Ils vous *lèguent la gloire*,
Ce fut tout leur bonheur. Béranger.

Je veux, dès mon *aurore*,
Surpris d'un *froid* mortel,
Me *réchauffer* encore
Au *foyer* paternel. Gensoul.

Qui le doigt sur la bouche, au fond du Louvre assis,
Attisait les complots que *soufflait* Médicis.
Casimir Delavigne.

Quand *l'aveugle* destin l'outrage,
Amis, le véritable sage
S'enveloppe de sa vertu. *Idem.*

« S'abstenir pour jouir, c'est *l'épicurisme de la raison.* » J. J. Rousseau. « L'oisiveté est *la rouille* de l'ame. » De Lévis. « D'ordinaire les bienfaits sont *gravés sur le sable*, et les injures sur *l'airain.* » Acad. « L'or est *la pierre de touche de l'homme.* » Chilon. « Les bienfaits sont des *trophées qu'on érige dans le cœur des hommes.* » Xenophon. « Les *racines des sciences* sont *amères*, mais le *fruit en est doux.* » Aristote. Rien ne *vieillit* sitôt qu'un bienfait. » *Idem.*

On a dit de Sylla qu'il était si cruel que s'il *eût trouvé la pitié il l'aurait égorgée.* Thucydide avoue que l'éloquence de Périclès était toujours *victorieuse ;* que la déesse de la persuasion, avec toutes ses grâces, *résidait sur ses lèvres.*

« Tandis que le gouvernement et les lois pourvoient
» à la sûreté et au bien-être des hommes assemblés,
» les sciences et les arts, moins *despotiques* et *plus*
» *puissants* peut-être, *étendent des guirlandes de fleurs*

sur les chaînes de fer dont ils sont chargés, étouffent en eux le sentiment de cette liberté originelle, pour laquelle ils semblaient être nés, leur font aimer leur esclavage, et en forment ce qu'on appèle des peuples policés..... C'est sous l'habit rustique d'un laboureur, et non sous la *dorure* d'un courtisan, qu'on trouvera la force et la vigueur du corps. La *parure* n'est pas moins étrangère à la vertu, qui est la force et la vigueur de l'ame..... Avant que l'art eût *façonné nos manières et appris à nos passions à parler* un langage apprêté, nos mœurs étaient rustiques, mais naturelles..... Parmi nous, il est vrai, Socrate n'eût point bu la ciguë, mais il *eût bu dans une coupe encore plus amère la raillerie insultante, et le mépris* pire cent fois que la mort..... On ne peut réfléchir sur les mœurs, qu'on ne se plaise à se rappeler l'image de la simplicité des premiers temps. C'est un *beau rivage, paré des seules mains de la nature, vers lequel on tourne incessamment les yeux*, et dont on se sent éloigner à regret..... Les vices ne furent jamais poussés plus loin que quand on les vit pour ainsi dire *soutenus* à l'entrée des palais des grands sur des colonnes de marbre et *gravés* sur des chapiteaux corinthiens. » J. J. Rousseau, *discours sur les sciences et les arts.*

« On passe la vie *à poursuivre le bonheur*, et l'on meurt sans *l'avoir atteint*..... La bonté *se brise et périt* sous le choc des passions humaines. » *Idem, Emile.*

Cependant il n'appartient qu'aux hommes de génie, c'est-à-dire à ceux qui joignent à une imagination vive un esprit juste et un goût pur, d'enrichir la langue de nouvelles métaphores qui soient assurées de plaire à tout le monde. Ceux qui n'ont pas le goût assez exercé doivent se contenter de se servir de figures déjà approuvées par l'usage, sans prétendre au mérite d'en créer de nouvelles, de peur d'en faire de ridicules. Car c'est surtout dans cette sorte de production qu'il n'y a qu'un pas du sublime au ridicule. Les plus grands auteurs, quand ils ne se défient pas assez d'eux-mêmes, tombent par fois dans ces défauts. Boileau même, qui avait le goût si sûr, ne l'avait pas infaillible, lorsqu'il dit dans sa satyre IX,

> Mais en vain, dites-vous, je pense vous tenter
> Par *l'éclat* d'un fardeau trop pesant à porter.

On peut dire *l'éclat* du diadème, *l'éclat* d'un grand nom, et de toute chose qui brille physiquement ou moralement; mais *éclat* et *fardeau* font une image incohérente. Je pense aussi, comme Laharpe, qu'un *lit effronté*, expression que Boileau a employée dans sa satyre contre les femmes, et qu'il veut justifier dans son épître à ses vers, est néanmoins une mauvaise métaphore, quoiqu'on dise bien un lit adultère, un *lit* criminel. Dans la réalité un lit n'est pas plus adultère ni criminel qu'il n'est *effronté ;* mais l'esprit saisit bien le rapport d'adultère et de crime avec le mot lit, tandis qu'il ne voit pas de même *l'effronterie* dans le lit.

On a généralement condamné, dans les vers suivants, l'incohérence que présente la métaphore :

> Et les jeunes zéphyrs de leurs chaudes haleines
> Ont *fondu l'écorce* des eaux. J. B. Rousseau.

> En maçonnant les remparts de son ame,
> Songea bien plus au *fourreau* qu'à la *lame*. *Idem*.

> Prends ta foudre, Louis, et va, comme un *lion*.
> Malherbe.

On ne peut pas *fondre une écorce*. Si cette ame a des remparts de maçonnerie, elle ne peut être en même temps une épée dans un fourreau. Si Louis prend la foudre, il n'ira pas comme un lion, mais plutôt comme Jupiter.

Quelques rhéteurs ont critiqué ce vers de Racine,

Et de sang et de morts les campagnes jonchées,

parce que, disent-ils, *campagnes jonchées de sang* est une expression que l'usage n'a pas admise. Cette critique n'est ni bien motivée ni bien judicieuse : on peut dire de toute métaphore nouvelle qu'elle n'est pas admise par l'usage; mais rien n'empêche de l'admettre si elle est bonne, et je ne trouve pas qu'une *campagne jonchée de sang* soit une expression plus mauvaise qu'une *campagne jonchée de morts*. L'usage, ayant admis la dernière, pourra bien admettre l'autre.

Racine fait dire à Théramène, dans le récit de la mort d'Hippolyte :

Cependant sur le *dos* de la plaine liquide
S'élève à gros bouillons une montagne *humide*.
L'onde approche, se brise et vomit à nos yeux,
Parmi des flots d'écume, un monstre furieux.
Son front large est armé de cornes menaçantes,
Tout son corps est couvert d'écailles jaunissantes.
Indomptable taureau, dragon impétueux,
Sa *croupe* se recourbe en replis tortueux ;
Ses longs mugissements font trembler le rivage,
Le ciel avec horreur voit ce monstre sauvage;
La terre s'en émeut, l'air en est infecté;
Le flot qui l'apporta *recule épouvanté*.

Il y a dans ces vers quelques métaphores dont on sent les défauts, quoique un peu couverts par le rythme poétique. *Le dos* de la plaine liquide, *une montagne humide*, sont sans doute des métaphores justes; mais outre la justesse dans une expression figurée, il y faut plus de noblesse que dans les termes propres, ce qui ne se trouve pas ici. Le poète, ne voulant pas dire *la queue* du dragon, s'est servi du mot *croupe*, qui n'est pas une expression moins ignoble, et qui de plus ne peut convenir à un dragon. D'ailleurs toutes ces métaphores, fussent-elles bonnes, paraissent trop recherchées et déplacées dans le discours d'un homme qui vient, avec le sentiment d'une vive douleur, apprendre à un père la mort de son fils. Le reste du discours de Théramène est plus naturel, et d'une beauté achevée.

Lamotte, qui a enrichi la langue française de plusieurs heureuses métaphores, en a fait aussi de très-mauvaises. En voici un exemple.

Un jour la montre au cadran insultait,
Demandant quelle heure il était.
Je n'en sais rien, dit *le greffier solaire*.

Cette dernière expression ressemble au langage des Précieuses ridicules, qui appèlent un miroir le *conseiller des grâces*, et qui, pour demander des chaises, disent à leur domestique, *voiturez-nous les commodités de la conversation*.

M. Lamartine, dont la poésie est remplie de grandes beautés et de grands défauts, commence sa méditation sur le désespoir par cette strophe :

Lorsque du créateur la parole féconde
Dans une heure fatale eut enfanté le monde
Des germes du chaos,
De son œuvre imparfaite il détourna sa face,
Et d'un *pied dédaigneux* le lançant dans l'espace,
Rentra dans son repos.

Cette image de Dieu, lançant le monde d'un coup de pied, comme Jupiter lança son fils malotru, est un peu trop burlesque. La première fois que j'entendis cette strophe, je ne pus m'empêcher, malgré la gravité du sujet, d'ajouter un vers qui en faisait une parodie comique; mon idée naissait naturellement de celle de l'auteur :

Et d'un pied dédaigneux le lançant dans l'espace,
Rentra dans son repos,
Et ferma ses rideaux.

Dieu enfantant le monde, ne me paraît pas non plus une belle métaphore ; j'aime autant celle qu'on a critiquée dans Boileau :

Accourez, troupe savante,
Des sons que ma *lyre enfante*
Ces arbres sont réjouis.

Tertullien dit en parlant du déluge que ce fut *la lessive générale de la nature* (naturæ generale lixivium). C'est une faute ridicule dans un auteur qui vivait dans un siècle de goût, sous l'empire romain. Quant aux auteurs des temps de barbarie, il est fort inutile de faire remarquer leurs fautes de style, parce que tout y est faute. Dumarsais et d'autres rhéteurs ont critiqué cette expression du poëte Théophile, *je baignerai mes mains dans les ondes de tes cheveux*. Cette métaphore est certainement mauvaise, et on en trouverait mille autres semblables dans les ouvrages de ce poëte, mort au commencement du 17.e siècle. Voiture et Balzac, plus jeunes encore que Théophile, et qu'on a long-temps donnés comme les modèles du bon goût, parce qu'ils en avaient beaucoup pour leur temps, sont remplis de ces métaphores vicieuses et même choquantes. Benserade dit, en parlant du déluge, que

Dieu lava bien la tête à son image,

ce qui est encore plus singulier que l'expression de Théophile. Mais s'il ne s'agit que de faire voir des fautes, il suffit de citer une phrase ou deux, prises au hasard, d'un auteur médiocre de ce siècle qui avait déjà produit Malherbe et qui enfantait le grand Corneille. Il ne faut pas croire que le poème de la Magdeleine, par Pierre de Saint Louis, soit la production particulière d'une pieuse extravagance. C'était le goût de l'époque. Les prosateurs les plus graves avaient un style aussi ridicule et plus ridicule encore. Il faut lire le panégyrique d'Henri IV, par le sieur de l'Hostal, vice-chancelier du royaume de Navarre, pour se faire une idée de l'étonnante barbarie dont on commençait alors à sortir. On peut juger de l'ouvrage du sieur de l'Hostal par les phrases suivantes. Le panégyriste prétend qu'on ne peut dignement représenter un héros par des statues ni par des tableaux.

« Au plus haut point, et comme à son apogée, » devait être la vertu de ce grand roi de Lacédémone, Agésilas, qui, pour mettre son honneur » en banque et à l'avance du temps, pour étendre et » allonger sa réputation à l'avenir, ne voulut point » être tiré ni en bosse ni en peinture, affermi sur cette » croyance que sa mémoire aurait toujours crédit au » monde, et ne pourrait non plus vieillir que sa vertu. » Et ce romain, qui semble porter tous les sages sur » les fonts et les baptiser de son nom, Caton, ce » diamant de son siècle, ne croyait pas que sa vertu » n'eût son plein fonds, et la gloire de ses actions son » étendue, son long et son large pour n'avoir point » d'image entre tant d'images des Romains; images » sujettes à se fondre si de cire, à se briser si de pierre, » au feu si de bois, à la rouille si de cuivre, à l'enclume et au marteau si de fer, aux larrons si d'or ou » d'argent. Image, image, tout passe; peinture, peinture, tout s'efface; pot et potier, tout se casse. Rien » ne fait ferme contre le cours du temps. Tout va, » tout vient; et le temps même, qui change tout, le » temps mène le premier branle du changement....

» L'honneur, qui s'allonge autant que le temps, et qui
» va de pair avec le siècle des siècles; l'honneur, ce
» tant privilégié du ciel, et qui, non plus que nos ames,
» n'est point menacé de sa fin par son commencement;
» mourrait-il donc, ce fils unique de la vertu, ce vrai-
» ment canonisé, ce saint et sacré bourgeois du ciel et
» de la terre, le miroir des dieux, le baume de
» l'immortalité, si l'art ne lui prêtait son secours?
» honneur, douce odeur! à qui les Romains sacri-
» fiaient tête nue, pour dire que rien ne lui fait ombre,
» et qu'il n'y a point de ténèbres, point de nuit, point
» d'éclipse pour sa gloire, que sur le bout, sur l'*amen*
» et sur le dernier point du monde... Aveugle image,
» muette et sourde image, mieux dite morte image
» de la mort que corps figuré d'un corps vivant! Et
» qu'est-il encore ce misérable corps? Sanglante ordure
» en sa naissance, ampoule de verre et ballon rempli
» de vent en sa vie; entrée de table, rôti, bouilli et
» confiture des vers après sa mort. Oui, pour la mort
» gibier tout prêt, s'il n'a toujours un vivandier, un
» giboyeur sur la bouche, un chirurgien sur les ulcères,
» un médecin au chevet de son lit. Corps, et non plus
» corps que moulin à moudre, four et marmite à
» cuire toutes les viandes, sépulcre, manicle et entrave,
» l'ancre, l'attache et le contre-poids de nos esprits;
» crocheteur vil et abject, mallier et cheval de valise,
» et trésorier receveur général de toutes les imperfec-
» tions de la nature. Et si rosée d'un matin, si fleur
» d'un jour, si potiron d'une nuit, si sa beauté comme
» un bouquet de fleurs, sa santé comme une fiole de
» verre, sa vie même, oui sa vie comme une hiron-
» delle passagère, comme un éclair, comme une ombre,
» et qu'est-ce que le corps qu'une beauté de fleur, une
» fleur de santé, une santé de verre, un verre de vie, et

» enfin une vie d'ombre, d'éclair et d'hirondelle passa-
» gère? Henri en image! tant et tant de lauriers cueillis
» sur le champ de trois sanglantes batailles, de trente-cinq
» rencontres d'armées, cent quarante combats et trois
» cents sièges de place; ces lauriers naguère branle-bran-
» lants entre le pêle-mêle, le clic et le clac, feu et fumée,
» coups et plaies, plaies et sang, sang et meurtres,
» meurtres et carnage, carnage et horreur.... »

Le sieur de l'Hostal fait en ces termes l'éloge de Sully :
« Pilier d'airain, ferme colonne d'état, épée tranchante
» pour les combats, tête à double cerveau pour les
» conseils, bouche de torrent pour la persuasion, à
» mains et à pieds de vent pour l'exécution, Sully,
» l'une des fibres du cœur de son prince, l'un des pieds
» du trépied de son oracle, et digne certes des titres
» les plus apparents d'honneur, puisque tu es trouvé
» digne de servir un si grand roi; un roi qui confit
» toutes les vertus au miel de sa sagesse, et qui, en la
» hautesse de ses discours, peut, comme jadis Périclès,
» se nommer l'*Olympe;* ce très-grand roi des lis, qui
» n'a rien sur lui que le ciel et le soleil. » Tout l'ouvrage du vice-chancelier d'Henri, intitulé *l'Avant-vic-
torieux*, et qui contient plus de trois cents pages d'impression, est écrit dans le même style. Un tel discours
aujourd'hui ferait envoyer son auteur à l'hôpital des
fous. Tous les sermons de ce temps-là, dont le ridicule
seul excuse l'impiété, étaient dans le même genre; et
souvent plus extravagants encore; car, avant Bourdaloue, on citait comme un fameux prédicateur du 17.e
siècle, le petit Père André, dont l'éloquence facétieuse
est d'un comique assez ridicule. Un jour la reine Anne
d'Autriche arrivant à son sermon lorsqu'il était commencé, il lui dit pour tout compliment : Soyez la bien
venue, Madame, nous n'en *mettrons pas plus grand*

pot au feu. » Dans un de ses sermons il compara les quatre [illegible] de l'Eglise latine aux quatre rois du jeu de cartes. « Saint Augustin, dit-il, est le roi de [illegible] par sa grande charité ; saint Ambroise est le roi [illegible] par les fleurs de son éloquence ; saint Jérôme [illegible] le roi de pique par son style mordant ; [illegible] est le roi de carreau par son peu [illegible]

Le père [illegible] pouvait être un homme d'une grande [illegible] malgré la réputation d'orateur qu'il avait [illegible] son éloquence est si burlesque, si [illegible] [illegible] plus la faire connaître. Le bon goût [illegible] s'est formé depuis et s'épure tous les [illegible] On rencontre encore par fois, dans certains ou[illegible] de notre époque, des métaphores [illegible] du 16.e siècle, comme *épouser les intérêts* [illegible] — *caresser un projet*, *caresser une pensée* ; [illegible] *du clinquant de la politesse*, — *de sen*[illegible] qui remplissent gloutonnement le *fou*[illegible] *individu*, — les idées *incrustées* dans la mé[illegible] [illegible] est un *champ* qui languit s'il n'est [illegible] un malheureux par humanité, c'est *la* [illegible] du plaisir, — si le plaisir se vendait, les riches [illegible] *la quintessence*, et *le marc* resterait pour [illegible] peuple, — ceux qui se visitent de loin en loin sont [illegible] *et des receveurs* d'ennui. Mais ces expres[illegible] feront point fortune parmi les personnes nour[illegible] littérature. Cependant elles peuvent plaire à beaucoup de monde, car les goûts sont diffé[illegible]rents. J'ai bien souvent entendu citer comme des beau[illegible] les fautes que je viens d'indiquer, dans Racine, [illegible], Lamartine, et d'autres fautes encore plus remarquables. Lorsque on donna sur le théâtre de Birmingam les opéras de Handel, le passage le plus admiré fut celui-ci ;

> Ce chant harmonieux tira de Lucifer
> Des soupirs, des sanglots et des *larmes de fer.*

Les manufacturiers de cette ville furent enchantés de cette nouveauté, parce qu'ils ne connaissaient rien de métallique qui n'eût été fabriqué à Birmingam. Là on voit la raison d'un goût particulier; mais cela ne se voit pas toujours, et comme le goût est un sentiment qui ne peut s'analyser, il est difficile que chaque individu rende compte du sien.

Il y a du mérite à faire des métaphores ridicules quand on les donne pour telles, comme il y a du mérite à bien jouer un rôle de niais. Par exemple, dans le style burlesque et dans les plaisanteries familières, on dira bien *la mèche de l'amour, les tisons de l'amour,* — Courir *bride abattue* après les plaisirs, *lâcher la bride* à son courage, — *lâcher la bonde* à ses pleurs, — des rêves *de couleur rose,* — *servir un plat de son métier,* (faire un tour d'adresse ou de fourberie), — rire *à ventre déboutonné,* — agir *en poule mouillée,* — *sauter à pieds joints par dessus la justice,* — il nous *scie le dos* (il nous ennuie), - c'est *la fleur des pois* (c'est la plus belle personne), - *il écorcherait un pou pour en avoir la peau* (il est d'une avarice crasse).

> Seule en proie au plus noir chagrin,
> Là Calypso *rongeait son frein,*
> Depuis que, pour suivre sa route,
> Ulysse avait *fait banqueroute*
> A ses feux....... *Télémaque travesti.*
>
> Les éclairs seuls luisaient sur l'onde;
> Car pour *le beau flambeau du monde,*
> Voyant tous les vents déchaînés,
> *Mettant son manteau sur son nez,*
> Il avait *regagné* bien vite,
> *De peur d'être mouillé,* son *gîte.*
> Alors Æneas le pieux,

Regardant tristement les cieux,
Lâcha ces pieuses paroles :
« Je serai donc *mangé des soles*,
Et finirai mes jours dans l'eau !
Cria-t-il pleurant *comme un veau*.
Oh ! quatre ou cinq cents fois heureuses,
Ames nobles et valeureuses,
De qui les *corps* maintenant *secs*,
Découpés par les glaives grecs,
Ont été de la mort la proie
Devant la muraille de Troie. SCARRON.

Épître dédicatoire au sieur Bilboquet.

« N'attendez pas que suivant les protocoles des épîtres
» dédicatoires, je vous *noircisse de la fumée* d'un enceus
» que vous dédaignez ; en vain je me *casserais la tête*
» *sur l'enclume* de vos vertus héroïques ; et si j'entrais
» dans le *concert* de vos louanges, je ne manquerais pas
» de causer quelque *cacophonie désagréable* : dispensez-
» moi donc de faire *jouer les ressorts* de mon génie, qui
» sont trop difficiles à mouvoir. D'ailleurs, quelle entre-
» prise serait-ce de vouloir vous élever quand votre
» gloire est *à perte de vue* ? *Les boutiques des plus*
» *fameux parfumeurs* n'ont rien de comparable *à*
» *l'odeur* de votre renommée.... Ne sait-on pas que
» vous êtes *l'arc-boutant* des plaisirs, le *passe-partout*
» de Cupidon, *le joyau* des Nymphes ? C'est vous qui
» leur servez de *rempart* contre les *assauts* de la mé-
» lancolie.... Je m'aperçois que je vous deviens à
» charge en *m'étendant sur vous* ; et lorsque je veux
» parcourir *la plaine* de vos belles qualités, je me sens
» retenu par *le cordon* de votre modestie ».

Votre très-humble, etc. — CHIMÉROGRAPHE.

Il y a des métaphores burlesques qui excitent à rire par une singulière incohérence d'idées, ou par la bizarrerie de la comparaison ; c'est ce qu'on appele des arlequinades et des gasconismes. Tels sont les exemples suivants.

Un marin disait, en racontant les aventures de son voyage, qu'une violente tempête s'étant élevée, le vaisseau *prit le mors aux dents.*

On demandait à Arlequin ce qu'il prétendait faire d'une pierre qu'il portait sous le bras. Rien, dit-il, c'est seulement un *échantillon d'une maison* que je veux vendre.

Je suis venu si vîte, disait un ecclésiastique de la Gascogne, que *mon Ange gardien avait bien de la peine à me suivre.*

Un officier, décidé à se battre en duel, dit à son adversaire qu'il lui laissait le choix des armes *depuis l'épingle jusqu'au canon.*

Un gascon en colère disait à son ennemi : Mon épée *n'aura d'autre fourreau que ton ventre.*

Un officier gascon demandant une grâce à M. de Louvois, s'appuyait de ce qu'on l'avait accordée à d'autres qui n'avaient pas tant servi que lui. — Que voulez-vous, lui dit le ministre, il n'y a qu'heur et malheur dans ce monde-ci. — Je ne croyais pas, reprit l'officier, que servir le roi c'était *jouer au lansquenet.*

Un gascon voyant la pyramide que les Allemands venaient d'élever à Hochstet, l'apostropha en ces termes : Peste des fats qui t'ont faite ! si Louis, pour chaque victoire qu'il a remportée, avait élevé une pareille *pile*, tout le pays ennemi ne serait qu'*un jeu de quille.*

On disait à un général que parmi les morts qu'il avait ordonné de jeter dans le fleuve, il y en avait plusieurs qui respiraient encore, et qui demandaient à être sauvés. Oh parbleu ! dit le général, *à en croire tous ces plaignants, il n'y a aucun d'eux de mort.*

Il y a des métaphores qui, quoique prises d'un sujet bas ou trivial, plaisent beaucoup, parce qu'elles sont d'une extrême justesse. Ex. Il y avait autrefois à Alexandrie une bibliothèque avec cette inscription : *Pharmacie de l'ame.* M. Ducis, logé au troisième étage, se figurait qu'il était élevé au troisième ciel. D'ici, disait-il, *je crache sur la terre.* Ce même Ducis écrivait une fois à Bernardin de Saint-Pierre : Je ne vis plus, *j'assiste à la vie.* Quand quelqu'un a fait un échange désavantageux, on dit qu'il *a troqué un cheval borgne contre un aveugle.*

La Syllepse oratoire.

C'est une espèce de comparaison ou de métaphore dans laquelle le même mot est pris au sens propre et au sens figuré ; comme quand on dit d'un homme qu'il est plus *froid* que le marbre, plus *froid* que la glace. Le mot *froid* est là au sens propre relativement au marbre et à la glace, et au sens figuré relativement à l'homme. Quoique cette figure soit un jeu d'esprit, qui ne doit guère paraître dans les productions de génie, on la trouve employée avec succès dans le style le plus grave. Ex.

Le jour n'est pas plus *pur* que le fond de mon cœur.
Racine.

Ces courtisans polis, que l'intérêt domine,
En plongeant le poignard vantent l'humanité ;
S'ils ont l'*éclat* du marbre, ils ont sa *dureté.* Thomas.

Ces féroces humains, plus *durs*, plus *inflexibles*
Que l'acier qui les couvre au milieu des combats.
Voltaire.

Qu'il règne ce héros ! (1) qu'il triomphe toujours ;
Qu'il *vive* autant que sa gloire. Racine.

---

(1) Louis le Grand.

Lève-toi, sors des mers profondes,
Cadavre fumant du Vengeur (1),
Toi qui vis le français *vainqueur*
Des Anglais, des feux et des ondes.

J. M. Chenier.

Vers adressés au général Gérard, *dans un bal.*

Un jour de bataille, une fête,
Sont pour vous un amusement,
Et vous savez également
En faire des jours de *conquête.*
Sous les drapeaux de Mars et de Cypris
Vous ne trouvez ni rivaux ni cruelles;
Vous faites dans un bal *tourner* la tête aux belles,
Dans un combat le dos aux ennemis. Villiers.

Les forces maritimes des Athéniens et leur puissance *furent submergées* dans le port de Syracuse; c'est là que leur flotte et leur gloire *firent* en même temps un funeste *naufrage.* Cicéron.

Turgot, du côté maternel, est issu d'une famille où la pourpre et les vertus sont *héréditaires.* Turpin.

Dans une seconde expédition contre Alger, Charles-Quint *perdit* son armée, sa flotte et sa réputation.

Nous sommes vivement frappés de la mort d'un parent ou d'un ami; mais bientôt le *tombeau renferme* nos regrets avec celui qui en était l'objet. Young.

Constance après avoir vaincu les Pictes et déclaré son fils Auguste, *abandonna* la pourpre et la vie. Le Beau.

Constantin obligé de combattre un lion furieux, sortit de l'arène *vainqueur* du terrible animal et des mauvais desseins de Galère. *Idem.*

Ainsi les grands poètes et les grands orateurs peuvent

---

(1) *Le Vengeur* est le nom d'un vaisseau français qui périt en combattant contre les Anglais.

semer un peu de brillant dans les ouvrages d'un style élevé, quand ils le font avec assez d'art et de goût pour qu'il n'en dépare point la dignité. Cependant celui des poètes français qui a eu le plus de goût, Racine, a fait un mauvais emploi de la syllepse, lorsqu'il fait dire à Pyrrhus, parlant de son amour pour Andromaque,

Je souffre tous les maux que j'ai faits devant Troie;
Vaincu, chargé de fers, de regrets consumé,
Brûlé de plus de *feux* que je n'en allumai.

Feux est là au sens figuré relativement à sa passion, et au sens propre relativement à l'embrasement de Troie auquel il avait contribué. Mais ces vers sont plus dignes de Voiture que de Racine.

La syllepse entre plus facilement et plus naturellement dans le style fleuri et familier. Elle est souvent tout le sel d'une épigramme, et la seule fleur d'un madrigal.

Ci-gît ma femme; ah! qu'elle est bien
Pour son *repos* et pour le mien.
Anonyme.

Ce n'est point le sculpteur qui *fait* les Dieux; c'est celui qui les prie. MARTIAL.

J'ai vu Coigny, Bellone et la victoire. BERNARD.

J'ai vu différentes *ivresses*
De vin, d'amour, de vanité. REGNIER.

C'est sur-tout dans le style badin et plaisant que la syllepse est d'une grande ressource, comme dans ces phrases: Les bons mots de M. le curé et son vin furent trouvés *excellents*. Nous arrivâmes assez tard, et bien *fatigués* de la route et de la conversation de notre compagnie.

M.elle Cuizot, à qui on attribue tant de jolis mots, qui appartiennent souvent à ceux qui les racontent, disait un jour à sa femme de chambre qu'il fallait faire huiler sa porte, parce qu'elle *criait* comme un aveugle. Une autre fois, parlant d'un de ses amants, je n'aime pas, dit-elle, cet homme-là, parce qu'il est *haut* comme les tours de Notre-Dame. En montrant des bracelets qu'elle venait d'acheter : Voilà, dit-elle, du vrai acier superbe ; il est *trempé* comme une soupe.

Les gens sans esprit et sans goût, quand ils veulent créer de nouvelles syllepses ou de nouvelles métaphores, n'en font que de ridicules. Un sot qui alla voir un homme d'un mérite connu, avec lequel il voulait faire connaissance, commença son entretien par ce beau compliment : « Monsieur, comme votre naissance *dore*
» votre personne, que votre esprit fait plus de *bruit* que
» le tonnerre, que votre savoir dispute de *profondeur*
» avec l'océan, que votre bonté est plus *douce* que le
» miel, et mon ignorance plus *aigre* qu'un limon ; je
» viens à vous, comme à un second Salomon, pour
» tirer du *puits* de votre science un plein *bassin* de
» belles choses. »

La Catachrèse.

La catachrèse, comme la métaphore, consiste à donner à une expression une nouvelle signification par comparaison ou par extension, avec cette différence que la métaphore ne s'emploie que pour l'ornement du style, tandis que la catachrèse est nécessitée par le défaut de mots propres.

1.° On fait des catachrèses par comparaison : par ex. les mots *feuille, bouche, bras, pied*, ont servi originairement à désigner la feuille de l'arbre, la bouche d'une personne et de quelques animaux, le bras d'une personne, le pied d'une personne ou d'un animal ; et ensuite, par raison de ressemblance, on a dit *une feuille de papier, une feuille de tôle, une feuille de fer blanc, une feuille de parquet, une feuille de paravent*, etc. *la bouche d'un four, un bras de mer, le pied d'une table, le pied d'un arbre, le pied d'une montagne, d'un mur*, etc. C'est ainsi par catachrèse, c'est-à-dire à défaut de termes propres, qu'on a dit *un pain de sucre, un pain de graisse, un pain de résine*, etc. parce qu'on leur donne ordinairement la forme ronde d'un pain.

2.° On fait une catachrèse en donnant à une chose le nom de celui en l'honneur de qui elle est faite, le nom du patron auquel elle est consacrée; comme quand on dit une *Diane* pour une statue de Diane, un *Apollon* pour une statue d'Apollon, *Saint-Roch, Saint-Eustache, Saint-Sulpice*, pour les églises de Saint-Roch, de Saint-Eustache, de Saint-Sulpice.

3.° On fait une catachrèse en appelant un *violon*, un *fifre*, une *clarinette*, un *serpent*, etc. ceux qui jouent de ces instruments.

4.° On fait une catachrèse en donnant le nom de l'auteur ou de l'inventeur à son ouvrage. Ainsi on dit lire *Cicéron* pour les écrits de Cicéron; nous avons *Moïse* et les *Prophètes* pour les écrits de Moïse et des Prophètes; avoir un *Rubens*, un *Tenier* pour un tableau fait par Rubens, par le Tenier; un grand nombre de *Callots* pour un grand nombre d'estampes gravées par Callot.

5.° En désignant le contenu par le nom du contenant. Ainsi l'on dit un *verre* d'eau pour l'eau contenue dans le verre, une *bouteille* de vin, une *barrique* de vin pour le vin contenu dans une bouteille, dans une barrique.

6.° C'est encore par catachrèse qu'on donne à certains objets le nom du lieu où l'on a commencé à les faire, et à quelques productions le nom du lieu d'où elles viennent. Ainsi on dit *un madras*, *une perse*, *un cachemire*, *un nankin*, *un damas*; pour une étoffe, un tissu de Madras, de Perse, de Cachemire, de Nankin, de Damas; *un elbœuf*, *un sédan*, *un louviers*, pour un drap d'Elbœuf, de Sédan, de Louviers; *le bourgogne*, *le champagne*, *le bordeaux*, *le malaga*, *le madère*, pour les vins de ces différents endroits (1).

Il y a des catachrèses qui présentent une contradiction à considérer le sens propre des mots, par exemple, quand on dit aller *à cheval sur un âne*, les Indiens vont *à cheval sur des bœufs*. Le mot *cheval* se trouve employé dans ces locutions, quoiqu'il n'y soit pas réellement question d'un cheval; mais l'usage admet ces manières de parler. On ne dit pas *aller à âne*, *aller à bœuf*, et il serait trop long de dire *aller sur un âne comme on va sur un cheval*, les indiens *vont sur des bœufs comme on va sur les chevaux*. On dit aussi, *du nankin de Rouen*, une cassette *ferrée d'argent*, Borgia faisait mettre à ses chevaux des *fers d'or*. Il serait difficile de bien exprimer la chose en d'autres termes. Mais en général une catachrèse est mauvaise quand il existe un mot propre. Ainsi au lieu de dire le *cou d'une bouteille*, *un soleil d'église*, *une étoile d'imprimerie*, *un bonnet d'évêque*, *de juge*, *de cardinal*, dites *le goulot d'une bouteille*, *un ostensoir*, *un astérisque*, *une mitre*, *une toque*, *une barrette*.

La Métonymie.

La métonymie consiste à prendre le nom d'une chose pour désigner une autre chose à laquelle elle a un rapport connu. On fait des métonymies :

(1) Dumarsais ne donne sous le nom de catachrèse que celle que j'explique sous le n.° 1.er. Il rapporte à la métonymie celles dont je parle sous les n.os suivants.

1.° En désignant par un signe distinctif un art, un talent, une profession une dignité, une autorité, un état : ainsi on dit *le pinceau* pour le peintre ou pour le talent de peindre, *la plume* pour l'écrivain ou pour son style, *la lyre* ou *le luth* pour le poète, pour le musicien ou pour le génie poétique, *les faisceaux* pour le consulat, *la robe* pour la magistrature, *l'épée*, *le casque* ou *la cuirasse* pour la profession militaire, *le sceptre*, *le trône*, *la couronne* ou *le diadème* pour la royauté, *la tiare* pour le pontificat, *la mitre* pour l'épiscopat, *les lis* pour la Monarchie française, *les léopards* pour l'Angleterre, *le croissant* pour la Turquie, *la croix* pour le christianisme, *le turban* pour le mahométisme, *l'autel* pour le sacerdoce, *l'encens* pour l'hommage, *la palme* pour la victoire ou pour le vainqueur, *la pourpre* pour la souveraineté, *la bure* pour la pauvreté, *les cheveux blancs* pour la vieillesse, *les fers* ou *les chaînes* pour l'esclavage, *l'août* ou *la canicule* pour l'été, *la vendange* pour l'automne, *le bélier* pour le mois de mars, *le taureau* pour le mois d'avril, *les jumeaux* ou *gémeaux* pour le mois de mai, etc. Ex.

Oh! si j'avais *ce luth*, dont le charme autrefois
Entraînait sur l'Hémus les rochers et les bois,
Je le ferais parler.........................
Mais l'antique harmonie a perdu ses merveilles;
La *lyre* est sans pouvoir, les rochers sans oreilles.

DELILLE.

Qu'importe, quand on dort dans la nuit du tombeau,
D'avoir porté le *sceptre* ou traîné le *râteau*?

THOMAS.

C'est-à-dire d'avoir été roi ou laboureur.

Il (l'homme) tourne au moindre vent, il tombe au moindre choc;
Aujourd'hui dans un *casque* et demain dans un *froc*.

BOILEAU.

C'est-à-dire aujourd'hui militaire et demain religieux.

Soit que son bras vengeur des chrétiens avilis
Abattît le *croissant* et relevât les *lis*. De Belloy.

C'est-à-dire abattît les Turcs et relevât les Français.

A la fin j'ai quitté la *robe* pour l'*épée*. Corneille.

J'ai quitté le barreau pour la profession des armes.

En vain au *lion* belgique
Il voit *l'aigle* germanique
Uni sous les *léopards*. Boileau.

C'est-à-dire les Pays-Bas et l'Allemagne ligués av[ec]
l'Angleterre.

Tu dors, Brutus, tu dors, et Rome est dans les *fers*.

Et Rome est soumise à la tyrannie. Voltaire.

Ignores-tu donc encore
Que tous les fléaux tirés
De la boîte de Pandore
Se sont du monde emparés,
Que l'ordre de la nature
Soumet la *pourpre* et la *bure*
Aux mêmes sujets de pleurs? J. B. Roussea[u]

La *pourpre* et la *bure* signifient ici le riche et le pauvr[e]

2.° En désignant la cause ou l'instrument pour l'effe[t] comme quand on dit un *soleil* pour un jour, une bell[e] *main* pour une belle écriture, l'*échafaud* pour le sup[p]lice, mériter la *corde*, pour mériter d'être pendu haïr la *prison*, pour la détention, vivre de son *travail* pour du prix de son travail, obtenir sa *demande*, pou[r] la chose demandée, demander la *charité*, pour l'aumône c'est sa *volonté*, pour la chose qu'il veut, avoir l'*oreille* fine ou bonne, pour l'ouie, avoir de bonnes *jambes* pour bien marcher, une bonne *langue*, pour la facilit[é] de parler. De même on indique les différentes facultés d[e] l'ame par les parties du corps auxquelles on les attribue ainsi on dit qu'un homme a du *cœur*, pour du courage qu'il a de la *tête* ou de la *cervelle*, pour du jugement ou de la réflexion.

> Encor quelques *soleils*, vous verrez en ces lieux
> Accourir des hameaux le peuple industrieux. CASTEL.

> Le crime fait la honte et non pas l'*échafaud*. T. CORNEILLE.

La construction de ce dernier vers, remarquable d'ailleurs par sa concision, n'est pas régulière; elle laisse entendre que le crime fait la honte et qu'il ne fait pas l'échafaud, tandis que l'auteur veut dire que c'est le crime et non pas l'échafaud qui fait la honte.

Oreille est pris quelquefois pour attention, compassion, *cœur* pour amitié, *entrailles* pour tendresse.

> Ventre affamé n'a point d'*oreilles*. FLORIAN.

> Ne possédez-vous point son *oreille* et son *cœur*?
> Et vous, qui leur devez des *entrailles* de père.

3.° En désignant l'effet pour la cause ou l'instrument. Ainsi l'on dit la *pâleur* de la mort ou la *pâle* mort, les *pâles* maladies, parce que la mort et les maladies rendent les corps pâles; l'*orgueil* du diadème, parce que l'orgueil peut être inspiré par le diadème ou le pouvoir. On dit d'un homme qu'il est la *gloire* ou la *honte* de sa famille. Horace appèle Ulysse la ruine, la perte des Troyens.

> Je l'ai vu cette nuit ce malheureux Sévère,
> La *vengeance* à la main, l'œil ardent de colère. CORNEILLE.

> Vois ce roi triomphant, ce foudre de la guerre,
> L'*exemple*, la *terreur*, et l'*amour* de la terre. VOLTAIRE.

> Si d'un miel savoureux le bord est humecté,
> Heureusement déçu l'enfant boit la *santé*. RAOUR-LORMIAN.

4.° En désignant la ville ou le lieu pour les habitans. Ainsi l'on dit, tout *Paris* accourut, pour les Parisiens; l'*Europe* se réunit, pour les Européens ou les habitans de l'Europe.

> *Argos* vous tend les bras et *Sparte* vous appèle. RACINE.

5.° En désignant par les dieux de la fable les choses de leurs attributions. Ainsi l'on dit *Neptune*, *Thétis* ou *Amphitrite* pour la mer, *Mars* ou *Bellone* pour la guerre, *Minerve* pour la sagesse, pour le bons sens, pour l'industrie, *Vénus* pour la beauté ou l'amour, *Thémis* pour la justice, *Phébus* pour le soleil, *Phébé* ou *Diane* pour la lune, *Plutus* pour la richesse, *Pluton* pour l'autre monde, *Saturne* pour le temps, *Vulcain* pour le feu ou pour l'art de forger, *Jupiter* pour la nature, *Bacchus* pour le vin, *Cérès* pour les blés ou l'agriculture, *Cybèle* pour la terre, *Flore* pour le printemps, *Pomone* pour l'automne, *Morphée* pour le sommeil, les *Parques* ou *Cloton* ou *Atropos* pour la mort, les *Muses* pour la littérature, pour les sciences et les arts, pour les vers, *Clio* pour l'histoire, *Melpomène* pour la tragédie, *Thalie* pour la comédie, etc. Ex.

Leur flotte impérieuse, asservissant *Neptune*,
Des bouts de l'univers appèle la fortune. VOLTAIRE.

Albion à tes regards
Franchit la vaste *Amphitrite*,
Déchaîne ses léopards. LEBRUN.

L'autre, afin de monter aux grandes dignités,
Dans les emplois de *Mars* servant la république,
Par un coup imprévu vit ses jours emportés.
LA FONTAINE.

Elle revient enfin ; *Cloton* pour l'amour d'elle,
Laisse à Pyrame ouvrir sa mourante prunelle. *Idem.*

De la vertu qui nous conserve
C'est le symbolique tableau :
Chaque mortel a sa *Minerve*
Qui doit lui servir de flambeau. J. B. ROUSSEAU.

Il remarque sur-tout ces conseillers sinistres,
Qui, des mœurs et des lois avares corrupteurs,
De *Thémis* et de *Mars* ont vendu les honneurs. VOLTAIRE.

Je reconnus *Vénus* et ses feux redoutables. RACINE.

Sur les ruines de Palmyre
Saturne a promené sa faux;
Mais l'univers encore admire
Les Pindares et les Saphos. LE BRUN.

La tranquille *Phébé* se lève avec splendeur,
Et parcourt de l'Ether la vaste profondeur. DORAT.

La Synecdoque.

LA synecdoque consiste à dire la partie pour le tout ou le tout pour la partie; ce qui se fait de plusieurs manières différentes :

1.° La partie agissante ou la qualité distinctive pour indiquer l'individu : ainsi l'on dit souvent une *tête* ou une *ame* pour une personne, avoir des *bras* à sa disposition pour des hommes capables de travailler, mettre le *pied* chez quelqu'un pour aller chez quelqu'un, renvoyer les *bouches* inutiles pour les gens qui coûtent à nourrir et qui ne peuvent servir, son *sang* pour son enfant ou descendant.

Hélas! que n'eût point fait cette *ame* vertueuse?
La France sous son règne eût été trop heureuse.
VOLTAIRE.

Depuis plus de six mois, éloigné de mon père,
J'ignore le destin d'une *tête* si chère. RACINE.

Laissez parler, Seigneur, des *bouches* si timides. *Idem.*

Que faites-vous, Madame, et quel mortel ennui
Contre tout votre *sang* vous anime aujourd'hui? *Idem.*

Non, tu n'entendras point ma voix intéressée
Mendier ton appui; je compte assez de *bras*,
Et Jupiter sur-tout ne me trahira pas. AIGNAN.

2.° Une partie inhérente pour la chose entière : par exemple, le *toît* pour la maison, des *printemps*, des *hivers* ou des *étés* pour des années, la *poupe* ou la *voile* pour le vaisseau. On dit une flotte de cent *voiles* pour dire de cent vaisseaux, quoiqu'un seul vaisseau ait plusieurs voiles.

Cependant l'humble *toit* devient temple, et ses murs
Changent leur frêle enduit aux marbres les plus durs.
LA FONTAINE.

Loin du séjour que je regrette
J'ai déjà vu quatre *printemps*;
Une inquiétude secrète
En a marqué tous les instants. GRESSET.

Deux fois quarante *hivers* ont suivi ma naissance.
LÉONARD.

La *poupe* en pleine mer s'éloigne de la *rive*. SAINTANGE.

Ta *voile* en arrivant leur annonçait la paix,
Et ta *voile* en partant leur laissait des regrets. DELILLE.

3.° Une chose remarquable et connue pour le pays où elle se trouve, comme le *Nil* ou les *Pyramides* pour l'Egypte, le *Tibre* ou le *Capitole* pour Rome ou l'Italie, le *Sérail* ou la *Porte* pour la Turquie, *Paris* ou la *Seine* pour la France, *Londres* ou *Albion* (1) pour l'Angleterre, le Tage pour l'Espagne.

Chaque climat produit des favoris de Mars;
La *Seine* a des Bourbons, le *Tibre* a des Césars.
BOILEAU.

Fouler aux pieds l'orgueil et du *Tage* et du *Tibre*.
Idem.

Allez en *Albion*, que votre renommée
Y parle en ma faveur et me donne une armée.
VOLTAIRE.

4.° La matière pour la chose qui en est faite, ainsi l'on dit l'*airain* pour le canon, la cloche ou la trompette, le *fer* ou l'*acier* pour l'épée ou la hache ou d'autre

(1) Nom qu'on donnait anciennement aux falaises et rochers du comté de Kent.

instrument fait de ces métaux, l'*or* pour un vase d'or, le *pin* ou le *sapin* pour un vaisseau, l'*ivoire* pour l'objet fait d'ivoire.

Et par cent bouches horribles
L'*airain* sur ces monts terribles
Vomit le *fer* et la mort. BOILEAU.

Quand l'*airain* frémissant autour de vos demeures,
Mortels, vous avertit de la fuite des heures.....
THOMAS.

Là le cep obéit au *fer* qui le façonne
Ici de grappes d'or la vigne se couronne.
DELILLE.

L'avide conquérant, la terreur des familles,
Egorge les vieillards, les mères et les filles,
Pour dormir sur la *pourpre* et pour boire dans l'*or*.
Idem.

Il eut sans doute un cœur d'airain
Celui qui se livra le premier à Neptune,
Et sur un fragile *sapin*
Poursuivant l'aveugle fortune,
Aux capices des flots asservit son destin.
Traduction d'Horace.

Là sur un tapis vert, un essaim étourdi
Pousse par un *ivoire* un *ivoire* arrondi.
DELILLE, *parlant du billard.*

5.° La qualité pour la personne ou la chose qualifiée: ainsi l'on dit la *magistrature* pour les magistrats, la *noblesse* pour les nobles, la *vertu* pour l'homme vertueux, l'*amitié* pour l'*ami*, l'*innocence* pour l'innocent, le *crime* pour le criminel, la *jeunesse* pour les jeunes gens, la *vieillesse* pour les vieillards, l'*audace* des hommes pour les hommes audacieux, la *ligue* pour les *ligueurs*, le *silence* des bois pour le bois silencieux.

De l'aspect du supplice effraya l'*insolence*,
Et sous l'appui des lois mit la faible *innocence*.
BOILEAU.

Lucile le premier osa la faire voir (la satyre),
Aux *vices* des Romains présenta le miroir,
Vengea l'humble *vertu* de la *richesse* altière,
Et l'honnête homme à pied du faquin en litière.
BOILEAU.

La *vieillesse* chagrine incessamment amasse,
Garde, mais non pour soi, les trésors qu'elle entasse.
Idem.

Puisse bientôt la *ligue* expirer sous vos coups.
VOLTAIRE.

La *haine* veille et l'*amitié* s'endort. *Idem.*

D'illustres *amitiés* consolent mes *douleurs*. *Idem.*

Affligés et contraints de quitter ces emplois,
Vont confier leur peine au *silence* des bois.
LA FONTAINE.

D'une longue soutane il endosse la *moire*. BOILEAU.

(Pour il endosse une *soutane de moire*.)

C'est par la même sorte de synecdoque qu'on dit l'*ivoire de ses dents* pour ses dents d'ivoire, les *roses de son teint* pour son teint de roses, l'*albâtre de son cou* pour son cou d'albâtre, l'*ébène de ses cheveux* ou *de ses sourcils* pour ses cheveux ou ses sourcils d'ébène.

6.° Le singulier pour le pluriel : ainsi l'on dit *le Français* pour les Français, *le Belge* pour les Belges, *l'Ibère* pour les Ibères ou Espagnols, *l'ennemi* pour les ennemis, *le berger* pour les bergers, *le roi* pour les rois, *le pauvre* pour les pauvres, *le riche* pour les riches, etc. Ex.

Triomphateur heureux *du Belge* et de *l'Ibère*. VOLTAIRE.

Du berger et *du roi* la poussière est la même. THOMAS.

Voilà *l'homme* en effet ; il va du blanc au noir,
Il condamne au matin ses sentiments du soir. BOILEAU.

Le marchand, l'ouvrier, le prêtre, le soldat,
Sont tous également les membres de l'état. VOLTAIRE.

7.° Le pluriel pour le singulier : Ex. « Il manque à Campistron, d'ailleurs judicieux et tendre, ces beautés de détail, ces expressions heureuses, qui font l'âme de la poésie et le mérite *des Homère, des Virgile, des Tasse, des Milton, des Pope, des Corneille, des Racine, des Boileau.* » VOLTAIRE. « Là brillent d'un éclat immortel les vertus politiques, morales et chrétiennes *des Le Tellier, des Lamoignon,* et *des Montausier.* » L'abbé COLLIN.

L'exemple *des Caton* est trop facile à suivre.
Lâche qui veut mourir, courageux qui peut vivre.
Louis RACINE.

Sais-tu ce qu'il coûta de périls et de peines
Aux Condés, aux Sullys, aux Colberts, aux Turennes,
Pour avoir une place au haut du mont sacré ? VOLTAIRE.

Opposant sans relâche, avec trop de prudence,
Les Guises aux Condés, et la France à la France.
Idem, *parlant de Catherine de Médicis.*

Des Chatels, des Cléments les forfaits catholiques... *Idem.*

Dans tous ces exemples les noms au pluriel ne désignent qu'une seule personne et ne sont pas du tout employés par antonomase ; et on doit en prose les écrire sans la marque du pluriel. La Grammaire des Grammaires condamne cet emploi des noms propres au pluriel lorsqu'il ne s'agit d'indiquer qu'une personne : c'est cependant une figure bien usitée, et qui a son mérite.

8.° Le chef d'une tribu, d'un parti, d'une secte, d'un ordre, pour la tribu, le parti, la secte, l'ordre : *Israel* pour les Israélites, *Juda* pour la tribu de Juda, *Mahomet* pour les Mahométans, *Ignace* ou *Loyola* pour les Jésuites, *Calvin* pour les Calvinistes, etc.

Benjamin est sans force, et *Juda* sans vertu. RACINE.

9.° Le terme collectif pour un partitif : ainsi l'on dit *les historiens* parlent de Jean II, pour quelques historiens parlent... *Les poëtes* disent qu'Hercule descendit aux enfers, pour quelques poètes disent..... *Se* découvrir devant quelqu'un, pour se découvrir la tête... *Les mortels* ou *les créatures* pour signifier les humains seulement.... Pourquoi *sommes-nous* infidèles? pour dire pourquoi quelques-uns de nous *sont-ils* infidèles, ou pourquoi êtes-vous infidèles?

L'Antonomase.

L'Antonomase consiste à désigner un individu par un nom qualificatif, au lieu de son nom propre; ce qui se fait de deux manières :

1.° Le nom commun pour le nom propre, comme quand on dit *le poète*, *l'orateur*, *le philosophe*, *le sage*, *le juste*, *le conquérant*, pour désigner quelqu'un en particulier. On dit simplement *le roi* pour le roi du pays où l'on est, *la ville* pour la ville voisine, *Monsieur*, *Madame*, pour le maître et la maîtresse de la maison. Dans Virgile, *le Troyen*, *le Dardanien* signifie Enée; dans tous les historiens, *le Carthaginois* signifie Annibal; dans la tragédie de Mérope, par *le tyran* on désigne Polyphonte, et par *le héros* Egyste.

Le *tyran* se relève et blesse *le héros*.

2.° Le nom propre pour le nom commun : ainsi l'on dit *un Socrate*, *un Platon* pour un sage, *un Homère*, *un Virgile* pour un poète, *un Démosthène*, *un Cicéron* pour un orateur, *un Achille* pour un brave, *un Hercule* pour un homme fort, *un Nestor* pour un vieux guerrier, *un Alexandre*, *un César* pour un conquérant, *un Caton* pour un brave, pour un zélé républicain, pour un homme de mœurs austères, *un Trajan*, *un Marc-*

Aurèle pour un prince accompli, *un Néron* pour un prince cruel, *un Crésus* pour un riche, *un Midas* pour un ignorant ou pour un homme sans goût, *un Aristarque* pour un critique judicieux, *un Zoïle* pour un critique passionné, *un Orphée* pour un musicien, un *Esculape* ou un *Hippocrate* pour un médecin, *une Pénélope, une Lucrèce* pour une femme vertueuse, *une Phryné, une Laïs* pour une courtisane.

Peut-être qu'un *Virgile*, un *Cicéron* sauvage,
Est chantre de paroisse ou juge de village. VOLTAIRE.

Socrate est sur le trône et la vérité regne.
Idem, *parlant du roi de Prusse.*

La vertu disparaît, la liberté chancèle;
Mais Rome a des *Catons*, j'espère encor pour elle. *Idem.*

Des chantres de nos bois les voix sont étouffées;
Au siècle des *Midas* on ne voit point d'*Orphées*. *Idem.*

Pour chanter un *Auguste*, il faut être un *Virgile*.
BOILEAU.

Aux temps les plus féconds en *Phrynés*, en *Laïs*,
Plus d'une *Pénélope* honora son pays. *Idem.*

De jeunes conquérants, que la gloire a charmés,
Savent l'art de ranger des bataillons armés,
Et de forcer les murs des plus superbes villes;
Mais il faut des *Nestors* à ces jeunes *Achilles*.

Boileau, correct auteur de quelques bons écrits,
Zoïle de Quinault, et flatteur de Louis. VOLTAIRE.

Qui ne rirait de voir un *Zoïle* irrité
Nous demander raison de son obscurité? CHENIER.

Tandis qu'un vil *Crésus* glisse en vain dans le monde?
Comme l'insecte en l'air, ou l'écume sur l'onde. DE S.-ANGE.

C'est par la même figure qu'on dit un *Tibur* ou *Tivoli* (1) pour un lieu de plaisance, un *Tempé*, une

(1) *Tibur*, aujourd'hui *Tivoli*, était un endroit agréable sur les bords de l'Anio, où plusieurs personnages de l'ancienne Rome avaient leurs maisons de plaisance.

Idalie (1), un *Elysée* pour une vallée délicieuse ou des bosquets délicieux, un *Paris* pour une ville de luxe et d'agrément, un *Louvre* pour un palais, un *Aréopage* pour un tribunal auguste.

Dans ma lente mélancolie
Ce *Tempé*, cette autre *Idalie*
N'a pour moi rien de gracieux,
L'amour d'une chère patrie
Rappèle mon ame attendrie
Sur des bords plus beaux à mes yeux.
GRESSET.

Ils n'avaient point d'*Aréopages*
Ni de *Capitoles* fameux;
Mais n'étaient-ils pas les vrais sages
Puisqu'ils étaient les vrais heureux? *Idem.*

Roi de ses passions, il a ce qu'il desire,
Son fertile domaine est son petit empire,
Sa cabane est son *Louvre* et son *Fontainebleau*. RACAN.

L'Allusion.

L'ALLUSION consiste à se servir d'une expression qui à propos d'une chose en rappèle finement une autre. C'est à la fois une figure de pensée et une figure de mots. Il y a différentes sortes d'allusions, que je vais expliquer successivement et séparément.

1.° *L'allusion relative* rappèle quelque fait connu. Rousseau, dans son ode sur la naissance du duc de Bretagne, compare ce jeune prince à Hercule, par une allusion qui retrace à notre souvenir les serpents étouffés par le fils d'Alcmène, lorsqu'il était encore au berceau.

(1) *Tempé* est le nom d'une vallée de la Thessalie, dont les poètes ont vanté les agréments. L'*Idalie* était une forêt de l'île de Cypre, consacrée à Vénus.

Les premiers instants de sa vie
De la discorde et de l'envie
Verront éteindre le flambeau;
Il renversera leurs trophées,
Et leurs couleuvres étouffées
Seront les jeux de son berceau.

Le même poète, dans son épître aux Muses, dit à ces déesses :

Tenez, voilà vos pinceaux, vos crayons;
Reprenez tout, j'abandonne sans peine
Votre Hélicon, vos bois, votre Hippocrène,
Vos vains lauriers, d'épine enveloppés,
Et *que la foudre a si souvent frappés.*

Dans ce dernier vers, il fait allusion à l'opinion des anciens qui croyaient que la foudre ne tombe jamais sur le laurier. C'est la même allusion dans ce vers de Corneille :

Tout couvert de lauriers, *craignez encor la foudre.*

Ayez de l'ordre en tout : la carrière est aisée
Quand la règle conduit Thémis, Phébus et Mars;
La règle austère et sûre est *le fil de Thésée*
Qui dirige l'esprit au dédale des arts. VOLTAIRE.

Le poète rappèle le fil qu'Ariane donna à Thésée pour le conduire dans le labyrinthe.

Regnier rappèle la chute d'Icare, lorsqu'il dit :

J'ai vu la vanité s'élever jusqu'aux nues
Sur des *ailes de cire* en un moment fondues.

Mirabeau, qui savait combien les assemblées populaires passent promptement de l'admiration à l'animadversion, s'écria un jour à la tribune nationale : « Et moi aussi, citoyens, je sais qu'*il n'y a qu'un pas du Capitole à la roche Tarpéienne.* » Ces mots rappèlent les honneurs du triomphe, que l'on rendait aux vainqueurs dans le Capitole, et le supplice des condamnés, que l'on précipitait du haut de la roche Tarpéienne.

Danez, envoyé par la Cour de France au concile de Trente, y fit une forte harangue contre les désordres qu'on pouvait reprocher alors à la cour de Rome. Un prélat italien dit d'un air de dédain : *Gallus iste cantat* (ce Français ou ce coq chante; car *gallus* signifie également Français et *coq*). Danez reprit sur-le-champ : *Utinam ad Galli cantum Petrus resipiat* (plaise à Dieu qu'au chant du Français ou du coq Pierre rentre en lui-même). Allusion au repentir de l'apôtre Saint Pierre.

M De Pradt voulut voir le journaliste Hoffman, qui le déchirait si malicieusement. A cet effet il va à Chaillot, monte au cinquième, et trouve celui qui le faisait trembler, écumant son pot-au-feu avec la gravité de Caton. Hoffman reçoit l'archevêque assez lestement, répond à son patelinage en soutenant son avis et en achevant ses graves occupations. M. De Pradt scandalisé se lève, se retire, accompagné de quelques coups de tête assez brusques; puis s'arrêtant au quatrième et retournant vers Hoffman, qui rentrait chez lui : « Ce drôle-là, dit-il, parce qu'il est dans une mansarde, se croit *dans un tonneau.* » Allusion à Diogène le cynique.

Un ambassadeur espagnol vantait à Henri IV la puissance de son maître. Le roi, pour rabattre le faste espagnol, dit, avec beaucoup de vivacité, que, s'il lui prenait envie de monter à cheval, il irait déjeûner à Milan, entendre la Messe à Rome et dîner à Naples. « Sire, répondit l'ambassadeur, si votre majesté va si vîte, elle pourrait aussi dans le même jour entendre *les Vêpres en Sicile.* » Ces derniers mots, tout en se rattachant naturellement à ceux du prince, rappèlent le massacre des Vêpres Siciliennes où périrent une multitude de Français.

Le même prince, disputant avec un autre ambassadeur d'Espagne, lui disait en colère : « Si le roi votre maître continue ses attentats, je prendrai les armes et on me verra bientôt à Madrid. — Pourquoi non, répondit l'ambassadeur ? *François Ier y a bien été.* — C'est pour cela, répliqua Henri, que j'y veux aller venger son injure, celle de la France et les miennes. » L'Espagnol rappelait malignement la captivité de François Ier.

Les personnes instruites ont seules le plaisir de comprendre les allusions relatives à un fait historique ou mythologique, et l'avantage d'en pouvoir faire.

Quelquefois on se plaît à rappeler par des allusions l'état ou la profession des personnes, comme quand on dit à un marin de *virer de bord*, à un huissier de *signifier* quelque chose à quelqu'un, à un chirurgien de *disséquer* un poulet ou pigeon rôti. Mais ces sortes d'allusions ne doivent se faire qu'en badinant; encore vaut-il mieux s'en abstenir, de peur d'offenser les personnes [illegible].

Madame Des Loges, jouant aux proverbes avec Voiture, lui dit : « Celui-là ne vaut rien; *percez*-nous en d'un autre. » Cette dame faisait une méchante allusion pour rappeler à l'esprit de l'assemblée que Voiture était le fils d'un marchand de vin.

Voltaire, dans sa querelle avec Maupertuis, répondit à un cartel que le savant Mathématicien lui envoya, en se servant de termes de mathématiques qui rendent sa réponse plaisamment piquante : « Dès que j'aurai un peu de force, je ferai charger mes pistolets *cum pulvere pyrio*, et en *multipliant la masse par le carré de la vitesse jusqu'à ce que l'action et nous soient réduits à zéro*, je vous mettrai du plomb dans la cervelle; elle paraît en avoir besoin. »

Un roi de théâtre, dont le père avait été afficheur, et qui lui-même avait fait quelquefois ce métier, se carrait un jour dans le foyer de l'opéra avec des boucles à pierres brillantes. Un officier, qui le regardait se pavaner, lui dit que ses boucles jouaient les boucles à diamants. Monsieur, lui répondit fièrement l'acteur, je ne porte jamais autre chose. Pardonnez-moi, reprit l'officier, il me souvient du temps où vous *portiez de la colle*. Tout le monde partit d'un éclat de rire. Mais ce qui égaya encore davantage les assistants, c'est que un comédien dit, poussant son camarade par le bras : « Ventrebleu ! James, *plaque-le-moi contre le mur.* »

Deux hommes, d'un esprit un peu obtus, demandaient à Fontenelle s'il fallait dire *donnez-nous à boire* ou *versez-nous à boire*. L'Académicien, jugeant de ces deux hommes d'après leur question, ou les connaissant déjà auparavant, leur répondit : « Messieurs, les deux expressions sont également bonnes ; vous pourriez même dire *menez-nous boire.* »

Il est sage de s'abstenir de ces allusions qui tendent à déprimer les personnes. Les gens ne pardonnent pas qu'on leur dise qu'ils sont sots, quelque finement qu'on le leur dise, et ne restent pas moins ce qu'ils sont. D'ailleurs, les reproches de bêtise ne font qu'irriter sans rien prouver ; aussi presque toujours ils sont rendus par réciprocité, et avec raison, à celui qui les fait.

Il y a encore plus d'imprudence à rappeler par des allusions ce qui peut blesser l'honneur. Un homme, que le bruit public accusait d'avoir hâté la mort d'un de ses parents par un gâteau empoisonné, s'emportait un jour contre Cicéron. « Courage, mon ami, lui dit l'orateur ; j'aime encore mieux de ta part des injures qu'un *gâteau.* » Ces sortes d'allusions servent quelquefois à réprimer l'insolence ; mais celui à qui elles sont adressées ne les pardonne jamais.

Le défaut de jugement et de goût, et le désir mal entendu de montrer de l'esprit et de faire parade de ce qu'on sait, enfantent trop souvent des allusions ridicules. On en voit un exemple extraordinaire dans le poëme de la Madelaine, par le père Pierre-de-Saint-Louis, imprimé en 1694. Voici quelques vers de ce chef-d'œuvre d'extravagance, dans lesquels l'auteur emploie tous les termes de la grammaire.

Et regardant toujours ce têt de trépassé,
Elle voit le *futur* dans ce *présent passé.*

. . . .

Et c'est sa discipline et tous ses châtiments
Qui lui font commencer ces rudes *rudiments*
Ce qui la fait trembler pour son *grammairien*,
C'est de voir, par un *cas* du tout déraisonnable,
Que son amour lui rend la mort *indéclinable*,
Et qu'*actif* comme il est, aussi bien qu'excessif,
Il le rend à ce point d'impassible *passif*.
Oh! que l'amour est grand et la douleur amère,
Quand un *verbe passif* fait toute sa *grammaire!*
La muse pour cela me dit, non sans raison,
Que toujours la *première* est sa *conjugaison*.

. . . .

Sachant bien qu'en aimant elle peut tout prétendre,
Pendant qu'elle s'occupe à punir le forfait
De son *temps prétérit*, qui ne fut qu'*imparfait*,
Temps de qui le *futur* réparera les pertes
Par tant d'afflictions et de peines souffertes :
Et le présent est tel que c'est l'*indicatif*
D'un amour qui s'en va jusqu'à l'*infinitif*,
Puis par un *optatif* : Ah! plût à Dieu, dit-elle,
Que je n'eusse jamais été si criminelle!

2.° *Les allusions figurées ou verbales* consistent à jouer sur divers sens des mots. Il y en a qui sont ingénieuses et qu'on appèle bons mots, et d'autres froides et insipides, et qu'on appèle quolibets.

Le duc d'Epernon, dans le temps qu'il commençait à perdre de son crédit, descendant de chez le roi, trouva sur les dégrés son nouveau concurrent, Richelieu, qui montait, et qui lui demanda ce qu'il y avait de nouveau chez le roi. Rien du tout, répondit le duc, sinon que je *descends* et que vous *montez*. Richelieu, feignant de ne pas entendre l'allusion, répliqua : Et si Dieu me donnait un peu plus de force et de santé, je monterais plus vite que vous ne descendez.

Un jour Duguay-Trouin faisait à Louis XIV le récit d'un combat, où au nombre des vaisseaux qu'il commandait il y en avait un nommé *la Gloire*. « J'ordonnai, dit-il, à *la Gloire* de me suivre. — *Elle vous fut fidèle*, reprit le monarque. »

Une dame, dont les attraits commençaient à se faner, disait d'un ton aigre à M. Piron, qui la regardait : « Que regardez-vous, Monsieur? — Madame, répondit Piron, je regarde *ce qui se passe*. »

Un mauvais plaisant disait à un homme fort gros qui le gênait au spectacle : « Quand on est de cette grosseur, on devrait rester chez soi. — Excusez-moi, Monsieur, reprit l'autre; il n'est pas donné à tout le monde d'être *plat*. »

Monsieur, disait une jolie personne, faites-moi *grace*. — Mademoiselle, dit-il, la nature y a pourvu.

Le jour de l'entrevue du Grand Frédéric avec l'empereur Joseph II, le célèbre général Laudon fut admis à leur table et voulut se mettre au côté opposé à celui où était Frédéric. « Venez, lui dit ce prince, vous mettre ici. J'ai toujours mieux aimé vous *voir de mon côté que vis-à-vis de moi*. »

Louis XVI renfermé au Temple apprenait lui-même à son fils à lire et à écrire, et ensuite il partageait ses jeux. Dans celui appelé *Siam*, l'enfant ayant perdu plusieurs parties au seizième point, s'écria : « Ce nombre *seize* est bien malheureux. — Qui le sait mieux que moi, répondit le père? »

On demandait à M. De Bièvre comment allait le siège de Gibraltar. — Pas trop mal, dit-il; il commence à se *lever*.

Un musicien, voyant entrer aux Tuileries trois femmes dont l'une était boiteuse, la seconde habillée en blanc et la troisième en noir, dit à un ami : « Voici une *croche*, une *blanche* et une *noire* qui ne valent pas un *soupir*. »

Un parvenu, fils d'un marchand de vin, s'emportait dans une dispute d'une manière un peu trop insolente; ce qui lui fit dire par quelqu'un : « Modérez-vous, Monsieur, et imitez votre père, qui *mettait de l'eau dans son vin*. »

Piron disait en parlant de l'Académie : « Ils sont là *quarante qui ont de l'esprit comme quatre*. »

Louis XVI demandait à Bièvre un calembour. — Sur quel sujet ? — Sur moi. — Sire, vous n'êtes point un *sujet*.

L'allusion verbale est l'ame d'une multitude d'épigrammes. En voici quelques exemples.

Un vieux Druide, entiché de sa race,
Pour s'attirer les respects d'un quidam,
Dit qu'à sa terre il n'était habitant
Qui jamais s'arrogeât l'audace
De se couvrir ou s'assoir, lui présent.
Le quidam qui n'était pas bête :
Monsieur, dit-il, se couvrant, s'assoyant,
Ces gens n'ont donc *ni cul ni tête*. BRET.

Cher ami, ta fureur
Contre ton procureur
Injustement s'allume;
Cesse d'en mal parler :
Tout ce qui *porte plume*,
Fut créé pour *voler*.

Paul, ce grand médecin, l'effroi de son quartier,
Qui causa plus de maux que la peste et la guerre,
Est curé maintenant et *met les gens en terre.*
Il n'a point changé de métier.

BOILEAU, *imitation de Martial.*

Dans la polémique qui s'éleva entre les poètes Baour-Lormian et Le Brun, le premier dit de son adversaire :

Le Brun de gloire se *nourrit,*
Aussi voyez comme il *maigrit.*

Le Brun répondit sur-le-champ :

Sottise entretient l'embonpoint,
Aussi Baour ne *maigrit* point.

L'allusion verbale est aussi d'un grand usage dans les madrigaux et les compliments.

Voltaire, écrivant à Destouches, qui venait de donner au théâtre sa comédie *le Glorieux*, lui dit :

Auteur solide, ingénieux,
Qui du théâtre êtes le maître,
Vous qui fîtes le *Glorieux*,
Il ne tiendrait qu'à vous de l'être.

Le ministre Turgot vint un jour voir Voltaire, chez le marquis de Villette à Paris. Ah ! vous voilà, M. Turgot, dit Voltaire, comment vous portez-vous ? — J'ai beaucoup de peine à marcher ; la goutte me tourmente. — Ah ! Messieurs, s'écria Voltaire, en s'adressant à ceux qui étaient présents, toutes les fois que je vois M. Turgot, je crois voir Nabuchodonosor. — Oui, reprit le ministre, avec les pieds d'argile. — *Et la tête d'or*, répliqua Voltaire.

Le même Voltaire, s'entretenant avec deux gentilshommes Russes, les félicitait sur les progrès de la civilisation et de l'agriculture dans leur pays. L'un de ces étrangers répondit qu'il y avait encore en Russie bien des terres stériles. Au moins, dit Voltaire, convenez que dernièrement votre pays a été fertile en *lauriers* (allusion aux victoires des Russes).

Dans une société où se trouvait le marquis De Bièvre, on disait beaucoup de mal de Fréron, qui venait de mourir. Messieurs, reprit le marquis, vous en direz tout ce qu'il vous plaira; il faut pourtant convenir que ce garçon-là avait le talent de *pincer* très-joliment *la harpe* (La Harpe, auteur du cours de littérature).

3.° *L'annomination* est une espèce d'allusion, qui consiste à remplacer un mot par un paronyme, par exemple, en changeant *Horace* en *vorace*, *poisson* en *poison*. Voltaire, trouvant trop de métaphysique dans les vers de Thomas, disait, en parlant de ce défaut: Voilà du *galithomas*. En parlant du critique Fréron, il l'appelait *frelon*. Un propriétaire parlait de ses baliveaux. Quelqu'un qui ne voulait pas l'entendre, l'interrompit: Laisse-nous avec tes *balivernes*.

Quelquefois on fait ce jeu de mots sans le vouloir, comme si l'on disait manger de la *tapisserie* pour de la *pâtisserie*. Un prédicateur prit pour texte de son sermon ce passage de l'Ecriture: *ego vobis dabo bonum donum*, qu'il traduisit en français mot pour mot, (je vous donnerai un bon don.) Tous ses auditeurs crurent entendre un *bondon* de barrique.

Un acteur, commençant le rôle d'Hippolyte dans Phèdre, au lieu de ce vers-ci,

> Le dessein en est pris, je pars, cher Théramène,

dit en l'estropiant:

> Le dessein en est pris, je pars *et te ramène*.

Un autre acteur, en voulant dire, *arrête! lâche, arrête!* prononça sans mettre aucun intervalle entre les deux derniers mots, et tout le monde entendit *arrête la charrette*.

Dans une comédie de Dorvigny, lorsque Cadet Roussel dit *avance, Hercule*, Beuglau reprend : Comment faites-vous pour avancer et reculer en même temps ? Mais cela ne se peut pas. Ce n'est pas ça, répond, Cadet; on parle à Hercule, et on lui dit d'avancer. Et lorsque Cadet ajoute, quand je disais : *Il faut parler, Esther.* Beuglau entend encore mal. Ah ça ! c'est impossible, car si vous parlez, vous ne vous taisez pas, et si....

4.° *Le quolibet* est une allusion verbale, grossière et insipide, qui consiste à prendre les mots que prononce une personne dans un sens différent de celui qu'elle veut leur donner, sans autre objet que celui de rompre son discours. Rien de plus facile que de tourner à volonté le sens des mots qui ont une multitude d'acceptions différentes ; et c'est pour cela que cette allusion est appelée quolibet, des deux mots latins *quò libet* (où il plait, comme il plait). Il y a de vieux quolibets qui sont dans la bouche du petit peuple, et qui passent des pères aux fils comme un esprit de famille. Tels sont les suivants : Comment vous portez-vous ? — *Sur mes jambes.* Où avez-vous diné ? — *Sous le nez.* Où allez-vous? *Devant moi.* Je vous demande où va le chemin que vous suivez. - *Il ne va pas*, car il ne bouge. J'entends si vous avez bien du chemin à faire. — Non, car je le trouverai tout *fait.* Pourquoi portez-vous un chapeau blanc? — *Pour me couvrir la tête* Comment appèle-t-on cette rivière ? — On n'a pas besoin de *l'appeler*, elle vient assez vite. Il y a des maîtres d'école qui ne manquent jamais de répondre, lorsqu'on leur demande pourquoi ils vont se loger au quatrième ou au cinquième étage, que c'est afin que les parents ne viennent pas leur dire que leurs enfants ne sont pas bien *élevés.* Les auteurs de comédies et de vaudevilles remplissent leurs pièces de quolibets et de turlupinades, parce que tout cela passe pour de l'esprit aux yeux du peuple et obtient toujours des applaudissements. Il faut pardonner les quolibets, comme beaucoup d'autres sottises, quand ils ne sont que cela. Pour ceux qui portent un caractère de méchanceté ou d'insolence, ils doivent être condamnés. Un étranger demandait un maître de langues; M. De Bièvre lui donna l'adresse d'un charcutier, en lui disant que cet homme possédait toutes sortes de *langues*. Un homme sage ne se permet jamais ces mauvais jeux, qu'on appèle *poissons d'avril.*

Il faut distinguer les quolibets des quiproquos. Les premiers sont faits exprès, tandis que les autres se font involontairement, lorsqu'une personne se méprend sur le sens des mots qu'elle entend. Les quiproquos sont quelquefois fort plaisants. En voici quelques exemples.

A l'époque de la révolution où l'on supprima les noms de saints, quelqu'un ayant affaire dans la rue Sainte-Barbe, demandait partout la *rue Barbe*, et chacun l'envoyait chez l'apothicaire, croyant qu'il demandait de la rhubarbe.

On demandait à M. Droz : Qu'est-ce que le *bonheur?* — C'est, répondit l'académicien, un petit volume de 300 pages, dont je suis l'auteur, et qui se vend 3 francs chez Renouard, rue de Tournon.

Un officier de marine disait, en faisant le récit d'une tempête qu'il avait essuyée : Enfin nous jetâmes *l'ancre* et nous donnâmes de nos nouvelles. — Vous aviez donc perdu la tête, reprit quelqu'un, puisque voulant donner de vos nouvelles, vous commenciez par jeter *l'encre*.

Un étranger se trouvant à dîner chez M. De la Michaudière, grand-prévot de Paris, et l'entendant appeler *la Michaudière* (l'ami Chaudière), ne se crut pas assez lié avec lui pour l'appeler son ami; il se contenta de le nommer pendant tout le repas, *Monsieur Chaudière.*

Un préfet, qui venait d'être nommé *auditeur* au conseil d'état, se trouvait à un sermon, placé vis-à-vis de la chaire. Toutes les fois que le prédicateur disait *mon cher auditeur*, le préfet se levait et répondait par une inclination de tête.

Un riche ignorant demandait à un libraire, quel est cet ouvrage? C'est un *Tom Jones*, répondit le libraire. — Il est rouge, reprit l'autre. (Voyez aussi pages 2 et 3 d'autres exemples de quiproquos.)

5.° *La turlupinade* est une mauvaise allusion, fondée sur un rapprochement de mots de même consonnance, ou sur l'emploi multiplié du même mot dans ses divers sens. Piron s'est amusé à faire la turlupinade suivante sur le nom de Palissot, auteur de la Dunciade.

Le poète franc-gaulois,
Gentilhomme vendômois,
L'Homère de sa bourgade,
Ronsard, sur son vieux hautbois,
Entonna la *Franciade*.
Sur sa trompette de bois,
Un écrivain plus maussade
Entonna la *Dunciade*.
De cet ouvrage accompli
L'auteur avait nom Pali,
On le nomma Pali-fade,
Pali-fou, Pali-malade,
Pali-froid et Pali-plat,
Pali-sec et Pali-fat :
Enfin la turlupinade
Dut s'arrêter au vrai mot :
On le nomma Pali-sot. PIRON.

Le bruit avait couru que M. La Bourdonnaie avait été envoyé en ambassade par les soins de M. De Villèle. Quelqu'un fit alors ce quatrain :

Du *Bourdon* qui l'importunait
Il vient enfin de se défaire,
Et se vante d'avoir fait taire
Celui qui de là *bourdonnait*.

Quelqu'un disait d'un menteur, qu'il était né d'une *fausse* couche, qu'il avait été baptisé avec de *faux* sel, qu'il demeurait toujours dans un *faubourg*, qu'il ne passait que par de *fausses* portes, qu'il cherchait toujours les *faux-fuyants*, qu'il ne se plaisait qu'avec des *faussaires* et des *faux-sauniers*, qu'il ne chantait jamais qu'en *faux* bourdon.

Une autre espèce de turlupinade se fait en adressant des questions, dont on a préparé la réponse. Par ex. Quelle est la plante la plus utile? — C'est la *plante* des pieds. Quel est le plus grand pont? — C'est le *Pont-Euxin*. Quel est le plus grand pas? — C'est le *Pas de Calais*. La plus grande bouche? — La *bouche du Danube*. Le plus grandit lit? — Le *lit de la mer*. Quelle différence il y a entre un juge et un escalier? — C'est que l'un fait *lever* la main et l'autre fait *lever* le pied.

6.° *Les Rébus* sont aussi des espèces d'allusions, qui consistent à attacher un sens énigmatique à un arrangement de mots, de lettres, de syllabes ou de figures peintes. Quelquefois la disposition de certaines syllabes, mises les unes sur les autres, ou mises en lignes, font un Rébus, dont tout le mystère consiste à supposer entre elles les prépositions *sous*, *sur*, *entre*, *dans*, *avant*. Par exemple,

Pir	vent	venir
Un	naît	d'un,

s'explique ainsi : *Un soupir naît souvent d'un souvenir* (*un* sous *pir*, *naît* sous *vent*, *d'un* sous *venir*).

Pri bonne *se prend* fait bien *dre*,
Signifie *bonne entreprise fait bien entreprendre.*

6
100 signifie *sans souci.*

G tout 9 (I above tout) signifie *j'ai un surtout neuf.*

6 p/g 7 heures, signifie *j'ai soupé entre six et sept heures.*

Vous êtes un en t t (un entêté)
Je vous ai dit que ma faible s (faiblesse),
Et les travaux dont je suis o q p (occupé),
Ne souffrent pas que j'acqui s (j'acquiesce).

Hélas! je vis encore, et je sui poir.
(Je suis sans espoir).

Je désire vous voir maintenan moins.
(Je désire vous voir maintenant sans témoins.)

Quelquefois on fait des Rébus avec de simples lettres, prononcées par leurs noms alphabétiques. Ainsi G O B I font *j'ai obéi.* Quelqu'un qui avait beaucoup de temps à perdre a écrit l'histoire de la belle Hélène de la manière suivante :

L N N É O P Y, L I A T T, L I A M É, L I A É T M E, L I A C D, L I A O B I, L I A V Q A C, L I È D C D.

Ce qui signifie : Hélène est née au pays grec, elle y a tété, elle y a aimé, elle y a été aimée, elle y a cédé, elle y a obéi, elle y a vécu assez, elle y est décédée.

Les rébus hiéroglyphiques sont composés ordinairement de mots et de figures, ou de figures seulement. Par exemple, six lances signifient *silence*, un vieillard marchant sur une grande route signifie *un vieux parchemin.* Marot, dans son coq-à-l'âne, dit sur un poète nommé Fauveau :

Car en rébus de Picardie,
Une faux, une étrille, un veau,
Cela fait *étrille Fauveau.*

Epitre

Epitre en Rébus à de C***

Je voudrais en bus faire votre ;
100 les pro ner je dre mes ;
Quand l' pour m'aurait don 16 armes ,
Je n'en pour qu'un mod imparfait :
De a 20 rien vile ire ;
De lent , de tu le vous embel .
vous ; pres de vous pire ; tout
Tout pour nous en er en vous se u .
De la beau T le me peu durable
votre seul ornement ;
Vous y joignez l'A plus I
De l'S prit , d'un estimable
Et d'un K rac mant .
Je bien que pour dre un objet adorable
Il drait d'autres que ceux que trou V :
l'E est I able ,
Et bus est II V .

Mademoiselle *Miré*, danseuse à l'opéra, fut la cause de la mort de son amant; et les plaisants firent graver pour épitaphe sur la tombe du jeune homme les notes de musique *la mi ré la mi la* (la *Miré* l'a mis *là.*)

Un professeur de la Faculté de Droit de Rennes, M. Carré, a fait graver sur son cachet la lettre K et la note *ré*; c'est son nom en rébus.

Les frères Quarterons, imprimeurs-libraires à Lyon, firent peindre sur leur enseigne des poids de quarterons et de livres, avec cette inscription : *Les Quarterons font des livres.*

Il y a plusieurs auberges et cabarets qui ont pour enseigne un cygne et une croix; ce qui veut dire, *au signe de la Croix.*

On verra dans la planche ci-jointe une bonne partie des figures employées dans les rébus hiéroglyphiques. C'est une épître en vers et en rébus dont voici le sens.

Je voudrais en rébus faire votre portrait;
Mais sans les profaner puis-je peindre vos charmes?
Quand l'amour pour pinceau m'aurait donné ses armes,
Je n'en pourrais former qu'un modèle imparfait.
De vos attraits vainqueurs rien n'évite l'empire;
De talents, de vertus le ciel vous embellit;
Tout aime autour de vous, près de vous tout soupire;
Tout pour nous enchaîner en vous se réunit.

De la beauté le charme peu durable
N'est pas votre seul ornement;
Vous y joignez l'attrait plus véritable
De l'esprit, d'un cœur estimable
Et d'un caractère charmant.
Je crois bien que pour peindre un objet adorable
Il faudrait d'autres vers que ceux que j'ai trouvés;
Mais l'éloge est inépuisable,
Et mon rébus est achevé.

Les rébus ne sont bons, tout au plus, qu'à orner des écrans, ou à servir d'indication particulière, comme sur un cachet.

7.° *L'application*, allusion ingénieuse, est un nouvel emploi d'un passage, soit de prose, soit de poésie. De tous les jeux de l'esprit, c'est peut-être celui où il brille le plus par la justesse, la finesse, la singularité piquante, et sur-tout par l'à-propos de ces rencontres heureuses, espèce de hasard, qui n'arrive qu'à lui. Le talent des applications suppose avec un esprit juste, subtil et prompt, une mémoire bien meublée.

Lorsque l'archevêché de Paris fut érigé en pairie, les duchesses, en corps, allèrent en faire compliment à l'archevêque De Harlai, l'un des plus beaux hommes de son temps. « Monseigneur, lui dit celle qui portait la parole, les brebis viennent féliciter leur pasteur de ce qu'on couronne sa houlette. » L'archevêque, en regardant ces dames, dit à sa cour sacerdotale : *Formosi pecoris custos* ! (de quel beau troupeau je suis le pasteur.) Madame De Bouillon, qui savait le latin, répliqua, *formosior ipse* (le pasteur est encore plus beau que le troupeau). Ces deux mots finissent le vers de Virgile, dont l'archevêque citait le commencement.

Voltaire rencontrant un jour Delille, qui avait un air plus triste que de coutume, lui demanda s'il avait quelque chagrin. Delille lui dit qu'il venait d'apprendre la mort d'un ami, et ajouta à la louange du défunt ce vers d'Horace,

Multis ille bonis flebilis occidit.

Sa mort est un sujet de pleurs pour les gens de bien.

Voltaire reprit, par le vers suivant du même auteur,

Nulli flebilior quàm tibi, Virgili.

Sur-tout pour vous, Virgile.

On ne pouvait mieux flatter Delille que de l'appeler le Virgile français. Virgile et Horace, que tout le monde sait par cœur dès l'enfance, sont de tous les auteurs anciens ceux dont on fait, le plus souvent, les plus heureuses applications.

Un jeune homme que son curé voulait détourner du dessein d'épouser une jolie protestante, à cause de la différence de religion, répondit par ces vers de Corneille,

> Rome, si tu te plains que c'est là te trahir;
> Fais-toi des ennemis que je puisse haïr.

Mademoiselle De l'Enclos, pressée de se rendre aux offres d'un grand seigneur qu'elle n'aimait point, et dont on lui vantait la probité et le mérite, répondit par ce vers de Voltaire,

> O ciel! que de vertus vous me faites haïr!

Quelqu'un visitant Boileau dans sa dernière maladie, lui demanda comment il se trouvait. Le poète répondit par ce vers de Malherbe :

> Je suis vaincu du temps, je cède à ses outrages.

Un homme de la cour, se trouvant à un repas, contait des anecdotes très-fausses. Un des convives se tournant vers le laquais de cet homme lui dit : *Cliton, donnez à boire à votre maître.* Ce Cliton est le nom du valet de la comédie du *Menteur*, de Corneille.

Jean Sobieski, roi de Pologne, délivra Vienne assiégé par les Turcs. A la cérémonie religieuse que l'on fit dans la cathédrale de Vienne pour célébrer cet heureux évènement, l'orateur prit pour texte de son sermon ces paroles de l'Evangile de Saint Jean : *Fuit homo missus à Deo, cui nomen erat Joannes.* (Dieu envoya un homme nommé Jean)

Lorsque le duc Jean d'Anjou s'approcha de Naples à la tête d'une grande armée pour s'emparer de cette ville, il fit mettre sur ses drapeaux ces paroles : *Fuit missus cui nomen erat Joannes.* Alphonse d'Aragon, qui défendait la ville, lui répondit par cet autre passage pris du même endroit, et qu'il plaça également sur ses drapeaux : *Ipse venit et eum non receperunt.* (Il vint lui-même et on ne le reçut point.)

M. De Thou fut décapité à Lyon sous le gouvernement et par les ordres du cardinal de Richelieu. La sœur de M. De Thou, étant à Paris lors de la mort du cardinal, alla le voir sur son lit de parade, et lui adressa ces paroles que Marthe dit à Jésus-Christ : *Domine, si fuisses hic, frater meus non fuisset mortuus.* (Seigneur, si vous eussiez été ici, mon frère ne serait pas mort.)

Le duc de Bouillon, à qui Louis XIII venait de pardonner un crime de rébellion, rencontra le cardinal De la Valette, qui lui dit : *Beati quorum remissæ sunt iniquitates.* Comme ce cardinal avait été soupçonné d'avoir tramé quelque conspiration qu'on n'avait pu découvrir, le duc lui répondit : *Et quorum tecta sunt peccata.* Cette réponse est d'autant plus heureuse qu'elle suit l'autre phrase dans le même psaume.

Dupérier disait un jour à quelqu'un, qu'il était bien aise qu'il n'y eût que les fous qui n'aimassent pas ses vers. L'autre lui répondit : *Sultorum infinitus est numerus.* (Les fous sont en nombre infini.)

Frédéric le Grand fit embellir une église luthérienne d'une nouvelle façade. Les pasteurs qui la desservaient représentèrent au roi que leurs ouailles n'y voyaient pas assez clair pour lire les cantiques. Mais comme le bâtiment était trop avancé pour pouvoir y remédier, sa majesté écrivit sur leur mémoire ces mots de l'Evangile : *Bienheureux sont ceux qui croient et ne voient point.*

On a souvent dit à un médecin, *non mortui laudabunt te.* (Les morts ne vous loueront point.)

On fait aussi des applications de proverbes, de dictons ; et plus le nouveau sens ou le nouveau rapport de l'expression appliquée est éloigné de son sens primitif, plus l'application est ingénieuse.

Madame du Défant entendant raconter que S. Denis, après avoir été décapité, porta sa tête dans ses mains à deux lieues de distance : Quant à la distance, dit-elle, je le crois; car en cela *il n'y a que le premier pas qui coûte.*

On disait devant Fontenelle que Dieu avait fait l'homme à son image, et l'Académicien ajouta : *L'homme le lui rend bien.*

Les inscriptions et les devises sont aussi des applications, qui, sans avoir tout-à-fait le mérite de l'impromptu, sont quelquefois d'une heureuse justesse. Je ne sais où j'ai lu, sur la porte d'une école d'anatomie, ce vers du premier livre de l'Enéide, où Virgile représente les Troyens écorchant et dépeçant leur gibier :

> Tergora diripiunt costis et viscera nudant.

Cette inscription est à la fois et juste et plaisante.

Louis Racine, fils du grand poète, se fit peindre les œuvres de son père à la main, et le regard fixé sur ce vers, que dit Hippolyte, fils de Thésée, dans la tragédie de Phèdre,

> Et moi, fils inconnu d'un si glorieux père.

8.° *La Parodie* est une application de certains vers ou d'une expression connue en y faisant quelque changement. Corneille, en parlant d'un guerrier qui a vieilli dans les camps, dit,

> Ses rides sur son front ont gravé ses exploits.

Racine a parodié ces vers dans la comédie des plaideurs, où il dit plaisamment d'un huissier,

> Il gagnait en un jour plus qu'un autre en six mois.
> Ses rides sur son front gravaient tous ses exploits.

Boileau a dit dans son art poétique,

Gardez qu'une voyelle, à courir trop hâtée,
Ne soit d'une voyelle en son chemin heurtée.

Berchoux a parodié ces vers, dans sa gastronomie, pour en faire un autre précepte,

Gardez qu'en votre bouche un morceau trop hâté
Ne soit en son chemin par un morceau heurté.

Gresset dit de son perroquet,

Cet œil guerrier et cet air petit-maître
Lui prêtaient même un agrément nouveau.
Faut-il, grand Dieu, que sur le front d'un traître
Brillent ainsi les plus tendres attraits!
Que ne peut-on distinguer et connaître
Les cœurs pervers à de difformes traits!

C'est la parodie des premiers vers de la scène II du quatrième acte de la tragédie de Phèdre, où Thésée dit en voyant son fils :

Ah! le voici, grands dieux! à ce noble maintien
Quel œil ne serait pas trompé comme le mien?
Faut-il que sur le front d'un profane adultère
Brille de la vertu le sacré caractère!
Et ne devrait-on pas à des signes certains
Reconnaître le cœur des perfides humains?

Tartufe, voyant Orgon indigné contre son fils, dit avec une feinte douceur,

O Ciel! pardonne-lui comme je lui pardonne.

Le célèbre duc de la Rochefoucaud, pour plaire à la duchesse de Longueville, entra dans les querelles de la Fronde. Ayant reçu une blessure, qui lui fit perdre quelque temps la vue, il dit ces vers connus de la tragédie *d'Alcyonée*,

Pour mériter son cœur, pour plaire à ses beaux yeux,
J'ai fait la guerre aux rois, je l'aurais faite aux dieux.

Et après sa rupture avec Mme de Longueville, il parodia ainsi ces vers :

Pour ce cœur inconstant, qu'enfin je connais mieux,
J'ai fait la guerre aux rois, j'en ai perdu les yeux.

On a travesti ainsi en vers burlesques le récit de Théramène :

À peine nous sortions des portes de Gonesse;
Il était sur son âne et moi sur mon ânesse;
Il ne me parlait pas, je ne lui disais rien;
Ainsi se termina ce brillant entretien.

On connaît la devise de l'ordre de la Jarretière : *Honni soit qui mal y pense.* Un particulier la fit poser en lettres d'or sur la porte de son écurie, avec un petit changement dans l'orthographe. (*Honni soit qui mal y* panse.)

Sobieski, après sa victoire sur les Turcs, écrivit au pape, en lui envoyant l'étendard de Mahomet : *Je suis venu, j'ai vu; Dieu a vaincu.* César avait dit, *veni, vidi, vici.* (Je suis venu, j'ai vu, j'ai vaincu.)

On peut faire une parodie sans rien changer aux vers qu'on cite, en y ajoutant quelque autre vers d'un style burlesque. Voltaire fait dire à Antoine, dans la tragédie de la mort de César,

Du plus grand des Romains voilà ce qui nous reste.

Et on a ajouté,

Son chapeau, son gilet, sa culotte et sa veste.

On a travesti quelquefois de longs poëmes, tels que l'Enéide, l'Iliade, la Henriade; on fait aussi des parodies dramatiques, c'est-à-dire on transforme des tragédies en comédies par des changements plaisants : mais il ne s'agit pas ici de ces genres d'ouvrages; je ne veux parler que de l'application parodiée, qui se borne à une citation d'un passage court et bien connu.

9.° *L'homologie* est une parodie faite sur les paroles d'un autre, comme dans ce dialogue sur la société des deux sexes, entre un acteur et une actrice.

Un acteur :

Où l'on ne voit pas de chapeaux,
L'ennui se mêle à tout propos;
Sans nous que feriez-vous, Mesdames ?

Une actrice :

Où l'on ne trouve pas de femmes
Ce n'est que langueurs et dégoûts;
Sans nous, Messieurs, que feriez-vous?

Un acteur :

Cet esprit fin, ces mots flatteurs,
Dont vous savez charmer nos cœurs,
Sans nous les auriez-vous, Mesdames?

Une actrice :

Ces madrigaux, ces épigrammes,
Que vous chantez à nos genoux,
Sans nous, Messieurs, les feriez-vous?

Dans une comédie, un perruquier bavard répond à l'intendant, qui lui demande s'il aura bientôt fini : « Combien de gens vous trouverez qui n'ont point » fini? Combien d'édifices restés au premier étage? » Combien de voyages restés à moitié chemin? Com- » bien de blés mangés en herbe? Combien de châteaux » en Espagne?.... » L'intendant impatienté reprend : « Combien de bavards qui n'ont jamais su se taire? »

Clark pria un jour un de ses camarades, pensionnaire du même collège, de lui prêter l'histoire de la Réforme. Celui-ci lui répondit qu'il ne laissait pas sortir ses livres de sa chambre; mais que s'il voulait venir chez lui lire toute la journée, il serait le bien venu. Quelque temps après, ce même ami, ayant besoin d'un soufflet pour allumer son feu, envoya emprunter celui de Clark. Dites à mon ami, répliqua-t-il au domestique, que je ne laisse jamais sortir mon soufflet de ma chambre, mais que, s'il le désire, il pourra *venir souffler toute la journée chez moi.*

A une session de l'amirauté en Angleterre, où il s'agissait du procès d'un marin accusé d'un crime capital, le président demanda à un des témoins s'il était pour ou contre le prévenu. Ce témoin, qui était matelot, répondit : Je n'entends pas ce que vous voulez dire par *prévenu* ; tout ce que je sais, c'est que je suis venu pour l'homme que voilà là, en montrant le prisonnier. — Vous êtes un garçon bien intelligent pour servir de témoin, lui dit le président ; vous ne savez pas ce que c'est qu'un prévenu ! Un instant après le président ayant demandé à ce même matelot dans quelle partie du vaisseau il était lors de l'affaire dont il s'agissait. Dans quelle partie, répondit-il ? Dans le gavon, derrière les cantanettes. — Et qu'elle est cette partie du vaisseau, reprit le président ? — Ah ! ah ! riposta le marin, en ricanant, voilà un beau président, qui ne connait seulement pas *le gavon et les cantanettes.*

10.° *Le calembour* est une sorte d'allusion verbale qui s'arrête au son des mots. Le mot *calembour* est connu de tout le monde, et peu de personnes savent en quoi consiste ce jeu de mots. On le confond avec l'allusion, la paronomase, l'équivoque, le quolibet, etc. Il consiste à feindre de confondre les mots homonymes, ou même les syllabes homonymes, en s'attachant seulement au son, sans égard à l'orthographe ni au sens des mots précédents. Par exemple, si l'on dit un *homme habile*, un *homme trop heureux*, le calembouriste feindra d'entendre un *homme à bile*, un *homme trop peureux.* Si l'on parle d'un *prince du sang*, il demandera si c'est un *prince du sens commun.* Ainsi les calembours se font de deux manières, par décomposition ou par addition.

On trouve beaucoup de calembours dans les livres facétieux du 15.e et du 16.e siècle On les nommait alors des *entend-trois.* Le marquis De Bièvre les a remis en vogue à la fin du 18.e siècle, et leur a donné un nouveau nom. Le mot *calembour* est dit-on de son invention. Il est formé par contraction des mots italiens *calem-burlo*, je joue avec la plume.

Dans *les Entretiens du Palais Royal*, on donne au *calembour* une autre origine plus vraisemblable. Un apothicaire nommé Calembour, qui demeurait dans la rue S.t-Antoine, et qui rassemblait beaucoup de monde dans sa boutique, jouait sans cesse sur le mot; et on appela ses pointes des *calembours.*

Je dois faire observer ici aux jeunes gens que les calembours qui sont de tous les jeux de mots les plus faciles à faire, sont aussi les plus mauvais, et qu'ils ne sont point soufferts dans la bonne conversation. Rien de plus ridicule et de plus maussade qu'un calembour prémédité ou dit sérieusement. Cette espèce de jeu de mots ne peut passer qu'à la faveur de la légèreté, du badinage, presque de l'étourderie, dans une conversation familière, lorsque la gaité est au point de permettre ce désordre de l'esprit. Je dis désordre, car un calembour est une incongruité, une espèce de soufflet que la déraison donne au bon sens, et qui peut être ou n'être pas supportable, selon les circonstances et la manière dont il est donné.

Froids calembours, dont un fat s'applaudit,
Plats quolibets, enfants de la licence,
Vous que l'on nomme un abus de l'esprit,
Le plus souvent vous prouvez son absence. Aug. Mam.

Il arrive quelquefois aux pesonnes d'esprit de faire des calembours; c'est avec des gens qui sont plus sots qu'eux, et ils savent accompagner leurs écarts d'un ton et d'un à-propos qui les rendent pardonnables. En citant des calembours, pour faire voir en quoi consiste ce jeu de mots, je donne de préférence, comme anecdotes littéraires, ceux qui appartiennent à des personnages distingués.

On parlait devant Boileau d'un homme qu'il méprisait et qui était tombé malade; le satyrique s'écria : *quelle fatalité!* (quel fat alité).

Le cardinal Janson turlupinait un jour le même poète sur son nom. Quel nom, dit-il, portez-vous-là? *Boileau!* Il valait mieux vous appeler *Boivin*, car le vin est préférable à l'eau. Le poète lui répondit sur le même ton : Et vous, Monsieur, quel nom avez-vous choisi? *Janson!* Il valait mieux vous appeler *Jean-Farine*, car la farine est préférable au son.

Le poète Roi, qui avait été une fois battu pour ses vers satyriques, disait un jour à l'opéra qu'il travaillait à un *ballet*. Une voix s'écria derrière lui : un *balai*, Monsieur! prenez garde au manche.

Le petit-fils de D'Aguesseau, ayant été admis dans une société littéraire, disait modestement qu'on l'avait reçu à cause de son *grand-père*. Le grammairien Beauzée lui répondit : Je l'ai bien été à cause de ma *grand-mère*, (grammaire).

Une dispute s'était élevée entre deux individus. L'un d'eux s'emportait et criait beaucoup. Monsieur, lui dit l'autre, si vous prenez le *haut ton*, je prendrai le *bas ton* (le bâton).

L'abbé Pellegrin, qui était pauvre, et dont on a dit

qu'il dînait de l'autel et soupait du théâtre, fit jouer une pièce où se trouvait ce vers :

L'amour a *vaincu* Loth.

Un plaisant du parterre s'écria : Qu'on en donne une à l'auteur, feignant d'avoir entendu *vingt culottes*.

Un marchand facétieux nommait ceux qui venaient acheter chez lui sans acheter, des *nonchalants* (non chalands). Ce même marchand ne buvait que de l'eau, et il appelait ceux qui mettaient du vin dans leur eau *des gâteaux* (des gâte-eau).

M. D'Armagnac, causant avec le duc Henri-Jules (depuis prince de Condé) lui demanda pourquoi on disait *guet-à-pens*, et non pas *guet-à-dinde*. Par la même raison, répondit le prince, qu'on ne dit pas : M. D'Armagnac est un *turluchêne*, mais un *turlupin*.

Sur la fin du règne de Louis XIV, dans le temps que ce monarque se laissait conduire par M.me De Maintenon, le grand dauphin paraissait surpris de la détresse où se trouvait l'Etat. Mon fils, lui dit le roi, nous maintiendrons notre couronne. — Sire, répartit le dauphin, *maintenons-la* (Maintenon l'a).

Vous riez sous cape, disait-on à l'héritier d'un avare. Oui, répondit-il, et même sous *cap de bonne espérance*.

Le beau Dillon, favori de la reine, avait toutes les dents gâtées ; ce qui fit dire qu'il ne trouvait pas de miroir assez clair pour qu'il pût se voir *dedans* (de dents.)

Un anti-physicien, entendant louer l'invention des ballons, demandait, en prononçant mal : Mais à quoi servent les *bâlons ?* — Monsieur, lui dit un plaisant, ils servent à chausser les grandes jambes. (Les bas longs.)

Dormeuil étant à dîner chez un ami, on servit un foie et une oie. Parbleu, dit-il, on ne nous accusera pas de n'avoir ni *foi* ni *loi* (ni foie ni l'oie).

Clairval disait qu'en fait de calembours, il n'en débitait jamais que de bons. Bah ! lui répondit-on, c'est que vous prenez peut-être les *sauts* pour les *bonds*. (les sots pour les bons.)

En 1786, quand les femmes prirent presque toutes des ceintures, on dit que cette mode allait bien changer les mœurs, puisque toutes les femmes voulaient être *sujites* (ceintes).

A table, chez Damis, parlant tous à la fois,
Se tuant à chercher la meilleure des lois,
Des avocats faisaient un bruit épouvantable.
Messieurs, leur dit Mondor, j'avouerai qu'au barreau
Je ne la connais point; mais je soutiens qu'à table
La meilleure des lois fut toujours *la loi iau* (l'aloyau.)

A un banquet, plusieurs convives égayés chantèrent différents couplets. Un fat, qui se servait avec peu de convenance, d'un joli cure-dent, pressait un bon prêtre, assis à côté de lui, de chanter aussi un couplet. Celui-ci s'en défendit d'abord; mais le freluquet le pressait toujours, en lui disant d'un ton assez peu respectueux : Allons ! Monsieur, allons ! il faut que vous chantiez, quand ce ne serait qu'un *Dominus vobiscum*. Le prêtre lui promit enfin de le satisfaire, et après un moment de réflexion, il chanta les couplets suivants :

Air : *Contentons-nous d'une simple bouteille.*

D'un cure-dent nous permettons l'usage,
Quand on s'en sert sans qu'on soit aperçu;
Mais en public en faire un étalage,
Autant vaudrait faire montre d'un *cu*-
-re-dent, nous permettons l'usage
Quand on s'en sert sans qu'on soit aperçu.

Fatiguez moins, par vos airs d'importance,
Gens qui de vous ne font point grand état ;
Car en poussant à bout notre indulgence,
Vous nous forcez de vous traiter de *fat*-
Iguez moins, par vos airs d'importance,
Gens qui de vous ne font point grand état.

Une personne d'un esprit assez obtus abordant quelqu'un de sa connaissance, lui demanda ce qu'on disait de *neuf*. — On dit que c'est la moitié de dix-huit, répond son interlocuteur. Quoique un peu usé, ce mot parut piquant au questionneur qui se promit bien de le répéter à la première occasion. Le lendemain, au moment où il entrait dans une maison, une dame lui demanda ce qu'on disait de nouveau. — On dit que c'est la moitié de dix-huit, répondit l'ingénu.

On fait aussi des calembours avec des mots latins, en les employant pour des mots français, suivant la prononciation.

Lorsqu'on parlait de l'arrivée des Russes à Paris, un parisien, curieux de les voir, exprima son vœu par ce vers d'Horace,

O *Rus !* quando ego te aspiciam ?

Des voleurs pillaient la maison d'un archevêque. L'un d'eux apercevant un crucifix d'un grand prix, l'emporta en disant : *Crucifixus etiam pro nobis*.

Un curé en procès avec ses paroissiens, qui ne voulaient pas payer son église, étayait son droit sur ce passage de Jérémie : *Paveant illi, ego non pavebo.*

Calembours de M. De Bièvre.

Un impertinent fut rossé pour avoir tenu des propos injurieux. Quelque temps après, Bièvre ayant rencontré le battu, lui dit : vous vous souviendrez que les injures se gravent sur l'*airain* (sur les reins).

Une jolie dame jouant au piquet avec Bièvre, ayant perdu plusieurs fois, disait : que de vilains *coups* j'ai essuyés ! Comme cette dame très-échauffée passa son mouchoir sur son cou, Bièvre lui dit, cette fois, Madame, vous ne direz pas que vous essuyez un vilain *cou*.

Un jour que Vernet avait exposé plusieurs dessins au salon, Bièvre y rencontra ce peintre et lui dit mystérieusement ; ce n'est pas sans *dessein* qu'on vous trouve ici (dessin).

Bièvre sollicita vivement une place vacante à l'Académie. Mais l'abbé Mauri s'étant mis sur les rangs des candidats ne lui laissa plus aucun espoir. Il fallut céder. Il se désista de bonne grace, en disant :

Omnia vincit Amor; et nos cedamus Amori (à Mauri).

Ayant aperçu que M. Le Noir, lieutenant de police, avait depuis sa maladie beaucoup de boutons, il disait que M. Le Noir n'avait plus *la police* (la peau lisse).

Une dame disait qu'elle avait besoin d'un cheval de *selle*. Vous n'y pensez pas, Madame, reprit Bièvre ; un cheval de *sel* ne serait bon que pour la femme de Loth.

Allant en carosse, il se mit sur le devant ; et lorsqu'on lui dit qu'il serait mieux sur le *derrière*, il répondit que dès qu'on est assis dans une voiture on est toujours sur le *derrière*.

Deux hommes, pour s'être souffletés, se disposaient à se battre en duel. On pria Bièvre d'être médiateur dans cette affaire. Vous plaisantez, dit-il, me prenez-vous pour un *racommodeur de soufflets* ?

Louis XVI laissa une fois échapper un signe d'affections venteuses devant quelques courtisans. Bonne nouvelle, s'écria Bièvre. Voilà des bruits de *paix* qui courent à Versailles.

Un homme fort gros, avec qui il se promenait, s'arrêta au bord d'un fossé en disant : Je le sauterais bien ; mais je pourrais tomber dedans. Ah! Monsieur, repartit Bièvre, il serait *comblé* de vous recevoir.

L'abbé C..... qui aimait beaucoup le jeu, dissertait un jour sur la philosophie ancienne. Bièvre se mit à dire : Je gage, Monsieur l'abbé, qu'à tous les philosophes vous préférez *Descartes* (des cartes.)

Lorsque Sauvigny donna sa comédie du *Persiffleur*, Bièvre dit que que quand on jouait cette pièce le *père-siffleur* avait tous ses enfants au parterre.

En passant le Pont-Neuf avec un de ses amis, il lui échappa un vent indiscret. Son ami se moqua de lui A quoi servent donc ici les *parapets*, reprit-il ?

On lui faisait remarquer une jolie femme en Amazone. Parbleu, dit-il, voilà une *belle équipée*.

Un jour d'été le comte d'Artois (actuellement Charles X) lui demanda une pointe, en lui recommandant qu'elle ne fût pas longue. Monseigneur, lui dit-il, l'usage des *courtes-pointes* est superflu dans cette saison.

Etant à dîner chez son procureur, on lui présenta un morceau de lard. Est-ce un *larcin*, demanda-t-il ? (un lard sain.)

Il eut un débat avec un joueur colère et emporté, nommé *Arty*. Ma foi, dit-il, en quittant la partie, c'est un *artichaut* que cet homme-là (Un Arty chaud.)

Lorsqu'il donna à l'imprimeur *Prault* le manuscrit de sa comédie du Séducteur, cet imprimeur lui dit : Voilà un ouvrage qui vous classe parmi nos meilleurs écrivains; mais, de grâce, plus de calembours, car...... Ah! puisque tu le prends ainsi, mon cher Prault, j'en ferai sur toute ta maison. Toi, tu es un *problême* (Prault blême), ta femme une *profanée* (Prault fanée), et ta fille une...... *pro nobis.*

Louis XVI, voulant payer son tribut à la mode, lui demanda de quelle secte sont les puces? Le calembouriste n'ayant pu répondre, le roi reprit : de la secte *d'Epicure* (des piqûres). Eh bien ! sire, repliqua Bièvre, de quelle secte sont les poux. Le roi ne répondant pas, Bièvre ajouta : de la secte *d'Epictète* (des pique-tête).

Il n'y a, disait-il, qu'un moyen de ne se point crotter dans les rues de Paris, c'est de ne pas aller jusqu'*au bout* (jusqu'aux boues).

On vantait devant lui une belle femme, dont il avait à se plaindre. Ma foi, dit-il, je ne la trouve pas *si belle*. Chacun se récria contre lui, et pour faire sa paix, il retourna sa phrase, et dit qu'elle pouvait bien être une Vénus, mais qu'elle n'était pas Cybelle. (Si belle.)

On lui annonçait la mort d'une personne de sa connaissance. Il répondit laconiquement *fausse nouvelle*. Mais cela est très-vrai, ajouta-t-on. Eh! bien reprit-il, je ne vous démens pas en vous disant que c'est une fosse nouvelle, une *fosse* de plus à faire.

Bièvre, dans sa manie de calembours, fit une lettre facétieuse adressée à la *Comtesse-tation*, par le s.[r] *Dubois-flotté*, étudiant en droit-*fil*. Cette lettre, dans laquelle on fait la relation de la vie et de la mort de l'*abbé Quille*, est un tissu de calembours. En voici le commencement. « Le père de l'abbé-*Quille* le mit d'abord dans une école *de trictrac*, et ensuite dans une pension *viagère*, où on lui donna toute sorte de maîtres *de maison*; un maître en fait d'armes *parlantes*, un maître de dessein *prémédité*, un maître à chanter *pouille*, etc. Il fit d'autant plus de progrès qu'il avait beaucoup de mémoire *d'apothicaire*, et un goût pour l'étude *de notaire*, qui n'avait point de bornes *de rue*. A douze ans, il connaissait déjà toutes les langues *fourrées*; à treize, il fit une ode en vers *luisants*, qui lui valut le prix de l'acdémie *d'équitation ;* à quatorze, il donna une pièce *de deux sous* en cinq actes *de contrition*, qui, de l'aveu de tout le monde, était un chef-d'œuvre de l'art *rance*. Ce fut à cette occasion qu'on lui envoya une meute de chiens-*dent* et un superbe couteau de chasse-*marée*. L'année d'après il parut dans le monde *souterrein* dans tout son lustre de *crystal*, et l'on peut dire qu'il y débuta avec le plus grand éclat *de bombe*. L'abbé-*Quille* obtint une abbaye, et pour y faire son entrée *de serrure*, il commanda à son tailleur un habit de velours, à ramage *de rossignol*, brodé en argent *comptant*, avec des manches *à balai*, des poches *de meunier* et des revers *de fortune*. Revêtu de cet habit, il se mit au cou un rabat-*joie* et une fraise *de veau*. Mais ce qu'il y avait de plus précieux que tout cela, c'était sa mine *du Pérou*, sa figure *de rhétorique*, son air *à boire* et son port *frais*. A son arrivée, on sonna toutes les cloches *de melon*, on fit battre la caisse *d'escompte*, on tira quinze cents boîtes *à bonbons* et plus de mille coups de canon *de seringue*. L'abbé-*Quille* traversa d'abord deux cours *de ventre*, au milieu des acclamations les plus flatteuses. Ici on lui faisait une harangue en prose *des morts ;* là on lui récitait des pièces *d'estomac* en vers *et contre tous ;* plus loin on lui chantait des airs *rébarbatifs*.

Après la description de l'abbaye et d'autres détails, la lettre finit par une querelle que l'abbé-Quille eut avec un dragon *volant*, qui se fâcha d'avoir été éclaboussé par l'abbé-*Quille*, au point *du jour* qu'il avait ses bas *d'âne* tout couverts de boue. Il fallut en venir aux prises *de tabac* avec lui. Dans le premier mouvement *de pendule*, l'abbé-*Quille* lui donna un soufflet *de forge*, à quoi l'autre répond par un coup de pied *en cap* et un coup de point *d'Argentan*, qui lui firent perdre une quantité prodigieuse de sang-*sues*, et il meurt deux heures après. Le lendemain son corps *de garde* fut mis dans une bière *de mars* pour être porté en terre *cuite*. Tous les religieux de son abbaye accompagnèrent le convoi dans l'ordre qui suit. Le père-*Foreur* commençait la marche; venait ensuite le père-*Suasif*, le père-*Igord*, le père-*Manant*, le père-*Fide*, le père-*Sévérant*, le père-*Uquier*, le père-*Nicieux*, et enfin le père-*Sécuteur*. Le père-*Clus* suivait de loin, à cause de ses infirmités, de même que le père-*Pendiculaire*, à cause de son grand âge. Lorsque le convoi fut arrivé, le père-*Sonnage* fit retentir toutes les cloches; le père-*Messe* commença le service; le père-*Soreille* toucha l'orgue, et le père-*Pétuel* joua du basson. On chanta un hymne de la composition du père-*Vers*, et le père-*Oquet* prononça l'oraison funèbre. Le soir on donna un grand repas où l'abbé-*Daine* et l'abbé-*Gueule* furent invités. On les pria d'amener avec eux l'abbé-*Casse* et l'abbé-*Cassine*, sans oublier l'abbé-*Quée*, l'abbé-*Trave* et l'abbé-*Toine*. L'abbé-*Tise* et l'abbé-*Vue*, qui n'avaient point été priés, s'y trouvèrent cependant, ainsi que d'autres amis du défunt, tels que l'ami-*Taine*, l'ami-*Nute*, l'ami-*Graine* et l'ami-*Traille*. Après-souper le père-*Siffleur* joua du flageolet, et l'abbé-*Atitude* dansa une allemande avec une jeune dame *polonaise*.

Ainsi se termina cette auguste cérémonie, qui n'était qu'un hommage dû à la mémoire de l'abbé-*Quille*; mais une gloire plus solide et plus rare, c'est l'avantage inouï qu'il a eu de voir à la fois dans son abbaye plusieurs saints et saintes, savoir : saint-*Doux*, saint-*Uron*, saint-*Foin*, saint-*Gerie*, saint-*Phonie* et saint-*Pathie*, ainsi que sainte-*Ure*, sainte-*Onge* et sainte-*Axe*.

Fin, *comme Gribouille*.

Bièvre fit aussi le roman des amours de l'*ange-Lure*, où les personnages sont l'*ange-Oleur*, l'*ange-In*, l'*ange-Ambée*, l'*ange-Vin*, l'*ange-Oument*, l'*ange-Eu*, l'*ange-André*, *la fée-Lure*, *la fée-Néantise*, *la fée-Licitée*, *la fée-Condité*, *la fée-Lonie*, *la fée-Sanderie*, *la fée-Rule*, *la-fée Roce*, *les fées-Nomènes*.

Un autre ouvrage facétieux de Bièvre c'est une tragédie, intitulée *Vercingentorixe*, toute farcie de calembours. Elle commence par ces vers :

Dans ces lieux *à l'anglaise*, où ma voix vous amène,
Il faut de nos malheurs rompre le cours *la reine.*
Amis, vous dont l'esprit est plus mûr *mitoyen*,
Donnez-moi des conseils dignes d'un citoyen,
Et surtout *de droguet*, dans vos vertus antiques
Rétablissons le sort de nos sujets *lyriques*.

. . . .

Avec moins de secours et de bras *de fauteuil*,
Des Romains autrefois je creusai le cercueil.
Je sus, *comme un cochon*, résister à leurs armes,
Et je pus, *comme un bouc*, dissiper vos alarmes, etc.

Quelqu'un critiquait ces deux derniers vers et disait à l'auteur : vous écrivez *je sus* et *pus* avec une *s finale*; mais pour que l'équivoque fût exacte il faudrait y mettre un *e*. — Eh bien ! Monsieur, dit Bièvre, qui vous empêche d'y mettre *le vôtre?* (Votre nez).

Bièvre fut obligé en 1789 d'aller à Spa prendre les eaux. Sa gaité ne l'abandonna point; et sentant approcher sa fin, il dit à ceux qui l'entouraient : mes amis, je pars *de Spa* (de ce pas). Il partit en effet et mourut peu après.

Bièvre légua sa calembourimanie à beaucoup d'autres, qui depuis ont fait leurs preuves en ce genre. Des amateurs de calembours ont ressuscité le calembouriste dans quelques pièces de théâtre. Dans une de ces pièces, qui eut beaucoup de succès, Bièvre perd sa maîtresse et un procès considérable, par la lettre suivante qu'il a écrite au juge rapporteur, et que les calembours rendent tellement inintelligible, que le juge fait son rapport tout de travers :

Monsieur,

« Je vous envoie mes pièces : tenez-vous-en au *texte*, et nous aurons le *pré ;* car mon procès n'est qu'un *pré texte.* Quoique l'objet en litige ne soit pas éloigné, je le crois *pré-Caire* (près le Caire). Cependant, si vous le voulez, vous emporterez le *pré* par votre talent *pré dominant*, et je suis *caution* de votre succès si vous prenez toutes vos *pré-cautions.* Je suis, etc »

Lorsque Bièvre a perdu son procès, il se reproche ses calembours. Dans le fait, dit-il, ma lettre n'est pas précisément en style du palais ; mais quoi ! la sottise est faite, et l'on ne peut revenir sur le *pré-jugé.*

Long-temps avant Bièvre on faisait de longs ouvrages en calembours. Ces anciens calembouristes, en peignant leurs héros, ne manquaient pas de leur donner un front *de bataillon*, des yeux *de pain mollet*, une bouche *de Danube*, un cou *de tonnerre*, une gorge *de montagne*, une poitrine *de veau*, des bras *de mer*, des mains *de papier*, un poing d'*Alençon*, un cœur d'*opéra*, un port d'*armes*, une taille *de plume*, un accent *circonflexe*, un ris *de veau*, un caractère *gothique*, un pas *de Calais*, la marche d'*Ancône.* Parlaient-ils de leur manière de vivre ? Ils observaient un régime de verbe *actif*, et vivaient d'une règle d'*arithmétique.* Vous les eussiez vus modestement assis à leur table *alphabétique*, couverte d'une nappe d'*eau*, n'ayant pour tout mets que quelques plats de racines *cubes*, ou quelques poissons d'*avril*, entre lesquels ils préféraient les soles *de musique* et les vives-le-roi. Parlent ils de leur équipage ? Il consistait en deux ou trois chevaux *de frise*, six gardes *de fou*, deux valets *de pique*, etc.

En faveur de ceux qui attachent quelque prix à l gloire triviale de faire des calembours, et qui veulen briller parmi les diseurs de rien, je vais donner ici quel ques principes pour faire facilement de ces jeux d mots, au moyen desquels on peut passer pour homm d'esprit au yeux des sots.

Il ne faut pas avoir égard au sens des paroles; mai être attentif au son de chaque mot et aux diverses dé compositions dont il est susceptible. Il faut oublie l'orthographe, si on la sait, et être bien persuadé qu'u bon calembouriste doit manquer de goût dans la ma nière de penser et de parler. Il faut couper hardimen la parole à ceux qui parlent raison, en donnant l'en torse à leurs phrases, et en mettant à la torture le mots dont ils se servent pour les changer de physiono mie. Transformez *bonté* en *bon thé*, *divers* en *d'hive* ou *dix verres*, *demain* en *deux mains*, *directeur* en *di recteurs*, *distance* en *dix stances*, *épouvanté* en *épou vanté*, *romarin* en *rot marin*, *auparavant* en *au para vent*, *quelle bagatelle* en *quelle bague a-t-elle*, *il sèm* en *il s'aime*, *fougueux* en *fou gueux*, *sanglant* en *san gland*, *apparence* en *appas rances*, *jambon* en *gens bons*, *amour propre* en *amour sale*, *garde-des-sceaux* en *garde-des-sots;* dites qu'un homme est *tailleur* pour *est ailleurs*. Confondez l'*herbette* avec l'*air bête*, la guerre de *Troi* avec la guerre de *trois*. Engagez un bonnetier à parle *bas*, un imprimeur à faire de meilleures *impressions*, un poète à ne pas *tirer les vers du nez*, un chirurgien à visiter les malades *sanguins* (sans gain), un musicien à ne jamais chanter en *si* (en scie), mais au contraire à prendre le ton de *re ut si* (de réussir). Si l'on vous traite de *censeur*, assurez que vous avez *des sœurs*, si l'on vous propose de faire un *pari*, dites qu'un *Paris* ne se fait pas dans un jour. Si quelqu'un se plaint qu'il a essuyé des revers, dites que vous connaissez des décrotteurs et des dégraisseurs qui en essuient plus de vingt par jour (revers de botte ou d'habit). Faites des *pères* avec tous les mots qui commencent par *per*, comme *percepteur*, *perplexe*, *perturbateur*, *pervertisseur*, etc.; des *mères* avec tous les mots qui commencent par *mer* ou l'*amer*; des *tantes* avec ceux qui commencent par *tant* ou *tent*; des *lords* avec ceux qui commencent par *lor* ou l'*or*; des *anges* avec ceux qui commencent par *an*, *ange* ou *anj*; vous trouverez facilement des *ânes* dans *analyse*, *anathème*, *entêté*, *endurci*, *entendu*, etc.; vous trouverez des *chats* dans *chamarré*, *chapitre*, *chapelet*, *chapon*; etc.; des *bas* de toute espèce dans *bagage*, *balai*, *badiner*, *badaud*, *balustre*, etc.; toute sorte de *corps* dans *cordage*, *cordon*, *cornet*, *cornu*, *corridor*, *corsage*, etc; toute sorte de *vers* ou *verres* dans *verbiage*, *verdoyant*, *verdure*, *vermisseau*, etc.; des *rats* dans *radeau*, *radical*, *radoteur*, *rachat*, etc. Avec tout cela feuilletez Biévriana, Pironiana, Jocrissiana, l'Encyclopédiana, etc. et bientôt vous serez vous-même un *ana* accompli.

CHAPITRE VI.

JEUX GRAMMATICAUX.

La Charade.

La Charade est une espèce d'énigme, qui consiste dans la simple décomposition d'un mot en deux ou plusieurs parties, dont chacune fait un autre mot. On propose à deviner le mot entier et ses parties, en définissant successivement chacune des parties et le tout. Il faut donc pour faire une charade un mot qui en se divisant présente d'autres mots avec leur orthographe exacte, comme *chiendent*, *courage*, *orange*, *Epicure*, *polisson*, qui peuvent se décomposer ainsi, *chien-dent*, *cou-rage* ou *cour-âge*, *or-ange*, *Epi-cure*, *Po* (rivière) *lis-son*. Les mots *Paris*, *chapeau*, *poinçon* ne sont pas propres à faire des charades, quoique chacun d'eux offre à l'oreille deux noms, parce que ces noms n'auraient pas l'orthographe exigée. La première syllabe ou la première partie du mot de la charade s'appèle *mon premier* ou *ma première moitié*, la seconde partie du mot s'appèle *mon dernier* ou *mon second* ou ma *seconde moitié*; le mot entier s'appèle *mon entier* ou *mon tout*. Voici quelques charades dont le mot est donné à la fin de ce volume.

1.er On me voit dans le pré, lorsque le foin y roule;
Mon premier vit et marche et mon second s'écoule.

2.e Quand mon premier est mon dernier,
C'est alors qu'il est mon entier.

3.e Mon premier dans les champs nous promet l'abondance;
Sur l'homme malheureux exerçant son métier,
Rarement un docteur opère mon dernier;
Dans Athènes mon tout prêchait la jouissance.

4.e C'est par moi qu'un mortel sans prudence ou folie,
Devient ma grande et première moitié.
Peut-être est-il digne d'envie;
Peut-être est-il aussi bien digne de pitié;
Car je fais un heureux ou bien un misérable.
Je puis asservir sous ma loi
Le riche, l'indigent, le berger et le roi.
Plus ma dernière augmente et moins je suis aimable.
Si vous m'êtes soumis, puissiez-vous être heureux;
Je n'ose l'assurer, le cas est trop douteux.

5.e A peine fille a mon dernier,
Qu'elle aspire à mon tout pour avoir mon premier.

6.e Vois-tu ce malheureux, qui n'a pas mon premier,
Cours à lui, cher lecteur, soulage sa misère.
Il est sans bien : partage avec lui mon dernier.
Garde-toi d'oublier que le pauvre est ton frère.
Que tout infortuné trouve en toi mon entier.

7.e Sous ses drapeaux menant joyeuse bande,
A certains jeux mon premier fait la loi;
Car aussitôt qu'en despote il commande,
Tout obéit cavalier, dame et roi.
Si sur le roc avec quelque avantage,
Bon laboureur, vous voulez travailler,
Pour l'entamer songez à faire usage
De l'instrument que nomme mon dernier.
Fuyez mon tout, sa langue venimeuse
Dans votre sein pourrait porter la mort.
Par lui jadis une reine fameuse
Vit terminer la honte de son sort.

8.e Un des sept frères en musique
Compose toujours mon premier;
Chaque être porte avec soi mon dernier;
En guerre encore il est mis en pratique;
Et l'on trouve dans mon entier
Une calamité publique.

9.e Si jamais mon premier s'unit à mon second,
Où trouver pour mon tout un pot assez profond?

10.e Quand mon premier roule sur mon dernier,
Arrête, ou gare la culbute;
Quand mon entier s'abat, c'est bien une autre chute.
Adieu la cave et le grenier.

11.e Pour aller me trouver il faut plus que des pieds,
Et souvent en chemin on dit sa pate-nôtre;
Mon tout est séparé d'une de ses moitiés.
La moitié de mon tout sert à mesurer l'autre.

12.ᵉ Le flatteur dans mon premier
Intrigue, s'élève et brille.
Jamais une vieille fille
N'est franche sur mon dernier.
Chez les Français mon entier
Est vertu de famille.

13.ᵉ Mon portrait n'a rien qui frappe.
Dussé-je paraître fou,
Je dirais que je suis pape
Lorsque je n'ai pas le sou.

La charade peut avoir quelque mérite lorsque, comme le madrigal et l'épigramme, elle renferme un compliment bien tourné, ou une bonne pensée heureusement exprimée. La muse ordinaire des charades est l'esprit de galanterie, comme on le voit dans les suivantes, adressées à des demoiselles.

14.ᵉ Pour s'embellir une coquette
Fait usage de mon premier.
La bergère sur sa toilette
Ne consulte que mon dernier.
Sans vous, chère Zélis, la vie est mon entier.

15.ᵉ Mon premier vous défend d'une pointe cruelle;
Dans mon second un chevalier fidèle
Aurait jadis défendu vos appas,
On trouve mon tout sur vos pas.

16.ᵉ De votre teint mon premier est l'image,
De votre cœur l'autre est la qualité,
Et mon tout est une cité
Fameuse sur le bord du Tage.

17.ᵉ Une note fait mon premier.
Sans art, par la seule nature,
Iris, vous êtes mon dernier,
Aux vœux d'un tendre amant, l'amour vous en conjure,
Ne vous montrez point mon entier.

18.e Votre amant, pour vous voir, hâtera mon premier;
Mon second, où Titus porta jadis la flamme,
Est la ville où David composa son psautier,
C'est pour vous que mon tout regne dans plus d'une ame.

19.e On n'aime pas un mets quand il est mon premier;
Un pronom féminin dans mon second se place.
Si l'amour de Colin à vos yeux obtient grace,
Iris, pour ses rivaux montrez-vous mon entier.

20.e Des vents sur mon premier on brave le courroux,
Des nuits dans mon second on passe la tristesse,
Pour rencontrer mon tout, que l'on cherche sans cesse,
Et que l'on peut trouver en vous.

21.e Des Grecs et des Romains la brillante voiture,
Des veuves du grand ton la lugubre parure,
De vous ce que l'on dit partout
Sont mon premier, mon second et mon tout.

Les amateurs de charades ont peut-être vu toutes celles que je viens de citer, et voudraient en voir de nouvelles; c'est ce qui me décide à donner les suivantes, qui sont de ma composition.

22.e La morale te dit : ne fais pas mon premier;
Et si tu le reçois, garde-toi de le rendre.
Dans les beaux jours sur mon dernier
Quelquefois on aime à s'étendre.
Mon tout jadis monta sur l'Hélicon
En touchant avec art la lyre d'Apollon.

23.e Dans la froide saison si tu vois mon premier,
Prends soin de te vêtir, l'humanité l'ordonne.
Un jeune homme à Lacédémone
Savait respecter mon dernier.
Sois heureux, cher lecteur, et que le ciel te donne
Des jours sans mon entier.

24.ᵉ Avec courage on presse mon premier
Pour voir ou recevoir un objet qu'on désire.
Lecteur, sois mon dernier,
Et jamais n'entre en mon entier
Sans savoir comment on s'en tire.

25.ᵉ Souvent le malheureux que presse l'indigence
Demande mon premier en vous tendant la main.
Mon second, par son inconstance,
Est l'emblème du cœur humain;
Et mon tout sans façon à vos yeux se présente,
Tandis qu'à le chercher votre esprit se tourmente.

26.ᵉ Quand mon premier, qui revient tous les ans,
Rend à la terre sa parure,
On ne voit que fleurs et verdure;
La gaité regne dans les champs;
Et pour une joyeuse fête,
De mon dernier, simple ornement,
Maintes beautés élégamment
Se couronnent alors la tête.
Lycas, asservi par l'amour,
A mon tout songe nuit et jour.

27.ᵉ En tentant mon premier, Icare audacieux,
Sur des ailes jadis s'élança vers les cieux;
Et mon dernier, que Pythagore
Avant toute chose prescrit,
Au sot peut tenir lieu d'esprit;
Mais le sot justement l'ignore.
Du sage de Samos j'approuve la leçon;
J'ai suivi cependant un principe contraire,
Et plus heureux qu'Icare, au-dessus du vulgaire,
Je plane en sûreté, sans ailes, sans ballon.
Tu veux finir par me connaître.
Moi-même je veux t'avouer
Ce que je suis, ce que je voulus être.
Tu pourras librement me blâmer ou louer.

Apollon présidait au jour qui me vit naître,
Mon cœur vaincu par lui se rangea sous ses lois;
Tous les goûts à la fois
Sont entrés dans mon ame;
Et quoique depuis cinquante ans
Atropos ait coupé ma trame,
Je fais au monde encore entendre mes accents.

28.e Tu vois, lecteur, dans mon premier
Un terme court et familier;
Et mon second t'indique un quadrupède agile,
Chez les peuples du Nord serviteur très-utile.
L'un des plus illustres guerriers,
Mon tout au champ d'honneur tomba sous ses lauriers.

29.e Je porte robe noire ainsi qu'un procureur,
Je vole, et cependant je ne suis point voleur.
Maintes fois mon premier au point du jour t'éveille,
Et d'un bruit éclatant étourdit ton oreille.
Mais ses sons modérés par un art plus heureux
Sont en un grand concert des sons harmonieux.
Aspirant à la gloire, un artiste désire
Atteindre à mon dernier, qualité qu'on admire.

30.e Quand mon premier va dans son gîte,
Il entre toujours en tournant;
Il tourne de même en en sortant,
Et jamais il ne va bien vîte.
Quand mon dernier, qui croît toujours,
Marque sur mon tout son passage,
Adieu les ris et les amours!
Alors sans peine on devient sage.

A une demoiselle sur son nom.

31.^e Mon premier sur l'Euphrate et sur le Pont-Euxin,
Sur l'Europe même domine;
Et mon second, de nature divine,
Fait la gloire du genre humain.
Mon entier est, je vous assure,
Un nom du plus heureux augure,
Qu'accompagnent presque toujours
Les graces, les talents, les ris et les amours.

Celui qui voudra acquérir le grand mérite de deviner facilement les charades, devra se faire une liste de tous les mots dont la décomposition peut servir à ce jeu. Ces mots peuvent être au nombre de quatre à cinq cents. Mais il faut pour cela se donner la peine de feuilleter un vocabulaire tout entier et un dictionnaire biographique.

Logogriphe.

On dit avec raison que les logogriphes ne valent pas la peine qu'on se donne à les deviner. Mais il y a tant de gens oisifs qui aiment à se donner cette peine, que depuis un siècle certains journaux se sont crus obligés d'entretenir leurs lecteurs de logogriphes ou d'énigmes et de charades; et c'est certainement ce que ces journaux contiennent de plus profond.

Pour trouver les muses fidèles,
Il n'est pas de titre plus sûr
Qu'un logogriphe bien obscur,
Où le mot le plus difficile,
Le plus long, le plus compliqué
Qu'on eût pu choisir entre mille,
Serait par une main habile
Très-adroitement disséqué,
Un logogriphe requinqué,
Où, croisant des lettres magiques,
On aurait formé deux cents noms,
Des verbes les plus énergiques,
Des adverbes et des pronoms,
Et plusieurs interjections,
Item des bourgs et des provinces,
Autant de fleuves qu'on voudra,
Des patriarches et des princes,
Et les sept notes ré, mi, fa,
Sol, la, si, ut, et cœtera.

Ferlus.

Le logogriphe est une énigme qui donne à deviner non une chose, mais un mot, par l'analyse du mot lui-même, dont on a formé d'autres mots par la transposition des lettres ou des syllabes. Par exemple, si l'on faisait un logogriphe avec le mot *gloire*, on dirait : « Je suis ce qui excite l'émulation des grands hommes. On trouve en moi un titre envié (roi), une autorité sacrée (loi), une grande rivière de France (Loire), une plante utile (orge), ce qu'un acteur doit bien remplir sur la scène (rôle), ce qui manque à un aveugle (œil), un verbe qui exprime, lecteur, ce que tu fais en ce moment (lire).

En style de logogriphe, le mot total est appelé le *corps* ou *mon tout*, et les lettres ou syllabes sont appelés les *membres* ou les *pieds*. La première lettre ou la première syllabe *mon chef* ou *ma tête*, et la dernière *ma queue*.

On prétend que le logogriphe suivant, sur le mot *orange*, est le premier qui ait été composé dans notre langue. C'est le célèbre Dufresny qui en est l'auteur.

Sans user d'un pouvoir magique,
Mon corps entier en France a deux tiers en Afrique.
(*Orange*, ville de France, et *Oran*, en Afrique).
Ma tête n'a jamais rien entrepris en vain (or) ;
Sans elle en moi tout est divin (Ange).
Je suis assez propre au rustique,
Quand on me veut ôter le cœur (orge),
Qu'a vu plus d'une fois renaître le lecteur (an).
Mon nom bouleversé, dangereux voisinage,
Au Gascon imprudent peut causer le naufrage (Garone).

Voici quelques autres logogriphes dont le mot est donné à la fin de ce volume.

1.er Rien n'est plus vieux, rien n'est si beau que moi ;
Des lettres de mon nom efface la troisième,
Vieux ou jeune, je suis d'une laideur extrême.
Retranche la seconde, à chaque instant chez toi
J'augmente en dépit de toi-même.
Ton embarras me fait pitié.
Tu ne m'as jamais vu, tu ne peux me connaître;
Mais reconnais au moins ma première moitié,
Tu l'as bien souvent vue et mourir et renaître.

2.e Mon tout n'est qu'un monosyllabe;
Mais malheur au mortel dont j'habite le corps ;
J'y suis pour lui plus cruel qu'un arabe,
Jusqu'à ce que j'en sois dehors.
En combinant ma petite fabrique,
L'on trouvera deux notes de musique,
Un arbre, un terme de dédain,
Un titre familier parmi le genre humain,
Que souvent on ne soutient guères,
Bref le nom d'un des douze frères
Qui regnent successivement,
Et dont l'un regne en ce moment.

3.e Quatre membres font tout mon bien.
Mon dernier vaut mon tout et mon tout ne vaut rien.

Quelquefois le logogriphe se fait par la simple transposition ou suppression d'une lettre. Par exemple, le mot *foie* donne sans queue la vertu que tout chrétien doit avoir (foi), et sans tête c'est un animal dont le nom est une injure (oie). Ces sortes de logogriphes et ceux que l'on fait sur un monosyllabe sont les meilleurs ou les moins mauvais, parce qu'ils ont peu d'éléments, qu'ils désignent sans équivoque, en laissant cependant à la pénétration une difficulté piquante, comme dans les exemples suivants :

4.e Ma tête à bas, de grand je deviens fort petit,
Et je n'ai plus ni pieds ni pates.
De savoir qui je suis, lecteur si tu te flattes,
Tu crois avoir beaucoup d'esprit.

5.e Tout pécheur qui du ciel veut faire la conquête,
Doit me punir sans queue et m'endosser sans tête.

6.e Je règle de Thémis la balance et les poids ;
Ote mon chef, je chante et les dieux et les rois.

7.e En diverses façons l'on me porte ou me traîne,
Par fois avec plaisir, plus souvent avec peine.
Ote mon chef, je suis un sentiment du cœur,
Que l'auteur de ces vers n'a pas pour toi, lecteur.

8.e Deux membres seuls composent ma substance.
Quand j'expire, pour moi c'est une renaissance.

9.e 8, 9, 4, 7, 2, je guide les nochers.

L'Enigme.

L'Énigme est un petit ouvrage allégorique, ordinairement en vers, où, sans nommer une chose, on la peint par ses propriétés, ses usages, ses effets, ses rapports, son origine. Les qualités essentielles d'une énigme sont, 1.° qu'elle ne soit pas tellement obscure qu'un esprit juste ne puisse la deviner, après s'y être appliqué quelque temps, ni tellement claire qu'elle n'offre aucune difficulté, 2.° que la totalité de la description ne convienne qu'à la chose définie, 3.° qu'elle soit d'une juste brièveté, 4.° qu'avant même qu'on l'ait devinée elle pique la curiosité par la singularité de ses rapports ou de ses effets. Peu d'énigmes réunissent toutes ces qualités, aussi y en a-t-il peu de bonnes. Je ne citerai qu'un petit nombre de celles qui m'ont paru les meilleures. La première, qui est de M. De la Motte, donne adroitement le change au lecteur, par la ressemblance du portrait avec celui de l'amour, et par l'élévation du style qui semble désigner un objet magnifique, tandis qu'il ne s'agit que d'un sujet peu distingué, et le portrait n'en est pas moins fidèle.

1.re J'ai vu, j'en suis témoin croyable,
Un jeune enfant, armé d'un fer vainqueur,
Le bandeau sur les yeux, tenter l'assaut d'un cœur
Aussi peu sensible qu'aimable.
Bientôt après, le front élevé dans les airs,
L'enfant, tout fier de sa victoire,
D'une voix triomphante en célébrait la gloire,
Et semblait pour témoin vouloir tout l'univers.
Quel est donc cet enfant dont j'admirai l'audace?
Ce n'était pas l'amour. Cela vous embarrasse.

2.e Lecteur, je suis une maison
A louer en toute saison.
J'ai deux portes et trois fenêtres
Du logement pour quatre maîtres,
Même pour cinq en un besoin,
Deux caves, un grenier à foin;
Maison que le propriétaire,
Par sa baguette de sorcier;
Dans telle rue ou tel quartier
Transporte au gré du locataire;
Maison qui porte un écriteau
Qu'on trouve toujours dans Barême,
Qui, comme le sorcier lui-même
S'enregître à certain bureau.

3.e Mon océan est sec, mes champs sont infertiles;
Je n'ai point de maisons et j'ai de grandes villes;
Je réduis en un point mille ouvrages divers;
Je ne suis presque rien et je suis l'univers.

4.° Animé je surprends les timides oiseaux,
Inanimé je prends les poissons dans les eaux.

5.° Quoique seul dans l'obscurité,
Sans moi point de salut et point d'éternité.
Je ne suis ni Cérès, ni Flore, ni Pomone,
Sans moi point de printemps, point d'été, point d'automne.
Sans être Dieu, de tout le principe et la fin,
Je commande au trépas, je forme le destin.
Sans paraître en public, je parais en spectacle.
J'existe après la mort, et le tout sans miracle,
Mais j'en dis trop, lecteur, cherche, enfin l'on me voit
Au bout du doigt.

6.° Tel brille au second rang qui s'éclipse au premier.

7.° Enfant de l'art, enfant de la nature,
Sans prolonger les jours, j'empêche de mourir.
Plus je suis vrai, plus je fais d'imposture,
Et je deviens trop jeune à force de vieillir.

J.-J. ROUSSEAU.

8.° Du repos des humains implacable ennemie,
J'ai rendu mille amants envieux de mon sort.
Je me repais de sang et je trouve ma vie
Dans les bras de celui qui recherche ma mort.

BOILEAU.

9.° J'ai le visage long et la mine naïve,
Je suis sans finesse et sans art,
Mon teint est fort uni, la couleur assez vive,
Et je ne mets jamais de fard.

Mon abord est civil, j'ai la bouche riante,
Et mes yeux ont mille douceurs;
Mais quoique je sois belle, agréable et charmante,
Je regne sur bien peu de cœurs.

On me proteste assez, et presque tous les hommes
Se vantent de suivre mes lois;
Mais que j'en connais peu, dans le siècle où nous sommes,
Dont le cœur réponde à la voix!

Ceux que je fais aimer d'une flamme fidèle
Me font l'objet de tous leurs soins ;
Et quoique je vieillisse, ils me trouvent fort belle ;
Et ne m'en estiment pas moins.

On m'accuse souvent d'aimer trop à paraître
Où l'on voit la prospérité ;
Cependant il est vrai qu'on ne peut me connaître
Qu'au milieu de l'adversité. PÉRAULT.

10.ᵉ Je suis difficile à trouver,
Et plus encore à conserver.
Les curieux, pour me connaître,
Avec grand soin me font la cour ;
Mais mon destin me défend de paraître ;
Car l'instant où je vois le jour
Est l'instant où je cesse d'être.

11.ᵉ Nous sommes cinq, ou sœurs ou frères,
Au genre humain nous servons tous
Guerres, paix, cabales, affaires,
Les hommes ne font rien sans nous.
On nous croit nés en Phénicie :
Nous sommes venus de l'Asie ;
Trois de nous y restent encor.
Quelques-uns sont dans l'indigence.
Pour moi, je suis dans l'opulence
Aisément je fais un trésor.
On me place au milieu du trône ;
Sans moi l'on n'eut jamais de rois ;
Je suis utile à la couronne,
Et je le suis encore aux lois.
J'habite en Ecosse, en Hongrie,
Dans la Pologne, en Moscovie ;
J'habite dans toutes les cours.
Je tiens le second rang dans Rome.
A la porte je sers à l'homme.
Et sans le temps je fais les jours.

12.ᵉ Tu vas me deviner sans faire un grand effort.
Je sers assidument une blanche maîtresse.
Malgré moi quelquefois, je lui donne la mort,

Sans en être puni : c'est un défaut d'adresse
De quiconque est mon conducteur.
Il n'entre dans mon corps que noirceur, que misère;
Et bien que je sois sans lueur,
Je fais renaître la lumière.

13.e Je suis une beauté piquante,
Fille des zéphirs et du jour.
Souvent Tircis à son amante
Va faire à mes dépens sa cour.

14.e L'instant qui me donne le jour,
Me prive de mon existence.
Je marche sur six pieds ; je chéris le silence,
Je suis assez souvent nécessaire en amour.
Je suis.... mais c'est assez : tu devines peut-être ;
En ce cas, cher lecteur, pour toi je cesse d'être.

15.e A divers animaux je dois mon existence;
Qu'importe? Sans l'éclat d'une illustre naissance,
L'homme, tout fier qu'il est, est au-dessous de moi.
Voulez-vous savoir mon emploi?
A cheval, aux combats, j'ai la plus haute place;
Et quoique sans orgueil, j'y suis avec audace.
Sans être Franciscain je porte le cordon.
De me porter par fois on demande pardon.
Selon les goûts du temps ma forme est différente;
Et si pour la couleur, par un caprice vain,
J'ai quelquefois changé; celle de l'africain
Est ma couleur la plus constante.

16.e Sans avoir moins de vertu,
Voyez comme j'ai déchu
De ma fortune passée!
C'est une triste pensée.
Jadis on a vu des rois
Qui, me confiant leur gloire,
Attendaient de ma victoire
Les plus brillants de leurs droits;
Mais, comme à la fin tout passe,
Je ne sers plus aujourd'hui
Qu'aux oisifs que je délasse
Des fatigues de l'ennui.

MANCINI-NIVERNOIS.

17.° Si la douceur,
Si la blancheur,
Ont de quoi plaire,
J'aurai, j'espère,
De la valeur.
Mon origine
Vient d'un tuyau
Rempli d'une eau
Presque divine.
Les soins d'un art
Connu fort tard
Rendent solide
Le doux fluide.
Cet art nouveau
Me régénère;
Plus il opère,
Plus je suis beau. *Idem.*

18.° Cinq voyelles, une consonne,
En français composent mon nom;
Et je porte sur ma personne
De quoi l'écrire sans crayon. VOLTAIRE.

Impromptus à une demoiselle qui me priait de lui faire des énigmes sur deux mots qu'elle me proposait.

19.° Mon existence est un problème.
Si j'existe, c'est un moment;
Et l'on me trouve seulement
Auprès de l'objet que l'on aime.

20.° Soutien de la royauté,
A la cour sans vanité
J'occupe la première place;
Je suis le plus soumis au roi;
Cependant de moi seul il détourne sa face,
Tandis qu'avec respect tous se tournent vers moi.
Belle Iris, le berger qui t'aime
Te dit, en te jurant son amour et sa foi,
Qu'il céderait tout pour toi
Jusqu'à moi-même.

Les énigmes, comme tous les autres jeux dont je parle dans ce chapitre, sont des puérilités auxquelles ne doit point s'arrêter un homme capable d'un travail utile, à moins qu'il n'y soit engagé par des motifs de complaisance.

Acrostiche.

L'Acrostiche est une petite pièce de poésie dont chaque vers commence par une des lettres du nom de la personne ou de la chose qui en fait le sujet. Ex.

Portrait de Laure.

L e Ciel, qui la sauva de son propre penchant,
A la beauté du corps unit celle de l'ame.
U n seul de ses regards, par un pouvoir touchant,
R endait à la vertu le cœur de son amant.
E lle embellit l'amour en épurant sa flamme.

Portrait de Pétrarque.

P ar lui l'amour a vu relever ses autels,
E t son front fut couvert de lauriers éternels.
T out lui faisait un dieu d'une simple mortelle,
R eine de tous les cœurs, mais trop maîtresse d'elle.
A la nature il semble inspirer ses transports.
R animé par l'espoir de vaincre cette belle,
Q uel Orphée a jamais égalé ses accords?
U ne beauté si sage, un amant si fidèle
E ternisent Vaucluse et font chérir ses bords.

Un homme pressé de nommer sa maitresse, s'en défendit en la nommant ainsi en vers acrostiches :

J e ne saurais nommer celle qui sait me plaire.
U n fat peut se vanter, un amant doit se taire.
L a pudeur, qu'alarmait l'impétueux désir,
I nventa sagement le voile du mystère,
E t l'amour étonné connut le vrai plaisir.

Parmi les inscriptions qui s'offraient aux regards de Louis XVIII, à son arrivée en France en 1814, on vit cet acrostiche sur le nom *Louis* :

L oin de nous à jamais la guerre;
O n n'aime plus chez les Français
U ne bravoure téméraire.
I l faut maintenant de la paix
S avourer le fruit salutaire.

Les acrostiches sont passés de mode. On laisse aux amants rimeurs le talent de versifier ainsi sur le nom chéri de leurs maîtresses. C'est vaincre une assez grande difficulté que de faire des vers acrostiches passables, surtout quand les lettres du nom sont barroques, comme le sont, par exemple, celles du nom de Marie Jablonowska, comtesse de Pologne, pour qui on a fait l'acrostiche suivant.

M arie, ame divine, ô toi dont le génie
A d'un destin jaloux bravé les vains efforts,
R anime mes accents, et si la poésie.
I nspira quelquefois de sublimes accords,
E coute sans dédain, le cœur te les dédie.

J e voudrais, mais en vain, célébrer tes vertus,
A moins que de tes yeux la beauté ne m'éclaire,
B ornés dans leur essor, mes vers irrésolus
L anguiraient tristement dans le sentier vulgaire :
O ù trouver en effet une plus tendre mère ?
N iècé des demi-dieux, que tu surpasses tous,
O n te vit du destin affronter le courroux.
Wistule, dont les flots arrosent sa patrie,
S ans doute ton murmure appèle son retour.
K œnisberg le désire autant que Varsovie.
A h ! puisse-t-elle en France établir son séjour!

Il y a des acrostiches qu'on appèle doubles, parce que chaque vers contient deux lettres obligées. En voici un, fait pour une jolie personnne, avant que la mort l'eût ravie aux plaisirs que lui promettaient la jeunesse et la beauté. Elle s'appelait Catherine Bienfait.

C atherine Bienfait,	B elle et plus douce encore,
A u printemps de ses jours	I nspire le désir.
T out cède à ses appas;	E lle seule l'ignore,
H eureuse de n'avoir	N i peine ni plaisir.
E lle veut fuir l'amour;	F uir l'amour à ton âge!
R arement cet enfant	A bandonne ses traits.
I l embellit tes jours,	I l en attend l'hommage.
N 'est-il pas dans tes yeux,	T on cœur est son partage.
E st-on belle pour rien?	J ouis de ses bienfaits.

On fit après la bataille de Marsaille un sonnet acrostiche propre à faire voir combien on aimait autrefois à s'imposer des difficultés inutiles; car outre l'acrostiche du nom de Louis de Bourbon au commencement des vers, il y a encore des échos à la fin.

L e bruit de ta grandeur, dont n'approche personne— sonne,
O n sait le triste état où sont tes ennemis — mis,
V oudraient-ils s'élever, bien qu'ils soient terrassés — assez?
I ls connaîtront toujours ta victoire immortelle — telle.
S uperbes alliés, vous suivrez les exemples — amples

D 'Alger et des Génois, implorant d'un pardon — don.
E n vain toute l'Europe oppose ses efforts — forts,

B ataillons sont forcés, et villes entreprises — prises.
O h! que par tant d'expoits vous serez embellis — lis!
V otre gloire en tout lieu du combat de Marsaille — aille
R endant la ligue entière, après mille combats — bas.
B elge, tu marcheras, semblable à la Savoie — voie.
O n te voit tout tremblant sous un tel souverain — Rhin;
N ous te verrons aussi sous un roi si célèbre — Ebre.

Ainsi les anciens poètes tentaient tous les moyens d'imposer des entraves à l'imagination, suffisamment resserrée par la contrainte de la mesure et de la rime, et de chercher un mérite imaginaire dans des difficultés qu'on regarde aujourd'hui comme puériles.

Madame De Gomès improvisait facilement des vers. Elle était à un repas où se trouvait Mademoiselle De la Force, illustre par sa naissance et son savoir. On invita Madame De Gomès à faire quelque impromptu ; elle fit l'acrostiche suivant sur Mademoiselle De la Force, qui ne buvait que de l'eau.

L e dieu qui brille à ce repas
A nime peu ma verve :
F aut-il chanter quelques combats,
O u l'Amour ou Minerve,
R appeler les faits de Bachus?
C 'est trop peu pour ma gloire;
E t je ne puis vanter un jus
Dont Iris craint de boire.

On fait aussi des acrostiches en prose, en cherchant des épithètes ou des noms qualificatifs pour chaque lettre du nom de la personne ou de la chose qu'on veut louer ou blâmer. Ou bien l'on dépeint la personne ou la chose par une phrase dont chaque mot commence par une lettre de son nom. Ex.

E légante,	E tourdie,
L aborieuse,	L égère,
I nstruite,	I gnorante,
S ensible,	S otte,
A ttentive.	A cariâtre.

Fanny A Naïveté, Noblesse, Intelligence.

Le mot *papa* (pape), qui signifie *pater patrum*, a été ainsi interprété en acrostiches :

P	petri	P	poculum
A	apostoli	A	aureum
P	potestatem	P	petri
A	accepit	A	apostoli.

Le mot latin *mors* (la mort) s'explique ainsi par acrostiche :

M	mordens	M	mutans
O	omnia	O	omnes
R	rostro	R	res
S	suo	S	sepultas.
M	mutatio	M	mirabilis
O	omnimodo ;	O	oblivio ;
R	repentina	R	ruina
S	separatio	S	sempiterna.

Echo ou *Rime couronnée.*

On appèle *écho* une sorte de poésie dont chaque vers est suivi d'un mot d'une ou de deux syllabes au plus, qui soit semblable à la fin du dernier mot du vers, avec lequel il forme une rime et un sens. Ex.

Sonnet à la gloire de Louis XIV.

Nos yeux par ton éclat sont si fort éblouis, Louis,
Que lorsque ton canon, qui tout le monde étonne, tonne,
D'un si profond respect nous sentons nos esprits pris,
Que ton nom seul partout, ton bras et ta personne, sonne.
Vive le conquérant qui le prince d'Orange range,
Et qui met l'Espagnol dans tous les Pays-Bas bas.
On le peut bien nommer, sans le trouver étrange, ange,
Puisqu'il fait des travaux dont on verrait Atlas las.
Sa présence suffit pour la plus grande affaire faire.
On dit que l'empereur veut lui faire terreur ; erreur.
N'a-t-il pas mille fois perdu sous ce vainqueur cœur ?
Son histoire fera roman et commentaire taire.
Son regne plein d'appas rend les plus malheureux heureux.
Gardez-nous à jamais un roi si précieux, Cieux.

L'auteur du poème de S.te Madeleine, dont l'ouvrage est rempli de mauvais jeux de mots, fait entretenir son héroïne avec l'écho, qui lui répond exactement.

Solitaire Sybille, ou voix du Paradis,
Qui réfléchis si bien sur tout ce que tu dis,
Puisque tu sais, entends et parles tous langages :
Que fuient les oiseaux, volant dans ces bocages ? — Cages.
Voilà bien répondu pour la première fois.
Mais que fuyois-je, moi, de Dieu quand je l'avois ? -La voix.
Ainsi je la perdis en sortant de mon centre !
Que dit-elle à mon cœur, au bord de ce vieux antre ? -Entre.
. . . .
Quels furent donc les yeux à ceux des regardants? -Ardents.
Courant au grand galop dans la lice mondaine,
De qui suivait les pas autrefois Madeleine ? — d'Hélène.
Que me fera l'époux dans sa cour souveraine? — Reine.
Qui fut cause des maux qui me sont survenus? — Vénus.
J'en ai pour ce sujet éteint toute la flamme.
Que je sache de toi ce que blesse sa lame ? — L'ame.
Suivant son étendard, enseigne ou gonfanon,
Eussé-je conservé la gloire de mon nom ? — Non.
Malheureux donc celui que retient sa cordelle !
Que faut-il dire auprès d'une telle infidèle ? — Fi d'elle !
. . . .
. . . .
Me répondras-tu bien, si je te le demande,
Te pressant derechef pour une autre demande ? - Demande.
Dis-moi donc, cher écho, serai-je ici long-temps ?
(Ecoutez, mes rochers, et toi, mon antre, entends)-Trente ans.
Trente ans ! Si Dieu le veut, je le veux : qu'il gouverne.
Que me fait éviter cette sombre caverne ? — Averne.
Hôtesse des rochers, qui me réponds ainsi,
Voudrais-tu derechef me répondre à ceci ? — Si.
Après ces questions de ma bonne fortune,
Puis-je t'en faire encor, sans me rendre importune?—Une.
Fais-moi savoir enfin si de ce triste lieu
Je pourrai quelque jour aller tout droit à Dieu. — Adieu !

Les poètes font bien encore parler l'écho dans leurs vers; mais ils ne s'imposent pas la difficulté d'en faire une double rime avec des mots répétés. Ils les placent indifféremment au commencement, au milieu ou à la fin du vers, comme dans les vers suivants.

Nommé par son hameau pour décider d'un prix,
Titire, en un vallon bordé de mainte roche,
Rêvait seul, méditait un arrêt sans reproche.
Ciel, daigne m'instruire et me dis
Lequel chante le mieux de Sylvandre ou d'Atis,
S'écriait-il. L'écho de proche en proche
Cent fois répète *Atis*. Atis chante le mieux !
Dit le berger surpris. Les échos de redire
Le mieux, le mieux, le mieux. C'est assez, dit Titire,
Ce suffrage est victorieux.
Il retourne au hameau. Ça ! dit-il, je puis rendre
Entre nos deux rivaux un jugement certain.
Atis chante mieux que Sylvandre;
Tout le dit d'une voix dans le vallon prochain.

Nous décidons ainsi, crédules que nous sommes.
Que d'échos comptés pour des hommes.

LAMOTTE.

Narcisse, dans une forêt, éloigné de sa suite, s'écria :

. . . . Amis, qui vient à moi ?
A peine achève-t-il, écho répète *moi*.
Mais où donc te trouver ? Viens, je t'attends, approche.
Tandis qu'il cherche au loin, il entend dire *proche*.
Pourquoi donc te cacher, si tu sais où je suis ?
Est-ce que tu me fuis ? On répond : *tu me fuis*.
Surpris d'être appelé, lorsque lui seul appèle :
Joignons-nous, reprend-il. *Joignons-nous*, redit-elle.
A ces mots, du taillis ardente à s'élancer,
Elle avance, les bras tendus pour l'embrasser.
Narcisse la repousse et s'éloigne lui-même :
Fuis, si jamais je t'aime... Echo redit : *Je t'aime*.
La Nymphe au fond des bois, la rougeur sur le front,
S'enfonce et va cacher sa honte et son affront.

DE SAINTANGE.

Ces sortes de jeux de mots ne purent se soutenir contre le bon goût du siècle de Louis XIV ; et on n'en fait plus depuis. Car il ne faut pas confondre avec ces échos une sorte de poésie dans laquelle on fait rimer pareillement avec le vers précédent un monosyllabe semblable à la fin de ce vers. Dans les vers à écho, comme ceux que j'ai cités, il y a des rimes indépendamment des syllabes qu'on fait répéter à l'écho; et dans les vers monosyllabiques tels qu'on en voit dans les exemples suivants, la syllabe répétée fait toute seule un vers. Quelques poètes, entre autres Panard et Vadé, ont su employer fort heureusement, dans des chansons, ces rimes monosyllabiques On est étonné de l'adresse avec laquelle ils ont placé à propos, d'accord avec le chant, et sous l'air d'une agréable rencontre, ces monosyllabes, assez difficiles à encadrer.

Chanson.

Quand de ses feux un jeune cœur
D'un ton flatteur
Vous assure,
Croyez-moi, répondez toujours
A ces discours
Ture lure :
Mettez-vous bien cela
Là,
Jeunes fillettes ;
Songez que tout amant
Ment
Dans la fleurette.

Tant qu'un jeune objet n'est qu'amant,
Quel agrément
De l'entendre !
Mais sitôt qu'il devient époux,
Il est jaloux
Et peu tendre.

S'il a quelque soupçon,
Son
Cœur l'inquiète ;
Il est bientôt, hélas!
Las
De son emplette.

Belles, tous vos adorateurs
Sont des flatteurs,
Je vous jure :
Le Gascon ne dit vrai dans rien,
L'Italien
Est parjure ;
Croyez que le Normand
Ment
En toute affaire ;
Prenez donc un Picard,
Car
Il est sincère.

Ton petit minois sans défaut
M'a rendu chaud
Comme braise ;
Toujours brûlant pour tes appas,
Guillot n'est pas
A son aise :
Je mourrai de souci
Si
Ta rigueur dure ;
De ton cœur fait moi donc
Don,
Je t'en conjure.

Pour toi mon cœur n'est point ingrat ;
Mais sans contrat
Point d'affaire :
C'est un trompeur que Cupidon,
Et la raison
Me suggère
Qu'on n'a de ce vaurien
Rien

Quand la bergère
Donne à quelque garçon
Son
Cœur sans notaire.

Pour nous aimer trinquons souvent;
L'amour se prend
Dans le verre;
Les cœurs forment des nœuds en vain
Si le bon vin
Ne les serre :
Ce nœud dure à jamais,
Mais
La sympathie
Quand Bacchus l'entretient
Tient
Toute la vie.

Maris, voulez-vous fuir l'affront
Qu'à votre front
L'on peut faire,
Au logis ne lésinez point;
C'est là le point
Nécessaire.
On est pour vous constant
Tant
Que rien ne chôme.
Qui ménage l'argent
Jean
Bientôt se nomme.

PANARD.

Chers amis, je quitte la cour;
C'est un séjour
Trop à craindre;
On s'y sert de mille détours;
Il faut toujours
S'y contraindre.
Qui fait de ce fracas
Cas
N'est pas trop sage.

Il y souffle souvent
Vent
Qui cause orage.

Dans ces bois un charmant berger
Veut m'engager;
Qu'il est tendre!
Mais amour ne m'en parle pas.
Je crains, hélas!
De me rendre.
Est-il, si je l'entends
Temps
De m'en défaire?
Va, je fuis tes discours.
Cours,
Vole à Cythère. *Idem.*

Penches-tu pour Manon? —
Non. —
Tu chéris mes appas. —
Pas.
Ah! Francœur,
Je crois que ton cœur
Ne pense pas ainsi. —
Si. —
Sois mon cher amant, mon fils. —
Fi! —
Accorde-moi ce seul point. —
Point.
Quoi! tu veux,
Rebutant mes feux,
Causer mon triste ennui? —
Oui. VADÉ.

Le vin charme tous les esprits:
Qu'on le donne
Par tonne.
Que le vin pleuve dans Paris,
Pour voir les gens les plus aigris
Gris, etc. BÉRANGER.

Bouts-Rimés.

On appèle *bouts-rimés* les vers composés sur des rimes données à remplir. Les donneurs de bouts-rimés choisissent ordinairement les rimes les plus singulières et les plus bizarres qu'ils peuvent trouver, afin d'augmenter les difficultés du poète, qui, pour réussir, doit les remplir d'une manière si naturelle qu'elles ne paraissent point avoir été données. Ex.

Que je suis fou d'aimer une *coquette?*
J'arrive en poste et je trouve un *rival.*
Ah! je suis bien payé d'une ardeur *indiscrète!*
J'ai perdu mon repos et crevé mon *cheval.*

Madame D'Hautpoul.

Toi, dont les ans sont les deux tiers de *trente,*
Je jure, Iris, qu'au-delà de *quarante,*
Mon cœur encor suivra la loi du *tien,*
Si ton désir veut s'accorder au *mien.*
Feux mutuels rarement à *cinquante*
Se font sentir, et jamais à *soixante;*
Chacun alors sent éteindre le *sien:*
L'amitié reste, et le cœur n'y perd *rien.*
Lors nous lirons l'ouvrage des *septante.*
Peut-être ainsi gagnerons-nous *nonante;*
Puis nous mourrons ensemble en gens de *bien,*
Autant unis que Saint Roch et son *chien.*

On faisait autrefois beaucoup de sonnets en bouts-rimés. Ces sortes d'ouvrages sont passés de mode. On peut les ranger dans la classe de ces amusements d'esprit dont le plus grand succès ne saurait réparer la perte du temps qu'on passe à les composer, et leur appliquer ce beau mot de Martial, *Turpe est difficiles habere nugas.*

Anagramme.

L'Anagramme est une transposition de lettres d'un mot pour en former un autre mot. C'est ainsi qu'en transposant les lettres du mot *viole* on en fait *olive*, de *monde* on fait *démon*, de *Daniel* on fait *né laid*, du mot latin *logica* on fait *caligo*.

Le mot *Loraine* anagrammatisé donne *alérion*, vieux mot qui veut dire *aiglon* ou *aiglette*. C'est pour cela que la maison de Loraine a pris des *alérions* dans ses armes.

Marie Touchet, maîtresse de Charles IX, était la plus belle personne de la cour, et jamais, dit-on, anagramme ne fut plus véritable que la sienne : *Je charme tout.*

Un auvergnat, nommé *André Pujon*, trouva dans l'anagramme de son nom *pendu à Riom*, et sa mauvaise destinée vérifia cette prédiction.

On cite comme une anagramme heureuse celle qu'on a trouvée sur le meurtrier d'Henri III, *frère Jacques Clément.* Les lettres de ces mots combinées portent : *C'est l'enfer qui m'a créé.*

Le père Proust et le père d'Orléans, tous les deux jésuites, s'amusaient à tirer de leurs noms des anagrammes satyriques. Le père Proust ayant trouvé *asne d'or* dans le nom de son confrère le défia de lui rendre le change, vu la briéveté de son nom. Le père d'Orléans en vint cependant à bout, et lui fit voir que *pur sot* se trouvait en entier dans Proust.

L'anagramme était connue des anciens; car on rapporte d'un certain Lycophron, qu'il reçut de magnifiques présents d'une reine d'Egypte, nommée *Arsinoé*, pour avoir trouvé dans son nom *Erasion*, qui signifie *violette de Junon.*

Les anagrammes ne valent pas la peine qu'elles coûtent, et il faut avoir beaucoup de temps à perdre pour s'occuper d'un jeu si frivole. Le poète Colletet tourne ainsi en ridicule les faiseurs d'anagrammes :

J'aime mieux, sans comparaison,
Ménage, tirer à la rame,
Que d'aller chercher la raison
Dans les replis d'une anagramme.
Cet exercice monacal
Ne trouve son point vertical
Qu'en une cervelle blessée;
Et sur Parnasse nous tenons
Que tous ces renverseurs de noms
Ont la cervelle renversée.

Un particulier ayant présenté l'anagramme d'Henri le Grand à ce prince, dans l'espérance d'en obtenir une récompense, le roi lui demanda quelle était sa profession. Sire, lui dit-il, ma profession est de faire des anagrammes; mais je suis fort pauvre. — Il n'est pas étonnant que vous le soyez, reprit le roi; car vous faites là un pauvre métier.

FIN.

Mots des Charades données page 214 et suiv.

1.e Rat-eau.
2.e Vin-aigre.
3.e Epi-cure.
4.e Mari-age.
5.e *Idem.*
6.e Son-tien.
7.e As-pic.
8.e Fa-mine.
9.e Po-Tage.
10.e Char-pente.
11.e Angle-terre.
12.e Cour-age.
13.e Sou-pape.
14.e Fard-eau.
15.e Dé-lice.
16.e Lis-bonne.
17.e Re-belle.
18.e Pas-Sion.
19.e Cru-elle.
20.e Mer-veille.
21.e Char-mante.
22.e Mal-herbe.
23.e Nu-age.
24.e Pas-sage.
25.e Sou-vent.
26.e Maî-tresse.
27.e Vol-taire.
28.e Tu-renne.
29.e Cor-beau.
30.e Vis-age.
31.e Eu-génie.

Mots des Logogriphes donnés pag. 222 et suiv.

1.er *Ange*, qui donne *âne*, *âge*, *an.*

2.e *Faim*, qui donne *fa*, *mi*, *if*, *fi*, *ami*, *mai.*

3.e *Zéro*, dont la dernière lettre est un zéro.

4.e *Bœuf*, et sans tête *œuf.*

5.e *Chaire*, sans queue *chair*, sans tête *haire.*

6.e *Code*, sans tête *ode.*

7.e *Chaîne*, sans tête *haine.*

8.e *An.*

9.e *Métamorphose*, dont la 8.e, la 9.e, la 4.e, la 7.e et la 2.e lettre font *phare.*

Mots des Enigmes données page 224 et suiv.

1.e Ramoneur.	8.e Puce.	15.e Chapeau.
2.e Fiacre.	9.e Amitié.	16.e Enigme.
3.e Mappemonde	10.e Secret.	17.e Sucre.
4.e Epervier.	11.e L'O.	18.e Oiseau.
5.e Le T.	12.e Mouchette.	19.e Bonheur.
6.e Zéro.	13.e Rose.	20.e Trône.
7.e Portrait.	14.e Secret.	

POSTFACE.

Lecteur, vous avez trouvé sans doute dans cet ouvrage bien des choses à critiquer, et vous m'avez condamné sans connaître mes moyens de défense. Ah! qu'on a de l'esprit quand on juge ainsi avec une autorité absolue et sans contradiction! Qu'on est sot quand on est jugé! Et c'est moi qui remplis ce fâcheux rôle. J'aurais beau vous déclarer que j'ai eu mille raisons de faire ce petit livre tel qu'il est, j'aurai beau vous les déduire ici, vous n'en resterez pas moins convaincu qu'il fallait le faire autrement. Mille ni dix mille raisons ne vous persuaderont pas que vous en jugez mal. Chacun croit son jugement excellent, et vous pensez, lecteur, que le vôtre est, Dieu merci, fort bon; j'ai du mien la même opinion, et chacun de nous dirait volontiers, comme la duchesse de La Ferté, *je ne trouve que moi qui aie toujours raison*, si cette sorte de franchise n'était taxée d'orgueil.

Cependant, si vous avez acheté mon livre, vous avez acquis le droit de le critiquer, voire même le droit d'avoir raison contre moi. Force m'est de vous laisser la satisfaction de me donner tort. Vous êtes le maître, seigneur lecteur, de penser et de dire de ma production tout ce qu'il vous plaira. Permettez-moi seulement de vous avertir que si vous y avez trouvé quelque peu de bon, ce peu seul a été fait pour vous, et le reste pour d'autres lecteurs d'un ordre inférieur. Par malheur avez-vous trouvé tout mauvais ? Soyez sûr, seigneur Céladon, que dans une seconde édition j'aurai soin de sacrifier à votre sentiment. En attendant, vous vous récrierez peut-être contre mon titre qui aura pu vous tromper. Mais n'êtes-vous pas accoutumé à être trompé par des titres et des annonces ? N'avez-vous pas maintes fois acheté bien plus cher des ouvrages qui n'ont que cinq ou six lignes d'imprimées par page, et beaucoup de feuillets tout en blanc ? N'avez-vous pas acheté de nouvelles éditions parfaitement semblables aux premières, au changement de date près ? N'avez-vous pas souscrit pour des ouvrages annoncés en dix ou douze volumes, et qui ont fini par aller à vingt ou à trente, et dont les derniers volumes sont de moitié plus petits que les premiers ? Les auteurs, les libraires et les hommes d'état m'ont appris qu'il faut sagement braver les cris de la multitude, en pensant à part soi à ce que disait un ministre, *qu'il faut laisser crier les poules dont nous mangeons les œufs.* Il est possible que mon ana grammatical ne récrée personne ; je l'ai intitulé *récréations*, parce que je me suis amusé à le composer. Je désire qu'il puisse amuser quelqu'autre. Ainsi soit-il.

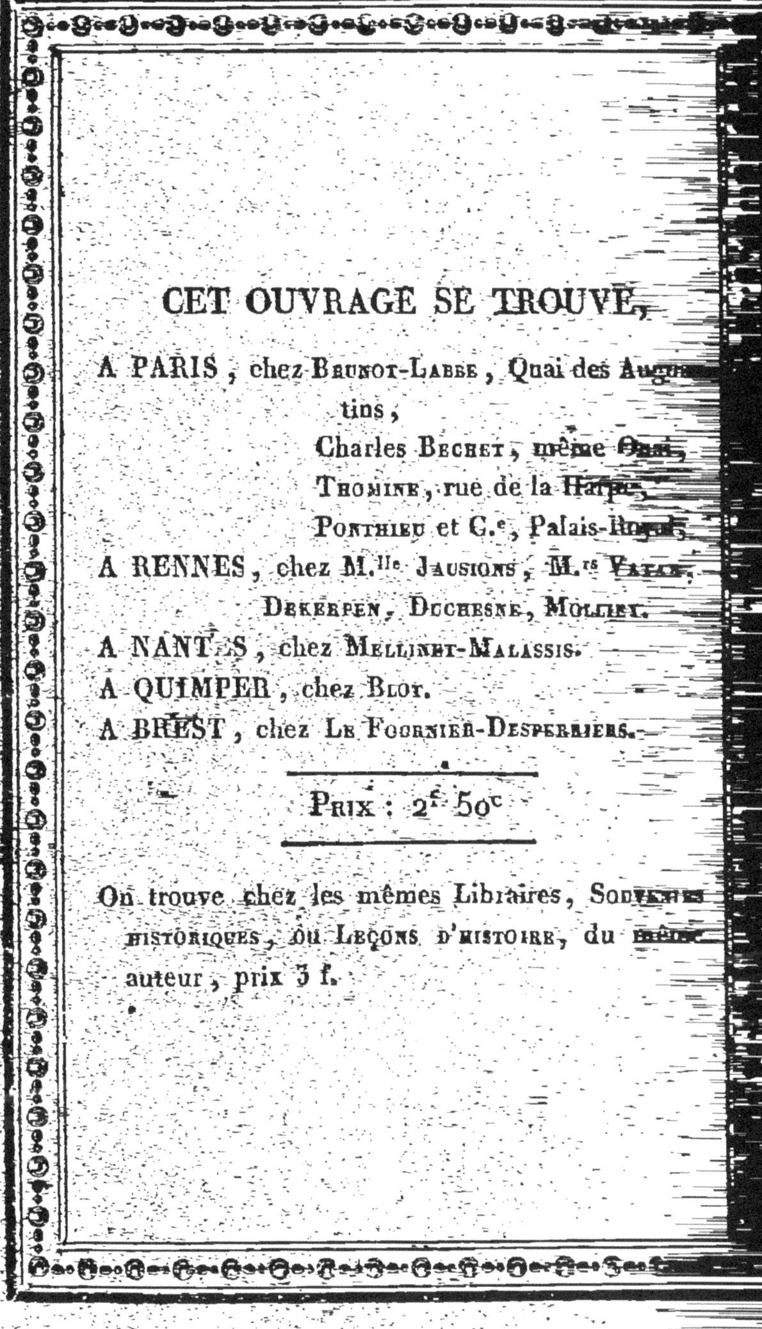

CET OUVRAGE SE TROUVE,

A PARIS, chez BRUNOT-LABBE, Quai des Augustins,
Charles BECHET, même Quai,
THOMINE, rue de la Harpe,
PONTHIEU et C.e, Palais-Royal;
A RENNES, chez M.lle JAUSIONS, M.rs VATAR, DEKERPEN, DUCHESNE, MOLLIEX.
A NANTES, chez MELLINET-MALASSIS.
A QUIMPER, chez BLOT.
A BREST, chez LE FOURNIER-DESPERRIERS.

PRIX : 2f 50c

On trouve chez les mêmes Libraires, SOUVENIRS HISTORIQUES, ou LEÇONS D'HISTOIRE, du même auteur, prix 3 f.

www.ingramcontent.com/pod-product-compliance
Ingram Content Group UK Ltd.
Pitfield, Milton Keynes, MK11 3LW, UK
UKHW020113200726
13856UKWH00002B/516

9 782011 916341